이것이
빅데이터
기업이다

이것이 빅데이터 기업이다

현실화되고 있는 미래기업들

2015년 3월 20일 초판 1쇄 발행
2020년 4월 17일 초판 9쇄 발행

지 은 이 | 함유근
펴 낸 곳 | 삼성경제연구소
펴 낸 이 | 차문중
출판등록 | 제1991-000067호
등록일자 | 1991년 10월 12일
주　　소 | 서울시 서초구 서초대로74길 4(서초동) 삼성생명서초타워 30층
전　　화 | 02-3780-8153(기획), 02-3780-8084(마케팅), 02-3780-8152(팩스)
이 메 일 | seribook@samsung.com

ⓒ 함유근 2015
ISBN | 978-89-7633-464-0 03320

삼성경제연구소 도서정보는 이렇게도 보실 수 있습니다.
홈페이지(http://www.seri.org) → SERI 북 → SERI가 만든 책

현실화되고 있는
미래기업들

이것이
빅데이터
기업이다

| 함유근 지음 |

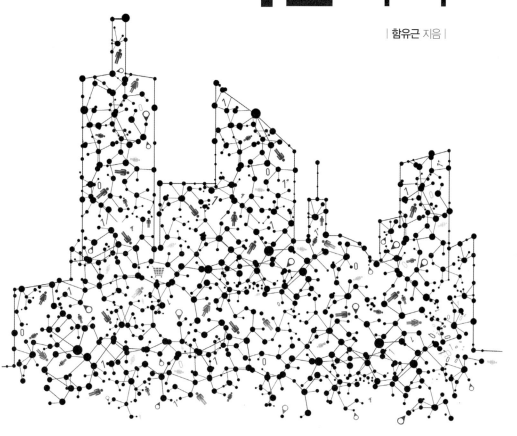

삼성경제연구소

Prologue

미래기업의
현재를 읽다

구글, 페이스북 다음의 혁신 기업은 누가 될까? 미래의 그 기업은 아직 사업을 시작하지 않았을지도 모른다. 아니면 이미 사업을 하고 있지만 우리가 모르고 있을 수도 있다. 다만 한 가지 확실한 것은 그 기업의 사업에선 디지털 데이터가 중심이 될 것이라는 점이다. 이 책은 빅데이터의 개념을 소개하는 책이 아니다. 그 작업은 전작《빅데이터, 경영을 바꾸다》의 주요 목표였고 이제는 그보다 한 걸음 더 나아간 시각이 필요하다. 이러한 점에서 이 책은 미래기업의 현재 모습에 관한 책이다. 또한 빅데이터라는 현실 속에서 부딪치게 될 기회와 위협에 관한 책이다.

빅데이터에 대해 연구하면서 이제껏 몰랐던 분야에서 다양한 새로운 혁신이 나타나고 있음을 알게 되었다. 빅데이터가 촉발한, 기존 상식을 넘어선 변화가 여기저기에서 빚어지고 있었다. 스포츠, 미디어, 광고, 패션 등 쉽게 사람들의 흥미를 끄는 분야는 물론 의학, 수학, 사회학 같은 학술 분야에서도 빅데이터는 이미 새로운 흐름을 만들고 있었다. 경영학을 전공한 저자에게 이렇게 만나게 된 낯선 분야의 변화는 흥미로움 이상이었지만, 얕은 지식 때문에 이에 대해 언급하기가 조심스러웠다. 그런데 해당 분야의 종사자들은 당연히 잘 알고 있을 것으로 짐작되는 사실들도 실제로는 그렇지 않음을 알게 되었다. 결국 세상이 점점 빅데이터에 의해 좌지우지되고 있다는 비밀 아닌 비밀을 이야기하고 싶은 욕구가 저자를 충동질했다. 그래서 이들 분야의 많은 전문가들에게 송구스러운 마음과 함께 또다시 책을 내게 되었다. 핑계를 찾자면 비즈니스 세계의 변화에 대해서만 언급하려 했다는 것이다. 어느 분야든 데이터가 기본이 된다는 점에서 분야와 상관없이 이야기할 수 있다고 믿는다.

사회물리학(social physics)이라는 개념으로 예를 들어보자. 쉽게 말해, 지금까지 사회과학은 제한된 관찰(소규모 샘플 데이터)로 이론을 검증하고 사회를 설명하였기에 많은 오류가 있었다. 하지만 빅데이터 시대에는 점차 모든 대상을 상대로 데이터를 수집해(이른바 전수조사) 자연과학 같은 정확한 법칙, 이론과 예측이 가능해지고 있다. 이렇게 됨으로써 사회 현상과 구조를 수학적인 방법으로 설명할 수 있다고 MIT 미디어랩의 펜트랜드(Alex Sandy Pentland) 교수는 주장하기도 했다. 거의 전 국민이 사용한다고 해도 과언이 아닌 모바일 메신저 서비스인 카카오톡에서 대부분의 사람들이 "재미있다"라고 말하는 주제나 대상은 누가 뭐래도 (즉, 사회물리학적으로) 재미있는 게 사실이다. 사람들을 즐겁게 하고 만족시키는 것은 곧 수익의 원천이 된다. 데이터로 인해 점차 새로운 비즈니스가 만들어지는 이유도 바로 여기에 있다. 혼자만의 법칙이 아닌 데이터로 만들어진 보편적인 법칙으로 사업을 하려는 시도들이 나타나고 있다. 저자는 이런 움직임에 대해 빅데이터가 비즈니스를 창조한다고 말하고 싶다.

빅데이터 전문가들(이른바 데이터 과학자)은 분야를 넘나들면서 새로운 비즈니스를 만들어내고 또 세상을 변화시키고 있다. 이 책은 이들이 만들어낸 신사업과 혁신을 정리한 결과물이다. 과연 빅데이터라는 현상이 어떤 새로운 비즈니스와 산업을 만들고 있는지, 그리고 이들의 비즈니스 방식이 기존 기업들과는 어떻게 다른지를 탐구하였다. 기존 비즈니스와는 다르게 빅데이터를 기반으로 하는 새로운 비즈니스들은 빅데이터를 수집·저장하며 처리하고 분석하며 적용하는 데 최소 한 가지 이상의 강점을 가지고 있음을 알 수 있었다. 일면 당연한 이야기지만 이에 대한 구체적인 설명이 미래기업의 모습을 짐작하는 데 조금이나마 도움이 된다면 이 책을 쓴 목적은 이룬 셈일 것이다. 빅데이터의 사업화를 고민하는 기업들에는 신산업의 방향을 가늠하는 데, 그리고 빅데이터를 이용한 창업에 관심 있는 분들에게는 빅데이터와 관련된 다양한 혁신적인 분야가 나타나고 있음을 이해하는 데 도움이 되었으면 하는 바람이다. 특히 취업의 어려움과 직장 생활의 고달픔에 고민하는 분들이 아직도 시도해볼 수 있는 나만의 길이 남아 있음을 깨닫기를, 책 속의 개척자들을 보며 용기를 얻을 수 있기를 바라는 마음이다.

빅데이터로 신사업에 도전한 기업들은 남들이 가지 않은 길을 간 기업들이다. 빅데이터를 활용하는 혁신 조직들은 단순하지만 확실한 공통점을 가지고 있다. 이들은 과거 방식과 습관에 집착하지 않는다. 새로운 데이터에서 찾아낸 변화의 실마리를 잡고 이를 실행하는 것을 두려워하지 않는다. 그리고 문제를 한 번의 잔꾀가 아닌 시스템으로 해결하려고 한다. 이들 기업은 기존 기업들보다 고객에 대한 깊은 통찰력을 활용해 다른 곳에선 할 수 없는 경험을 고객에게 제공한다. 세상을 한정된 나만의 시선이 아니라 빅데이터의 넓은 시각으로 바라보면서 기존 상식을 뛰어넘는다.

이 책을 선보이기까지 묵묵히 지원을 아끼지 않은 멘토 정기영 삼성경제연구소 소장님 이하 에너지 넘치는 출판팀 식구들, 그리고 책 쓰는 일보다 더 쓸모 있는 일에 바쁜 채승병 박사에게 진심 어린 감사의 마음을 전한다. 이들의 격려와 관심이 없었다면 이 책은 지금 세상에 존재하지 않을 것이다. 그리고 이 책을 저술하는 과정에서 든든한 성원을 보내준 부모님과 가족들에게도 깊은 감사를 드린다.

2015년 3월
함유근

차례

Prologue | 미래기업의 현재를 읽다 • 004

Chapter 1 미래기업의 열쇠, 빅데이터

Intro : 사람도, 기술도, 비즈니스도… 이제 변했다! • 012

01 | 새로운 산업 지형, 빅데이터 생태계 • 019

02 | 빅데이터 비즈니스 모델이 만드는 미래기업 • 027

03 | 빅데이터 비즈니스 모델의 5가지 유형 • 040

Chapter 2 빅데이터 비즈니스맨

Intro : 축적된 데이터를 사업화하라! • 050

01 | 구직·구인 정보로 노동 시장을 예측하다 : 몬스터 거버먼트 솔루션스 • 057

02 | 스페인어 방송사에서 히스패닉 마케팅 전문가로 : 루미나 • 064

03 | 교통카드 사용 내역도 쌓이면 돈이 된다?! : JR동일본 • 074

04 | 통신사가 인구 통계를? : NTT 도코모 • 086

빅데이터 창출자

Intro : 가치를 창출하는 데이터를 찾아라! • 096

01 │ 당신보다 당신을 더 잘 알지도… : 액시엄 • 105

02 │ 맛, 데이터로 증명하라! : 푸드 지니어스 • 117

03 │ 감성 대신 논리로 패션을 보다 : 에디트 • 125

04 │ 팩트를 잡아라! : 팩추얼 • 134

05 │ 자산이 된 신체 정보 : 아이웨어랩 • 149

06 │ 사물인터넷의 미래를 제시하다 : 웨이즈 • 155

07 │ 사람들을 달리게 하라! : 맵마이런 • 161

빅데이터 대리인

Intro : 스마트한 대리인이 되라! • 170

01 │ 유전체 연구의 대중화를 선도하다 : 넥스트바이오 • 176

02 │ 공공 데이터는 공개되어야 한다! : 소크라타 • 190

03 │ 광고 산업의 미래로 날아가다 : 로켓퓨얼 • 195

04 │ 판타지 스포츠 경기의 승리자 : 넘버파이어 • 204

05 │ SNS 데이터 속에 모든 답이 있다! : 데이터시프트 • 214

06 │ 데이터로 교통을 지배하다 : 인릭스 • 223

07 │ 디지털 맞춤 교육의 시대는 이미 시작되었다! : 뉴턴 • 230

08 │ 기업을 대신해 위험에 대처하라! : 리슨로직 • 237

09 │ 잘 관리된 명함은 고객관리의 원천이다 : 산산 • 246

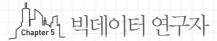

빅데이터 연구자

Intro : 연구 자체를 사업화하라! • 254

01 | 농식물 빅데이터에 전문지식을 더하다 : 에보젠 • 258

02 | 인간 유전체의 비밀을 해독하라 : BGI • 264

03 | 비즈니스 노하우를 빅데이터 사업으로 : 히타치글로벌센터 • 273

04 | 슈퍼컴퓨터로 경영컨설팅에 도전하다 : IBM의 왓슨 • 280

빅데이터 응용가

Intro : 고객의 속까지 알고 서비스하라! • 290

01 | 스티브 잡스를 울린 음원 유통 시장의 파괴자 : 스포티파이 • 295

02 | 7만 개의 변수로 신용을 평가하다 : 제스트파이낸스 • 306

03 | 날씨 데이터로 보험을 설계하다 : 클라이미트 코퍼레이션 • 320

04 | 중고차 가격의 불신을 해소하다 : 카센서 넷 • 329

05 | 불확실한 미래에 도전하는 법 : 이토큐에몬 • 335

Epilogue | 국내 빅데이터 비즈니스 모델 기업은 어디쯤 와 있는가? • 342

참고문헌 • 359

Chapter 1

미래기업의 열쇠, 빅데이터

사람도, 기술도, 비즈니스도…
이제 변했다!

"현재 16세인 학생이 나중에 성인이 되어 갖게 될 직업은 지금 존재하지 않
을 가능성이 높다."

– 데이비드 러원(David Rowan), 영국《와이어드(Wired)》편집장[1]

| 빅데이터에 적응하라, 옴니컴과 퍼블리시스의 합병 |

2013년 7월, 2개의 글로벌 거대 광고회사가 합병했다. 뉴욕을 기반으로
한 세계 2위의 광고업체인 옴니컴 그룹(Omnicom Group)과 파리를 기반으
로 한 세계 3위의 광고업체인 퍼블리시스 그룹(Publicis Groupe)이 합병해 시
가총액 351억 달러의 세계 최대 광고회사가 탄생한 것이다. 그 배경에는 디지
털 시대로의 이행에 따른 광고 시장의 명과 암이 드리워 있다. 2009년 미국 광
고시장 매출액은 경기 침체로 인해 12%나 감소했다. 그 영향으로 옴니컴은
2007년 7만 명이던 직원을 2009년 6만 3,000명으로 감축했으며, 퍼블리시
스는 5,000명을 감원해 직원을 4만 명으로 줄였다. 두 회사의 합병은 신문,
잡지 등 오프라인 매체에 의한 광고 매출이 감소함에 따라 불필요해진 기존
인력을 감축하는 것이 주목적이었다. 이러한 기존 광고 시장의 침체와 대비

되어 디지털 광고 시장은 그야말로 급성장세를 보이고 있다. 불과 10여 년 전 선보인 디지털 광고는 최근의 폭발적인 증가세에 힘입어 2013년 미국에서만 14% 성장해 전체 광고 시장의 25%인 420억 달러를 차지했다. 우리나라 디지털 광고 시장도 2016년에는 2010년 대비 15.2% 성장해 3조 3,000억 원 규모가 될 것으로 전망된다.[2] 전 세계적으로 모바일 광고는 신규 광고의 대세가 되었고, 신문이나 잡지 광고 규모는 날로 감소하고 있다.

이 같은 추세로 인해 오프라인 시장 기반의 대형 광고회사들은 디지털 매체의 수용을 피할 수 없게 되었으며, 이에 따라 기존과는 전혀 다른 인력과 역량, 기술이 필요해졌다. 그 변화의 중심에 빅데이터가 있다. 최근 마케팅 조사기관 이마케터(eMarkter)가 디지털 광고의 트렌드로 꼽은 주요 변화 1위는 바로 빅데이터로, 빅데이터는 이제 광고의 모든 것을 좌우한다고 해도 과

그림 1-1 | 2013~2016년 매체별 글로벌 신규 광고 규모 예상

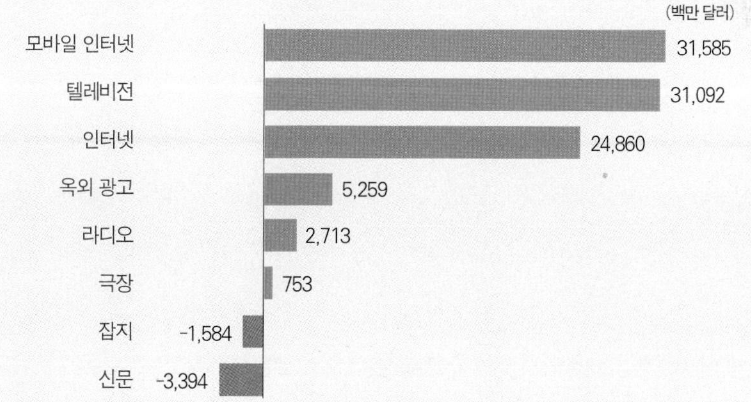

(백만 달러)

모바일 인터넷	31,585
텔레비전	31,092
인터넷	24,860
옥외 광고	5,259
라디오	2,713
극장	753
잡지	-1,584
신문	-3,394

자료: ZenithOptimedia (2014). "Advertising Expenditure Forecasts April 2014"

언이 아니다. 그다음으로 광고는 실시간으로 제공되어야 하며, 광고의 가치는 콘텐츠 마케팅에 있다는 것이다.[3]

이제는 광고회사 임원들도 검색 광고, 인터액티브 광고 등을 작성하는 방법이나 SNS를 활용하는 창의적 방법을 알아야 생존할 수 있는 세상이 되었다. 미디어 담당 광고 구매자들도 온라인의 어디에 고객이 있으며 누가 얼마나 오랫동안 머무르는지 알아야 하는 시대가 되었다.

| 미래형 광고회사의 등장 |

더욱이 최근에는 사람을 대신해 자동 알고리즘이 실시간으로 데이터를 분석해 사람들이 몰려드는 미디어(디스플레이, 비디오, 모바일, SNS 등)를 찾아내고 인기 미디어를 통한 광고를 그때그때 경매 형식으로 입찰하여 확보(구매)하는 '자동화된 구매(programmatic buying 혹은 programmatic media)' 광고 방식이 주목받고 있다. 이런 방식을 '실시간 입찰(RTB, Real-Time Bidding)'이라고 한다. 예를 들어, 사람들이 특정 연예인에 관한 뉴스를 접하고 그 연예인이 나온 동영상을 찾는다면 광고 담당자가 아닌 컴퓨터 프로그램이 이를 실시간으로 파악해 그 연예인의 동영상을 제공하는 미디어에 나갈 광고를 경매하는 것이다. 2013년 말 현재 미국 대기업의 80%가 사용하고 있는 RTB 비디오 광고의 경우, 2011년부터 2014년까지 연평균 성장률 57%를 기록해 2014년 관련 광고액이 11억 4,000만 달러에 달할 것으로 포리스트 컨설팅은 예상했다(〈그림 1-2〉). 이마케터는 2015년 RTB 비디오 광고를 포함한 전체 RTB 콘텐츠 광고 시장의 규모를 59억 달러로 전망했다.[4]

미국의 경우 2014년 현재 디지털 광고와 관련해 새로이 생겨난 기업은 950여 곳이 넘는다. 불과 3년 전 100여 개사였던 것을 감안하면 엄청나게

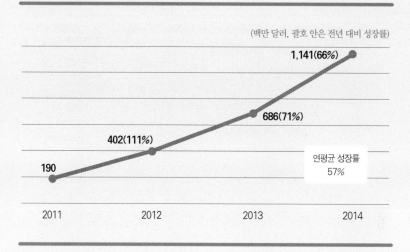

그림 1-2 | 미국의 RTB 비디오 광고 성장 추이

(백만 달러, 괄호 안은 전년 대비 성장률)

1,141(66%)

686(71%)

402(111%)

190

연평균 성장률
57%

2011　　　　　　2012　　　　　　2013　　　　　　2014

자료: Forrester Consulting (2013. 4). "RTB Powers The Rapid Growth Of Online Video"

늘어난 것이다(〈그림 1-3〉). 이들 새로운 광고 기업은 기존 광고 시장에 존재하지 않던 광고기술(AD Tech), 검색(Search), 분석기법(Analytics), 전자상거래(E-Commerce), 창의적 기술(Creative Tech), 디지털 광고 전략(Digital Advertising Strategy), 신기술(Emerging Tech), 소셜미디어(Social Media), 모바일(Mobile), 실시간 데이터 처리기술(Real-Time Tech), 사용자 경험(UX, User Experience), 디지털 마케팅 관리(Digital Marketing Management) 등을 제공한다. 간단히 말해서 빅데이터로 인해 광고 방식이 완전히 바뀐 것이다.

　기술의 변화는 인력의 변화를 요구한다. 현재 미국 광고 시장은 인력과 기술 모두에서 커다란 지각 변동을 겪고 있다. 언론에서도 이러한 변화를 쉽게 찾아볼 수 있다. 한 신문기사에 따르면, 광고회사에 다니던 30대 중반 기혼 여성이 육아 때문에 2년간 쉬다가 복직하려고 했으나 회사 측에서는 그녀가

그림 1-3 | 새로이 등장한 디지털 광고 기업들

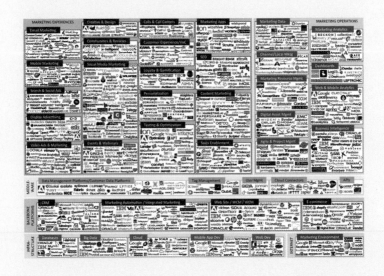

자료: http://chiefmartec.com/2014/01/marketing-technology-landscape-supergraphic-2014/

담당하던 오프라인 광고 관련 인력이 더 이상 필요하지 않다는 답변을 해왔다고 한다. 그녀는 다른 일자리를 찾아봤으나 거의 모든 광고회사가 '디지털 경험'을 요구했다. 그녀가 하던 일은 컴퓨터 프로그래머, 데이터 분석가, 데이터 관리자가 대신하고 있었다. 이와 관련, 광고 분야 구직 사이트 운영자는 "오프라인 광고 중심의 기존 경력자들은 고용되기가 쉽지 않다"라고 말했다. 디지털화와 빅데이터로 인한 세상의 변화는 기업들의 변모를 요구하고 있고, 이런 추세에 따라 빅데이터를 활용해 전혀 새로운 방식으로 비즈니스를 하는 기업들이 나타나고 있다.

| 창조는 파괴다 |

사실 이런 움직임은 광고 시장에 국한된 게 아니다. 디지털화와 정보기술의 발달로 상품과 서비스의 내용이 데이터로 바뀌고 전달 채널이 인터넷이나 스마트폰 등으로 전자화되면서 기존 산업의 비즈니스 모델 역시 빅데이터 비즈니스 모델로 변화하고 있다. 이 같은 움직임은 특히 광고, 교육, 출판, 미디어, 금융, 의료 서비스 시장 등에서 두드러질 것으로 예상된다.

빅데이터로 인한 변화에서 법률 정보 시장도 예외는 아니다. 법률 관련 콘텐츠의 디지털화가 가속화될수록 구글이나 네이버 같은 정보 중개 플랫폼을 통해 변호사의 연락처나 소송건에 관한 공공 기록에 쉽게 접근할 수 있게 되면서 관련 정보의 판매 등의 사업화가 촉진되고 있다. 게다가 정부기관이 보관하고 있던 기록들을 디지털화하면서 더욱 쉽게 관련 정보를 검색하거나 접근할 수 있게 되었다. 그에 따라 세계 굴지의 법률 정보 및 서비스 솔루션 제공업체 렉서스넥서스(LexisNexis)는 독점적인 콘텐츠에 대한 투자를 늘려 더욱 유연한 플랫폼을 구축해 차별화를 도모하고 있다.

빅데이터로 인한 음악 산업의 변화는 더욱 파괴적이다. 음원의 디지털화는 기존 음반 유통 산업을 붕괴시키고 빅데이터 비즈니스 모델을 부상시키고 있다. 예로 들면, 음악 시장에서는 1970~1980년대에는 LP판, 1990년대에는 카세트테이프, 1990년대 말부터 2000년대 초까지는 CD로 콘텐츠 수용 매체와 전달 기기만 바뀌었을 뿐 거의 동일한 비즈니스 모델이 유지돼왔다. 그런데 디지털 환경하에서 원하는 음원을 다운로드하는 모델을 거쳐 청취하는 방식에 따라 돈을 지불하는 유료 스트리밍 서비스가 적용되면서 음악 산업에서도 빅데이터 비즈니스 모델이 본격적으로 등장했다. 전체 산업의 가치사슬이 분화되면서 음악을 즐기는 고객과 음악을 공급하는 제공자

간의 빅데이터 활용을 극대화해 둘 사이를 연결해주는 다양한 중개자들의 새로운 비즈니스 모델과 사업이 크게 성장하고 있는 것이다. 대표적인 업체로 샤잠(Shazam), 판도라(Pandora), 스포티파이(Spotify) 등이 있다. 원하는 음악을 찾아주는 샤잠이나 스트리밍 서비스를 제공하는 인터넷 라디오 기업 판도라와 스포티파이는 근본적으로 빅데이터를 이용해 고객 맞춤 서비스를 제공하는 스마트 기업들이다.

의료 산업에서도 빅데이터 활용에 따라 이론의 정립과 검증보다는 발견이 주도하는 패러다임의 전환이 나타나고 있다. 예컨대 차세대 유전체학(next-generation genomics)은 유전적 물질의 해독과 변이 연구를 위해 최신 빅데이터 분석기법의 각축장이 되고 있다. 금융 산업에서도 첨단 IT 기업의 진출에 따라 실생활 데이터 분석에 기반한 디지털 금융이 미래 금융의 모습으로 떠오르고 있다. 심지어 무인자동차의 앞날도 센서 데이터를 통한 빅데이터의 활용에 달려 있다는 주장이 제기되고 있다. 이 외에도 다양한 산업과 분야에서 빅데이터 활용에 따른 획기적인 변화가 나타나고 있으며, 이 같은 움직임은 더욱 가속화될 것으로 보인다.

01
새로운 산업 지형,
빅데이터 생태계

| 시대마다 달라져온 데이터의 가치 |

광고업계의 사례는 데이터의 성격과 시대적 의미가 변화하고 있음을 보여준다. 하지만 데이터의 본질에는 변함이 없다. '주어진 것(things given)'이라는 어원에서 보듯 데이터*는 '세상의 흔적'이라고 할 수 있다. 흔적이 남아야 데이터도 존재한다. 물론 아날로그 시대에도 흔적은 남았지만 디지털 시대의 흔적은 더욱 쉽게, 더욱 방대하게 남겨진다.

가정에서 가계부를 작성하는 것은 의도적으로 수입과 지출의 흔적을 남기는 것이지만 모든 지출을 카드로 결제한다면 자동적으로 흔적이 남

---

* 'data'의 단수형인 'datum'의 라틴어 어원은 '주어진 것'이란 뜻으로, 추론의 가정이나 전제를 의미한다.

게 된다. 마찬가지로, 컴퓨터가 본격적으로 도입되기 전인 1950~1960년 대 데이터는 사람들이 목적을 가지고 만들어야만 존재했으나 컴퓨터가 회계관리, 생산관리 등 기업의 일상적인 업무에 도입되면서 데이터는 업무 처리 과정에서 파생되는 부산물이 되었다. 즉, 의도적으로 만드는 것이 아니라 업무를 진행하는 과정에 컴퓨터를 이용하면서 자연스럽게 흔적, 데이터가 생성되었다. 그러나 이때까지는 컴퓨터 사용 목적이 데 이터 생산이 아닌 업무의 효율적인 처리에 있었기 때문에 업무 수행 과 정의 부산물인 데이터를 어디에 어떻게 활용해야겠다는 의도는 아직 구 체적으로 나타나지 않았다. 정리하면 데이터는 시대별로 다음과 같은 의미를 지닌다.

- 1950~1960년대: 생산물(product)
- 1970~1980년대: 부산물(byproduct)
- 1990~2000년대: 자산(asset)
- 2010년 이후: 기본 물질(substrate)[5]

1990년대 기업들이 쌓여가는 내부 데이터에 눈을 돌리고 이의 활용 가치를 발견하면서 데이터는 기업의 자산이 되었다. 데이터가 기업의 의사결정에 도움을 줄 수 있다는 것을 깨달은 것이다. 그런데 디지털 시 대가 되면서 데이터의 성격은 또 한 번 바뀌었다. 우리 주위에서 벌어지 는 모든 일이 디지털 흔적을 남기면서 데이터 자체가 비즈니스의 기본 물질이 된 것이다. 즉, 세상의 흔적이 자동적으로 남는 빅데이터 시대에 데이터는 남보다 빨리 알고 정확하게 대응할 수 있는 원천이 되었다.

데이터를 생성하고 활용하는 새로운 환경의 도래는 비즈니스 구조와 프로세스의 혁신을 낳았다. 1990년대와 2000년대 초까지는 데이터가 없는 것과 있는 것의 차이가 곧 자산(asset)이었다. 하지만 이제는 누구나 데이터를 소유할 수 있지만 이를 통해 비즈니스를 어떻게 혁신시키느냐에 따라 전혀 다른 서비스나 경쟁력이 나타나는 시대가 되었다. 이런 까닭에 "실질적인 데이터 혁명은 비즈니스 구조와 프로세스, 그리고 정보 활용 방법에 있다"라는 이야기가 나오는 것이다.[6]

| 새로운 니즈, 새로운 데이터, 새로운 비즈니스의 탄생 |

앞서 설명한 광고 산업의 변화를 기존 문제에 대한 새로운 해결책, 즉 새로운 기술의 등장으로 바라볼 수도 있다. 하지만 이는 빅데이터가 초래한 산업 변화의 일부만 이해한 것이다. 빅데이터는 기존 문제를 새로운 방식으로 해결하는 영역뿐만 아니라 지금까지와는 전혀 다른 새로운 문제를 새로운 방식으로 해결하는 새로운 비즈니스의 등장을 촉진시키고 있다(〈그림 1-4〉). 다시 말해, 지금까지 해결할 수 없었던 문제나 해결하려고 들지 않았던 문제를 해결하는 수단으로서 빅데이터의 가치가 커질 것으로 예상된다. 광고 산업에서 고객을 좀 더 잘 이해하는 것은 단지 '새로운 기술'에 불과하지만, 경쟁자보다 고객의 니즈를 먼저 파악하고 세세한 부분까지 고려해 고객별로 각기 다른 맞춤 광고를 제공하는 것은 이전까지와는 전혀 다른 방식으로 문제를 해결하는 새로운 비즈니스의 실현이라고 할 수 있다.

그림 1-4 | 빅데이터의 문제 해결 방법과 새로운 비즈니스

자료: MacCormack, I., Murray, F. and Wagner, E. (2013. Fall). "Spurring Innovation Through Competitions". MIT Sloan Management Review. Vol. 55, No. 1, pp. 25~32

　　빅데이터는 새로운 해결책이지만 동시에 새로운 문제(니즈)이기도 하다. 디지털화와 IT의 발달로 사람들이 원했지만 해결할 수 없었던 니즈들이 다양한 형태의 데이터 창출, 공유, 소통만으로도 해결 가능해지고 있다. 이른바 '사물인터넷(Internet of Things)'이 이러한 추세를 보여주는데, 스마트폰이나 사물, 혹은 사람에게 직접 부착된 건강 센서는 인터넷을 통해 이들을 하나의 컴퓨터로 연결해서 건강 상태에 대한 정보를 주고받거나 알려준다(즉, 사물인터넷이 구현된다). 이에 따라 이전에 불가능했던 환자의 실시간 건강 상태 측정이 가능해지면서 새로운 니즈이자 새로운 데이터, 즉 해결책으로 이전에는 존재하지 않았던 전혀 새로운 비즈니스가 등장하고 있다.

| 스마트한 세상을 여는 빅데이터 생태계 |

새롭게 등장한 빅데이터 비즈니스 모델 기업은 빅데이터 생태계를 기반으로 한다. 빅데이터 생태계는 바로 스마트한 세상 속 기업의 모습을 결정하는 생태계라고 할 수 있다. 빅데이터 생태계를 기반으로 한 기업들은 앞으로 계속 늘어날 것이고, 이에 어울리지 않는 기업들은 점점 더 생존하기 어려워질 것이다.

빅데이터 생태계는 〈그림 1-5〉와 같이 데이터가 생성되어 수집되고 최종적으로 활용되는 모든 과정을 담고 있다. 즉, 데이터가 만들어지는 부분(data creation), 데이터를 보유하고 축적하는 부분(data acquisition),

그림 1-5 | 빅데이터 생태계

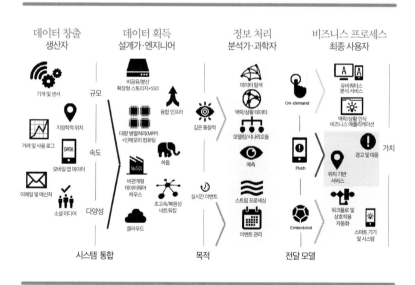

자료: IDC (2014). "Building a Datacenter Infrastructure to Support Your Big Data Plans"

그리고 데이터를 처리하고 분석하는 부분(info processing), 마지막으로 데이터를 비즈니스에 응용하는 부분(business process)이 상호 연관되어 시장에서 필요로 하는 가치를 창출하는 구조와 과정으로 이뤄진다. 빅데이터 생태계 속의 기업들은 이러한 생태계에서 자기 역할을 분명히 하고 고객가치를 창출하는 스마트 기업이다.

빅데이터 생태계가 작동하고 유지되기 위해서는 단계별로 나타나는 근본적인 과제들이 원활히 해결되어야 한다. 데이터 창출·수집 단계에서는 데이터의 엄청난 규모, 다양한 종류, 빠른 생성 속도에 대응해야 한다. 디지털 기기와 센서 기술의 발달로 이런 문제는 더욱 심화되고 있다. 그다음 단계에서도 데이터를 저장하기 위해 다양한 기술과 저장 매체의 성능 향상은 물론 기존 시스템과의 연계 문제가 발생하고 있다. 데이터 처리와 관련된 분석 문제는 발견과 의사결정의 고도화와 관련이 있다. 분석 단계에서는 문제 해결과 의사결정에 대해 보다 심도 있고 효과적인 통찰력을 적시에 제공해야 의미가 있다. 이를 위해 다양한 형태의 데이터를 처리할 수 있는 고도의 분석기법을 활용하고자 하는 다양한 혁신이 시도되고 있다. 마지막으로 빅데이터가 비즈니스에 활용되는 단계에서는 그동안 무관심했거나 알지 못했던 문제들이 빅데이터로 해결되기 시작한다. 이는 어떤 대상에 대해 이전에는 존재하지 않았던 관련 데이터가 생겨나고 저장되며 분석되기 때문에 가능해졌다. 예컨대 위치 데이터를 비롯해 유전자 데이터 등등 새로운 데이터들이 대량 생겨나면서 기업들은 이를 바탕으로 고도의 분석기법을 적용해 의사결정을 하고 시간과 공간에 상관 없이 고객별로 상황에 맞춰 스마트한 서비스를 제공하는 등 새로운 고객가치를 창출하고 있다.

로봇 저널리즘, 기존 신문사를 파괴할 것인가?

2014년 10월 미국의 미디어 그룹 타임스(Times)는 뉴스 관련 인력을 7.5% 감원할 계획이라고 발표했다. 이에 따라 그룹사인 《뉴욕타임스》도 100여 개 일자리를 줄일 예정이다. 경영진은 이를 통해 절감된 비용을 디지털화된 미래의 저널리즘에 투자할 것이라고 밝혔다.[7]

그렇다면 디지털화된 미래의 저널리즘이란 어떤 모습일까? 데이터 저널리즘에서 그 실마리를 찾을 수 있다. 언론사에서 기사를 작성하기 위해 데이터를 활용하는 것은 일반적인 일이지만 데이터 저널리즘은 단순한 데이터 활용 그 이상을 의미한다. 사람 대신 컴퓨터 프로그램이 기사를 작성하는 시대가 다가오고 있는 것이다. 인공지능의 발달로 컴퓨터가 엄청난 양의 데이터를 자동으로 분석해 기사를 작성하는 것이 가능해졌다. 로봇(소프트웨어)이 신문기사를 작성한 첫 사례는 2014년 3월 캘리포니아 지역에서 발생한 지진에 관한 기사로, 《LA타임스》 기자이자 프로그래머인 켄 슈웽크(Ken Schwencke)가 만든 소프트웨어에 의해 작성되었다.[8]

미국의 내러티브 사이언스(Narrative Science)는 이러한 방식으로 미디어업체나 일반 기업을 위해 기사나 글을 작성해주는 사업을 한다. 스포츠 경기 결과에 대한 신문기사를 생각해보면 경기 기록과 통계 수치를 기반으로 소프트웨어로 글을 작성하는 것이 그렇게 어렵지 않음을 짐작할 수 있다. 내러티브 사이언스 역시 이 분야의 일로 사업을 시작했다.

내러티브 사이언스가 2014년 선보인 기사 작성 프로그램 퀼(Quill)은 따분한 숫자들을 가지고 사람이 쓴 것 같은 유려한 기사를 작성한다. 소프트웨어가 복잡한 인공지능 알고리즘을 이용해 데이터 중 핵심 사실을 추출해내고 이를 분석해 고객을 위한 기사를 작성하는 것이다. 이 과정에는 기술적으로 아마존의 클라우드 컴퓨팅 저장 공간과 데이터 자동 추출 및 변환·적제 기술, 분석 알고리즘, 그리고 자연어 처리 기술 등이 적용되었다. 데이터에 기반했기 때문에 퀼의 결과물은 글을 쓴 사람의 주관적 판단이 아닌 객관적 사실을 바탕으로 한다고 퀼의 개발자이자 이 회사의 창업자인 하몬드(Hammond)는 설명했다.[9] 데이터베이스에 가득 찬 데이터 속의 스토리를 찾으려는 기업들도 내러티브 사이언스의 주요 고객이다. 금융 정보와 관련, 내러티브 사이언스는 증권사 애널리스트의 일도 대신할 수 있을 것으로 기대하고 있다. 하몬드의 주장처럼 앞으로 15년 내 신문기사의 90%를 로봇이 쓰게 될지 지켜볼 일이다.[10]

그림 1-6 │ 내러티브 사이언스의 퀼 프로그램으로 작성된 《포브스》 기사

기사 작성에 사용된 데이터   퀼이 작성한 기사

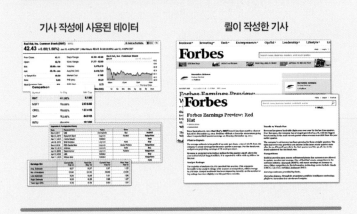

자료: Jenkins, T. (2012). "Big Data Induced Emerging Business". OpenText

02
빅데이터 비즈니스 모델이
만드는 미래기업

| 데이터 논쟁과 비즈니스 모델 |

구현하는 것이 만만치 않지만 빅데이터로 비즈니스를 하기 위해 반드시 필요한 것이 바로 비즈니스 모델이다. 1990년대 중반 전 세계적으로 인터넷 기업이 우후죽순 생겨날 당시 많은 투자자금이 이들에게 몰려들었다. 하지만 이런 새로운 기업들이 과연 수익을 창출할 수 있을지를 걱정하는 이들도 기대하는 이들만큼이나 많았다. 실제로 이런 우려가 단순한 기우가 아님이 수많은 인터넷 기업의 몰락으로 증명되었다. 결국 듣기에는 그럴듯하지만 사업이 유지될 수 있을지, 사업이 실체화되면서 현실에 뿌리내릴 수 있을지 판별해낼 방안이 필요하게 되었다. 이에 따라 비즈니스 모델이라는 개념이 부각되었다. 인터넷 기술 발전으로 등

장한 신사업들이 사람들의 관심을 끌고 있는데, 그런 사업이 어떤 구체적인 프로세스나 방법으로 사람들을 만족시키고 사람들의 지갑을 열게 할지에 대한 답을 비즈니스 모델이라고 부르기 시작한 것이다. 빅데이터의 경우도 마찬가지다.

| 비즈니스 모델이란? |

비즈니스 모델은 결국 "고객이 원하는 것이 무엇이고 이를 어떻게 제공할 것인가?", "고객에게 제공하는 것과 돈 버는 것을 어떻게 연결할 것인가?"에 답하는 문제다. 여기서 고객이 원하는 것을 효과적으로 제공하는 것을 보통 "고객가치를 충족시킨다"라고 표현한다. 빅데이터 비즈니스 모델의 한 부분은 바로 빅데이터가 어떻게 고객가치를 만들어내고 충족시키느냐에 관한 것이다. 고객가치의 제공을 돈 버는 것과 연결시키는 문제를 "이익을 실현한다"라고 표현하는데, 많은 인터넷 비즈니스 모델이 바로 이 문제를 해결하지 못해 사라지고 말았다. 예를 들어, 요즘은 대다수 유통업체가 고객이 인터넷으로 주문하면 물건을 집까지 배송해주는 서비스를 거의 무료로 제공하고 있지만 예전에는 사정이 달랐다. 인터넷 붐 초기에 웹밴(Web Van)은 인터넷 주문과 배송을 묶은 신사업으로 많은 벤처투자가의 주목을 받았다. 하지만 고객들은 이 서비스가 편리하다는 것은 인정했지만 돈을 지불할 의향은 없었다. 즉, 가치는 창출했지만 이익을 실현하지는 못한 것이다. 가치가 충분하지 못했던 셈이다. 그런데 시선을 조금만 바꿨다면 배송비를 고객에게 받지 않고 유통업체들에 부담시키거나 유통업체와 협력해 배송비를 물건 가격에 포함시킬 수도 있었을 것이다(실제로 지금은 그렇게 하고 있는 경우가 많다). 이는 바로 비즈니스 모델에서 이익 실현 방식(수익 모델)의 차이를 뜻한다.

수익 모델은 돈을 지불하는 대상이나 주체, 그리고 방식 등을 말한다. 예컨대 신문이라는 콘텐츠 서비스에 대해 독자 대신 광고주라는 주체에게 광고료라는 방식으로 돈을 받는 것이 수익 모델의 예다. 수익 모델은 과금 대상은 물론 그 방식을 자산 판매, 대여·리스, 라이선싱, 사용료, 구독료, 광고료 등으로 다양화할 수 있다.

| 미래의 유일한 IT 비즈니스 모델 |

IT 분야 투자를 전문으로 하는 벤처캐피털 온셋벤처(ONSET Ventures)의 파트너 쇼밋 고세(Shomit Ghose)는 하드웨어와 소프트웨어, 그리고 네트워크가 점차 보편화되고 거의 공짜화되고 있는 추세 속에서 IT 기업의 미래를 생각해보면 마지막으로 남은 비즈니스 모델은 빅데이터뿐이라고 주장했다. 모든 산업에서 IT가 보편적인 수단이 된 현실에서 빅데이터가 비즈니스 모델의 중심이 된다는 것은 비단 IT 기업에만 관련된 문제가 아니다. 이제는 모든 기업의 돈벌이에 데이터가 결정적으로 도움이 되거나, 데이터 자체가 돈이 될 것으로 보인다. 다시 말해, 기업이 데이터로 돈을 벌든가, 아니면 데이터가 돈 버는 데 중심적인 역할을 하는 것이 유일한 비즈니스 모델이라는 주장이다.[11] 모든 기업에서 데이터는 줄지 않고 계속 늘어나고 있으며, 그 증가 속도는 기업들이 쉽게 소화할 수 없을 정도다.

이런 추세를 반영하듯, IBM 회장 겸 CEO인 버지니아 로메티(Virginia Rometty)는 빅데이터가 앞으로 수십 년간 모든 기업, 더 나아가 모든 산업에서 경쟁 우위의 기본이 될 것으로 내다보았다. 당연하지만 IBM도 이러한 변화의 흐름을 추구하고 있다고 그는 주장했다. 더불어 끊임없이 쏟아지는 데이터를 중심으로 한 여러 가지 비즈니스 기회를 포착하기 위해선 기업들이 변해야 한다고 목소리를 높였다.[12] 그리고 이러한 경쟁에서 승리하기 위해 리더들은 3가지 원칙을 포용해야 한다고 덧붙였다. 데이터로 돈 버는 방법이 더욱 구체화되면서 빅데이터를 의사결정에 활용하거나, 가치를 창출하는 방법을 바꾸거나, 가치를 전달하는 방법을 바꾸어야 한다는 것이다.

빅데이터 비즈니스 모델의 3요소, 데이터·플랫폼·고객 경험

빅데이터 비즈니스 모델과 기존 비즈니스 모델의 차이점은 이익 실현 대상이 데이터와 데이터로 파생되는 가치에 있다는 것이다(이 부분은 뒤에 나오는 사례들을 통해 쉽게 이해할 수 있을 것이다). 과금 방식도 플랫폼과 연관된다. 그리고 그 가치를 창출하는 방법도 데이터를 기반으로 한 문제 해결(즉, 고객이 원하는 경험을 제공하는 것)에 있다는 점이 다르다.

디지털 시대에는 고객가치를 창출하는 방법이 다르다. MIT 경영대학원의 웨일(Weill)과 워너(Woerner) 교수는 디지털 시대에는 콘텐츠, 플랫폼, 고객 경험 3가지 요소가 결합되어 고객가치를 창출하는 비즈니스 모델이 유효하다고 주장했다.[13] 먼저, 콘텐츠는 디지털화된 제품(예를 들면, e-북)뿐 아니라 이들에 대한 정보를 포함(예를 들면, 상품과 관련된 설명이나 고객정보 등)한다. 콘텐츠는 좀 더 넓은 의미에서 데이터(정보)라 할 수 있다.

두 번째로, 플랫폼은 단지 하드웨어와 소프트웨어만 가리키는 게 아니라 데이터를 수집하고 서비스를 제공하는 전체 시스템을 의미한다. 고객이 콘텐츠를 사용하거나 이를 최적화하는 데 필요한 데이터를 수집하고, 최종적으로 고객 경험을 이끄는 서비스를 제공하는 통로가 바로 플랫폼이다. 이런 의미에서 스마트폰이나 SNS, 심지어 자동차도 플랫폼이라고 할 수 있다.

마지막으로, 고객 경험은 고객과 서비스나 제품을 제공하는 기업의 상호작용을 말한다. 같은 온라인 쇼핑몰이라도 G마켓과 아마존에서 쇼핑할 때 소비자의 구매 경험은 서로 다르다. 서비스를 통한 기업과의 상호작용에서 느끼는 경험이 바로 고객 경험이다.

빅데이터 비즈니스 모델에서 이익 실현은 고객가치 창출만큼 중요한 문제다. 이는 디지털 콘텐츠나 데이터를 통한 인사이트 창출이 돈벌이가 되느냐 하는 문제와 관련 있다. 이와 관련, 현재 다양한 이익 실현 방법이 등장하고 있으며, 플랫폼은 이와 깊은 관련이 있다. 구글의 '구글 나우(Google Now)'*와 그와 유사한 애플 iOS7의 '알림 센터' 등이 대표적인 사

---

* 아침에 일어나면 사용자의 출근길 상황이나 날씨를 알려주는 등 안드로이드 모바일폰에 탑재된 일종의 스마트 개인 비서.

례인데, 이런 디지털 플랫폼의 발달로 인해 하나의 플랫폼을 통한 광고, 이용료, 프리미엄 서비스 등 다양한 이익 실현이 가능해지고 있다.

빅데이터 비즈니스 모델의 3가지 구성 요소에 대해 좀 더 자세히 살펴보자.

데이터, 기업 경쟁력의 원천

빅데이터 비즈니스 모델은 수익의 출발점이 되는 고객가치를 만들고 제공하는 부분에 데이터라는 분명한 실체가 존재한다. 빅데이터 비즈니스 모델 기업은 데이터를 이용해 생산성, 의사결정, 새로운 가치 창출 등에서 차별성을 갖거나 차별성을 제공하는 기업이다. 즉, 기업 경쟁력의 원천이 바로 데이터로, 데이터 그 자체나 데이터 분석을 지원함으로써 수익을 창출한다. 특히 빅데이터 비즈니스 모델 기업들은 데이터를 이용해 새로운 비즈니스를 한다. 빅데이터를 이용해 완전히 새로운 서비스를 제공하거나 다른 기업을 돕는 것이 이들의 주요 비즈니스다.

이런 기업들은 한 가지 응용 분야에서 데이터를 기반으로 기존 서비스를 뛰어넘는 차별화된 서비스를 제공하면서 탄생하기도 한다. 데이터 분석을 통해 고객의 니즈와 상황을 파악하고 보다 진화된 서비스를 제공하는 것이다. 빅데이터 비즈니스 모델이 고객에게 제공하는 가치는 단순히 오프라인 서비스를 그대로 온라인으로 옮겨놓거나 디지털화하는 것이 아니다. 데이터를 다루고 분석하는 역량을 토대로 새롭게 만들어내는 차별화된 서비스가 핵심이다. 예를 들어, 디지털 음악 콘텐츠 분야의 빅데이터업체인 판도라나 스포티파이, 동영상 분야의 훌루(Hulu)나 넷플릭스(Netflix)는 단순히 콘텐츠라는 데이터를 제공하는 콘텐츠 유통업체에 그치지 않고 데이터를 바탕으로 고객이 가장 좋아하는 콘텐츠를 예측 및 검색하여 제공하거나 맞춤화된 서비스를 제공하는 차별성을 갖추고 있다. 이들은 고객이 원하는 것(콘텐츠)을 보다 정확하고 빠르게 파악해내기 위해 빅데이터를 활용하는 비즈니스 모델을 구현했다.

기존 제품이나 서비스를 디지털화하여 제공하는 경우나 제품 자체가 디지털 콘텐츠인 경우, 이들을 보다 스마트하게 제공하는 데는 빅데이터 비즈니스 모델이 유효하다. 따라서 기존 기업의 제품 구성에서 디지털화된 제품이 등장하고 그 비중이 점차 증가하는 추세라면 빅데이터 중심의 비즈니스 모델을 도입하는 것을 심각하게 고려해야 한다. 2011년 7월, 아마존에선 전자책 판매량이 종이책 판매량을 넘어섰다.[14] 아마존이 종이책을 판매한 지는 10여 년이 지났고 전자책 단말기 킨들(Kindle)을 판매한 지는 4년이 채 되지 않았지만 종이책 100권이 팔릴 때 전자책은 105권 팔리는 상황이 된 것이다. 지금은 사용자들이 아마존의 전자책인 킨들에 콘텐츠를 저장하지만 앞으로 사용자들이 클라우드에 있는 수많은 콘텐츠들을 킨들로 접속해 보게 될 경우 사정은 더욱 달라질 것이다. 지금 아마존이 알 수 있는 정보는 사용자의 구매 내역뿐이지만 앞으로는 사용자가 사놓고도 안 보는 책과 여러 번 반복해서 보는 책, 장시간 보는 책, 집에서 보는 책, 사무실에서 보는 책 등 책에 대한 다양한 정보를 취합할 수 있어 사용자의 독서 습성 및 용도까지도 파악할 수 있게 된다. 이렇게 다양한 정보를 알게 될 경우, 아마존의 책 추천 프로세스는 고객의 구매 행태가 아닌 실제 독서 행태에 따라 이루어지는, 또 한 번의 혁신이 일어날 것이다.

디지털화와 관련 없는 굴뚝 업종이나 물리적 제품 중심의 업종도 빅데이터와의 관련성이 점점 높아지면서 비즈니스 모델이 변하고 있다. 제조업체의 공급사슬 관리가 무선주파수인식(RFID, Radio Frequency Identification) 등 센서 기술의 발달로 점점 더 디지털화되고 있는 것이 그러한 예다.

그런데 무언가 새로운 서비스를 만들어보려고 하는데 그와 관련된 데이터가 존재하지 않을 수도 있다. 꼭 필요한 데이터가 없을 경우 빅데이터 비즈니스 모델 기업들은 어떻게 대응할까? 주로 2가지 방법을 사용한다. 첫째, 없는 데이터를 새로 만들어낸다. 둘째, 다른 부서나 외부의 데이터를 활용한다. 문제를 이해하기 위해서는 데이터의 폭, 즉 그 양이나 다양성이 중요하고, 문제를 분석하기 위해서는 데이터의 깊이, 즉 상세성과 관련성이 중요하다. 이를테면 고객 만족도를 알려면 고객에게 "우리 제품이나 서비스에 만족하십니까?"라고 물어보면 된다. 신빙성을 높이려면 질문 대상을 고객 전체로 늘리면 된다. 그러나 무엇에 만족하고 무엇에 만족하지 않는지 알고 싶다면 이 같은 단순한 질문만으로는 부족하다. 빅데이터 시대에는 매장에서 고객이 관심을 보이는 물건을 파악하기 위해 CCTV를 분석해 고객의 눈길이 머무는 위치를 파악하기도 한다. 요컨대 CCTV 데이터를 축적해 분석해야 하는 것이다.

플랫폼, 데이터의 활용 창구

플랫폼은 데이터 공급자와 수요자가 만나서 자신에게 필요한 서비스, 기능 등을 활용할 수 있는 창구를 말한다. PC라는 플랫폼과 모바일이라는 플랫폼은 성격이 전혀 다르며, 같은 모바일 플랫폼이라도 애플 아이폰 플랫폼과 안드로이드 플랫폼은 또 다른 특성을 갖는다. 쉽게 말해 플랫폼은 고객이 새로운 가치를 경험하게 하는 기반이다.

플랫폼은 IT 시스템을 통해 데이터를 활용 또는 제공하는 프로세스를 말한다. 즉, 플랫폼은 디지털 콘텐츠 혹은 데이터, 인사이트를 고객에게 전달하는 역할을 한다. 사용자가 어떤 과정과 방식으로 데이터에 접근해 활용할 수 있게 하느냐는 플랫폼을 어떻게 구현하느냐에 달려 있다. 사용자 입장에서 플랫폼은 빅데이터를 가지고 놀 수 있는 놀이터이기도 하다.

렉서스넥서스는 법률 관련 정보를 제공하는 대형 회사다. 단순한 법률 자료 제공 회사였던 이 회사는 최근 40년간 모아온 자료를 디지털 플랫폼에서 실시간으로 제공하는 특화된 정보검색 회사로 비즈니스 모델을 혁신하면서 제2의 도약기를 맞고 있다. 렉서스넥서스는 세계 각국의 판례, 법령, 뉴스, 기업 정보, 특허 및 지적 재산권 등 이른바 비정형화된 데이터를 분석해 관련 정보를 온라인으로 제공할 뿐만 아니라, 법률 사무소 또는 지적재산 전문가 등 관련 종사자들이 업무를 쉽게 처리할 수

그림 1-7 | 렉서스넥서스 플랫폼의 예

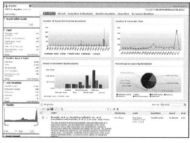

핵심 이슈
- 어떤 사건을 수임할지 평가
- 언제, 어느 정도의 비용에 해결될지 분석
- 기업의 수익률을 극대화

플랫폼

효과
- 이전 판결들을 추적하고 유사한 패턴을 파악
- 데이터를 다이내믹하게 필터링하고 시각적으로 보여줌
- 추가적 상황에 대한 관련 정보를 제공

자료: LexisNexis (2012)

있도록 도와주는 업무 관리 시스템을 제공하고 있다(〈그림 1-7〉).

렉서스넥서스의 2011년 수익은 23억 달러로, 2007~2011년 수익 성장률이 11%에 이른다. 변호사 등 법률 전문가들이 업무를 처리하는 데 있어서 가장 중요한 요소로 꼽는 것이 바로 정확한 정보다. 법률적 판단의 결과는 높은 품질의 정보 분석에 따른 설득력 있는 판례와 사실에 달려 있다고 해도 과언이 아니다. 로펌의 변호사들은 업무 시간의 50%를 관련 판례와 정보를 찾고 분석하는 데 소비한다.[15] 그런데 로펌, 기업, 정부기관 등 고객이 사건과 관련된 이러한 작업들을 바로 렉서스넥서스 플랫폼에 수집된 수십억 개의 문서 검색으로 해결하고 있다. 렉서스넥서스는 1658년 이후 280만 건의 미공개 판례를 포함해 1,100만 건 이상의 판례와 다른 법률 정보 회사에 비해 70% 이상 많은 100만 건의 판결문을 보유하고 있다. IT 혁명으로 렉서스넥서스의 운영 환경은 점차 디지털화되고 있다. 수익 구조 또한 디지털 부문에 치중된 모습을 보인다. 과학·학술, 기술 및 의료, 위험관리, 비즈니스, 법률, 전시회 등 5개 정보 사업 분야*로 구성된 모회사 리드 엘서비어(Reed Elsevier)의 전자 콘텐츠와 정보 제공 플랫폼을 통한 수익 비중은 2000년 22%에서 2011년 63%로 가파르게 증가했다. 이런 추세에 발맞춰 렉서스넥서스의 모든 서비스는 조만간 디지털화될 것으로 전망된다.

빅데이터 비즈니스 모델의 요소로 플랫폼이 강조되는 배경에는 데이터를 제공하는 자와 데이터를 활용하는 자를 연결해주는 중개 기능이 있다. 빅데이터 시대에는 내가 가지고 있지 않은 남의 데이터, 고객의 데이터가

---

* 이 중 렉서스넥서스는 위험관리, 비즈니스, 법률 정보 분야의 사업체 중 하나다.

나에게 큰 도움이 되는 경우가 많다. 원시 데이터든, 아니면 가공되고 정리 분석된 정보든 다른 기업이나 기관에 데이터를 판매하거나 중개하는 비즈니스 형태가 늘어나고 있는 것이다. 빅데이터 비즈니스 모델의 특징 중 하나로 데이터를 중개하는 플랫폼을 꼽을 수 있다. 이를 '빅데이터 큐레이션(Big Data Curation)'이라고도 하는데, 어떤 기업들은 자신이 보유한 데이터에 외부 데이터를 더해서 중개하기도 하고, 어떤 기업들은 데이터를 보유하지 않은 채 전적으로 중개 기능만을 플랫폼으로 제공하기도 한다.

비즈니스 모델의 이익 실현 부분에서 플랫폼의 중요성은 더욱 커지고 있다. 정보 전달 네트워크를 통한 데이터의 사업화(monetization)가 부상하고 있는 것이다. 최근 들어 서비스나 제품을 고객에게 '전달'하는 부분에서 이익 창출 기회가 커지고 있는데, 여기서 핵심은 고객이 간절히 원하는 것을 전달하느냐 전달하지 못하느냐다. 실제로 미디어, 엔터테인먼트, 음악, 영화 등 콘텐츠 산업에서는 '창출'에서 '전달'에 이르는 전 과정을 모두 다루는 기업이 점차 줄어들고 있는 추세다. 대신, 고객이 콘텐츠를 어떻게 즐기느냐에 집중하는, 다시 말해 '전달'을 전문으로 하는 빅데이터 기업이 증가하고 있다. 이들은 고객이 원하는 바를 콕콕 짚어내 보다 쉽고 편리하게 이용할 수 있도록 콘텐츠를 제공하기 위해 고민한다. '전달의 차별성'을 획득한 기업에 고객들은 기꺼이 돈을 지불하고, 기업들은 콘텐츠를 직접 만들거나 보유하지 않아도 좋은 사업 기회를 얻을 수 있게 되는 것이다. 플랫폼은 고객 경험을 구현하는 통로라고 할 수 있다.

미디어 관련 상품이나 정보 서비스 및 금융 서비스에서 전달 네트워크는 더욱더 핵심적인 역할을 한다. 콘텍스추얼(Contextuall)은 인터넷에 게재된 투자에 관한 모든 사안 가운데 뉴스와 정보만을 추려 투자자별로 맞춤화하여 제공(큐레이션)한다. 데이터 스토리지업체인 EMC의 자회사 브이엠웨어(VMware)는 자사가 보유 중인 모든 분석도구와 클라우드 서비스를 '피보털 이니셔티브(Pivotal Initiative)'라는 플랫폼에서 제공하고 있다. 이러한 유형의 서비스를 PaaS(Platform as a Service)라고 부르는데, 데이터 분석에 필요한 주요 인프라(즉, 플랫폼)를 클라우드 컴퓨팅 형태로 제공한다. 즉, 이 플랫폼을 사용하는 기업은 데이터 저장·분류 기능의 하둡(Hadoop)*이나 브이엠웨어의 데이터 분석기법 기능은 물론 기존 시스템에서 데이터를 연결하는 기능 등을 클라우드 서비스로 제공 받을 수 있다. 이런 플랫폼은 빅데이터를 이용하는 범용 플랫폼의 일종으로 특정 산업에 맞추어 개발되었다기보다는 마이크로소프트의 엑셀 같이 여러 가지 분야에서 사용할 수 있도록 만들어졌다.[16]

고객 경험, 최고의 서비스로 최고의 데이터를

빅데이터로 창출되는 새로운 고객 경험 역시 빅데이터 비즈니스 모델의 중요한 요소다. 고객 경험은 고객이 디지털화의 어떤 유용성을 경험하고 있는지, 그리고 고객이 디지털화를 어떻게 활용하고 있는지를 보여준다. 이는 2가지 측면에서 볼 수 있는데, 한 측면은 고객과 기업이 소통하고 거래하는 채널의 디지털화 정도를 의미하며, 다른 한 측면은 디지털화

---

* 야후의 의뢰로 아파치라는 단체가 개발한, 대규모 비정형 데이터를 분류 저장할 수 있는 기술이다. 기술 자체가 공개된 오픈소스 소프트웨어로 확장성과 분산형 컴퓨터 환경에 적합하도록 설계되어 있다.

로 능동적이 되고 있는 고객의 태도 및 행동을 의미한다. "초·중·고교생 100명 중 6~7명이 스마트폰에 중독되어 있다"[17]라는 뉴스는 사회 문제를 가리킬 수도 있지만, 또 다른 한편으로는 기성세대와 다른 미래 고객들의 모습을 보여준다. 이들은 기성세대가 선호했던 것과는 전혀 다른 제품과 서비스에 흥미와 효용을 느낄 것이다.

빅데이터 기업들은 기존 문제를 새로운 방식으로 해결하거나 새로운 문제를 새로운 방식으로 해결하는 기업들로, 고객 경험을 차별화한다. 빅데이터의 커다란 장점 중 하나인 마이크로 맞춤화나 새로운 데이터 창출에 따른 새로운 고객 경험으로 승부하는 기업이 바로 빅데이터 비즈니스 모델 기업이다. 고객에게 보다 나은 서비스와 경험을 제공하는 것이 빅데이터 비즈니스 모델의 핵심이다. 빅데이터 비즈니스 모델은 고객만족을 향상시키기 위해 고객이 처한 상황에 맞는 보다 적절한 서비스나 상품을 제공해야 한다. 다시 말해, 데이터를 활용해 고객이 이전에 경험하지 못했던 것을 경험할 수 있도록 도와야 한다. "이런 것까지 알 수 있다니!", "이런 것을 해결할 수 있다니", "내가 찾던 게 바로 이런 거였어!" 같은 경험을 제공하는 기업이 바로 빅데이터 비즈니스 모델 기업이다.

고객 경험을 단지 기존 고객관계관리(CRM)의 연장으로 이해하면 빅데이터가 초래한 패러다임의 변화를 간과하게 된다. 패러다임의 변화야말로 빅데이터가 일으킨 비즈니스 모델의 혁신이라 할 수 있다.

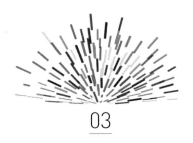

03

빅데이터 비즈니스 모델의
5가지 유형

| 데이터 과학자와 빅데이터 기업 |

2012년 중반 해리스 머피(Harris H. Murphy) 등[18]은 기업에서 일하고 있는 수백 명의 데이터 과학자를 대상으로 설문조사를 해서 빅데이터 시대에 가장 핵심적인 역할을 하는 이른바 데이터 과학자(data scientists)의 기술, 경력, 경험, 과업 들을 분석해 이들을 데이터 비즈니스맨(data business people), 데이터 창출자(data creatives), 데이터 대리인(data developer), 데이터 연구가(data researchers) 4가지로 구분했다. 데이터 비즈니스맨은 상업적 활용이 가능한 데이터가 많은 기업에서 데이터를 가공하거나 분석하기보다는 활용 방안을 찾는 전문가들로서, 기술적 지식을 쌓기보다는 사업 도메인에 데이터 활용을 연결시킨다. 데이터 창출자는 데이터를 가공

하고 분석해서 새로운 정보와 지식을 만들어내는 기술 전문가들로, 데이터를 단순히 분석하는 게 아니라 고차원적 수학이나 통계학, 컴퓨터 공학, 물리학 등의 이론과 기법을 데이터 분석에 적용한다. 데이터 대리인은 데이터 관리를 전문으로 하는 사람들이다. 업무 과정에서 많은 데이터가 발생하는 기업들에선 데이터를 분류, 정리, 저장, 유지, 관리하는 것이 매우 중요한 일이다. 데이터 대리인은 이런 작업을 전문으로 한다. 기존 데이터베이스 관리에 더해 비정형적 데이터까지 관리하는 사람들이 이 부류에 속한다. 마지막으로 데이터 연구가는 분석기법보다는 특정 분야나 산업의 지식에 정통해 자신의 전문 분야에 데이터를 활용하는 사람들이다. 이들은 박사 학위를 가지고 있는 경우가 많고, 특정 분야를 탐구하는 데 데이터를 활용하는 방법을 아는 사람들이다. 하나의 전문 분야에 대해 깊이 있는 학술적 연구를 진행하는 전문가라고 할 수 있다.

이 같은 데이터 과학자의 분류는 빅데이터 비즈니스 모델을 분류하는 데도 유효하다. 빅데이터 비즈니스 모델은 빅데이터를 이용해 고객가치를 창출하는 데 있어서 어떤 부분에 강점이 있는가에 따라 나눌 수 있는데, 바로 빅데이터 기업이 보유한 데이터 과학자들의 특성이 그 강점을 대표하기 때문이다. 한 기업이 이런 4가지 유형의 데이터 과학자를 모두 보유할 수도 있으나 빅데이터를 기반으로 한 신생 기업들은 대개 한 가지 부문에 강점을 보이는 것이 일반적이다.

이러한 4가지 유형에 하나 더 추가할 수 있는 비즈니스 모델이 있다. 바로 기존 서비스를 빅데이터를 이용해 차별적인 스마트 서비스로 변모시키는 빅데이터 응용가다. 데이터 과학자들 중 하나의 응용 분야에 집중하는 것이 바로 빅데이터 응용가 비즈니스 모델이다. 빅데이터 비즈니스맨이 기존 사업에서 파생되어 축적된 데이터가 비즈니스의 핵심 자산인 모델이라면 빅데이터 응용가는 데이터로 기존 서비스를 혁신한 스마트한 서비스가 핵심인 모델이다. 데이터가 물이라면 빅데이터 비즈니스맨은 음료 제품을 판다고 할 수 있고, 빅데이터 응용가는 물을 응용한 증기 청소기를 판매한다고 할 수 있다.

이 책에서는 데이터 과학자의 4가지 유형 구분에다 빅데이터 응용가를 포함시켜 빅데이터 비즈니스 모델을 5가지로 구분하였다. 이런 구분에 따라 빅데이터 혁신을 통해 신사업을 개척하는 기업들도 5가지 유형으로 정의할 수 있다. 빅데이터 기업들은 데이터를 어떻게 이용해야 목표 시장에서 고객이 원하는 가치를 창출할 수 있는지 정확히 이해하고 있다. 비즈니스 모델을 분류하는 것은 해당 기업의 경쟁력이 어디에서 비롯되는지 쉽게 파악할 수 있다는 장점이 있다. 즉, 비즈니스 모델을 구성하는 요소들의 구축 과정을 살펴보면 이들 기업이 어떤 과정을 거쳐 경쟁력을 키워왔는지 알 수 있다. 각 비즈니스 모델 유형의 대표적인 기업들을 열거하면 〈표 1-1〉과 같다.

빅데이터 생태계에서 볼 수 있듯, 빅데이터를 기반으로 한 비즈니스가 가능하려면 데이터의 수집·창출, 저장·분류, 분석, 활용의 모든 과정을 거쳐야 한다. 그런데 이 모든 과정을 하나의 기업이 다 하는 경우보다는 일부 과정에서 특정 분야나 산업을 지원하는 데 전문화하여 차별적인 경쟁력을 보이는 경우가 일반적이다. 각각의 빅데이터 비즈니스 모델들은 이러한 빅데이터 생태계 과정들 중 최소한 하나 이상의 과정에 강점을 보이는데, 모델별로 강점을 보이는 과정이 다르다. 그리고 이들 비즈니스 모델의 수익원은 각 모델의 성격과 강점을 반영한다.

표 1-1 | 빅데이터 비즈니스 모델의 유형별 사례 기업들

모델 유형	해당 기업
빅데이터 비즈니스맨	루미나(Luminar), NTT 도코모 인사이트(NTT Docomo Insight), 몬스터 거버먼트 솔루션스(Monster Government Solutions), JR동일본(East Japan Railway), 메일침프(MailChimp)
빅데이터 창출자	액시엄(Acxiom), 팩추얼(Factual), 웨이즈(Waze), 아이웨어랩(I-Ware Lab), 맵마이런(MapMyRun), 푸드 지니어스(Food Genius), 에디트(EDITD), 비키(Viki), 질로(Zillow), 아마존 프라이스 체크(Amazon Price Check), 레코디드 퓨처(Recorded Future), 프라이스스탯(PriceStats), 콘텍스추얼(Contextuall), 디즈니(Disney) 매직밴드(MagicBand), 스타일시크(Styleseek)
빅데이터 대리인	뉴턴(Knewton), 넘버파이어(NumberFire), 넥스트바이오(NextBio), 인릭스(INRIX), 산산(Sansan), 데이터시프트(DataSift), 리슨로직(ListenLogic), 소크라타(Socrata), 왓스워치드(What's Watched), 칼리오(Carlio), 디사이드컴(Decide.com)
빅데이터 연구가	BGI(Beijing Genome Institute), 에보젠(Evogene), 히타치글로벌센터(Hitachi Global Center for Innovative Analytics), OGIS종합연구소(Osaka Gas Information System Research Institute)
빅데이터 응용가	판도라(Pandora), 스포티파이(Sportify), 클라이미트 코퍼레이션(Climate Corporation), 제스트파이낸스(ZestFinance), 샤잠(Shazam), 지니(Jini), 징가(Zynga), 윙가(Wonga), 애플 TV(Apple TV)

| 빅데이터 비즈니스 모델의 경쟁력은 무엇인가? |

그렇다면 무엇이 빅데이터 비즈니스 모델의 경쟁력을 결정지을까? 빅데이터 비즈니스 모델의 경쟁력은 차별화된 특징(distinctive features), 독점성(exclusivity), 저비용(low cost)의 3가지 측면에서 살펴볼 수 있다. 차별화된 특징은 데이터 자체의 차별성, 플랫폼의 차별성, 분석 능력의 차

별성 등으로 구분할 수 있다.

빅데이터 시대가 되면서 제품의 차별성을 유지하기는 더욱 힘들어지고 있다. 차별성이란 기존 제품과는 무엇인가 다른 특징을 제공함으로써 가격경쟁에서 보다 유리해지는 것을 말한다. 명품 핸드백이나 새로운 기능으로 무장한 신규 스마트폰 등이 대표적인 예다. 그런데 이러한 몇몇 경우를 제외하고는 기술이 발달하고 제품에 대한 정보가 많아지고 검색이 쉬워지면서 사람들은 단순한 기능 차이에 따른 제품의 차별성을 크게 느끼지 못하게 되었다. 제조비용을 높이는 기능 추가에 의한 제품의 차별성보다는 고객과 고객이 제품을 소비하는 상황의 차별성이 주목받는 시대가 된 것이다. 차가운 얼음을 얼마나 빨리 만들어낼 수 있는가는 더운 계절에는 큰 관심거리이지만 추운 계절에는 흥미가 떨어지기 마련이다. 빅데이터를 통해 누가 언제 어떤 상황에서 덥다고 느끼는지 정확하고 신속하게 찾아내는 것이 바로 차별성을 지닌 빅데이터 비즈니스 모델을 구축하는 방법이다. 요컨대, 데이터 분석 능력의 차별성이 점점 중요해지고 있다. 빅데이터 대리인, 빅데이터 연구가, 빅데이터 응용가 등의 경쟁력은 보통 이런 차별성에서 비롯된다. 남이 가지고 있지 않은 데이터를 소유하고 있거나 만들어내는 기업도 차별성 있는 비즈니스 모델을 만들 수 있다. 같은 데이터를 가지고도 차별적인 분석 능력으로 가치 있는 결과를 생산해낸다면 차별성을 획득할 수 있다. 예를 들어, 각국의 이동통신사들은 개인의 통화 데이터와 위치 데이터라는 차별적인 데이터를 통해 빅데이터 비즈니스맨 모델을 시도하고 있다.

독점성은 기존 경영전략 이론에서는 자주 등장하지 않던 부분이다. 데이터 활용은 데이터의 수집·창출 → 저장·분류 → 분석 → 판단 및 행동 순으로 진행되는데, 독점성은 이 과정 중 데이터 수집이나 창출, 분석기법을 독점할 때 획득된다. 나만이 그 데이터를 수집할 수 있거나 축적하고 있다면 그 자체로 경쟁력을 갖는다. 빅데이터 비즈니스맨과 빅데이터 창출자형 기업들은 주로 이러한 독점성에 의존한다. 데이터 소스의 독점성도 경쟁력을 확보하는 중요한 요인이다. 공공 데이터를 제외하고 모든 데이터는 독점적인 특징을 갖는다. 따지고 보면 개인정보는 개인에게만 독점되는 정보라고 할 수 있다. 빅데이터 창출자 유형의 경우, 독점성은 분석 결과에 존재한다. 이 모델에서는 경우에 따라 외부 데이터의 소유주와 독점적인 사용 계약을 맺어 비즈니스 모델의 유효성을 높이기도 한다. 고객의 목적에 맞게 SNS 데이터를 분석해주는 영국의 데이터시프트(Datasift)는 트위터의 모든 트윗을 재사용할 수 있는, 지구상에서 몇 안 되는 기업 중 하나다.

저비용은 데이터의 수집, 저장, 분석 등에서 확연한 차이를 보일 때 획득할 수 있는 특징이다. 남보다 많고 유용한 데이터를 효율적이고 효과적으로 보유하고 있다면 데이터의 가치에 비해 경쟁력 있는 가격으로 데이터나 정보, 인사이트를 고객에게 제공할 수 있다. 마찬가지로 남보다 신속하게 방대한 양의 데이터를 분석한다면 높은 생산성에 따른 비용적인 우위를 갖게 된다. 특히 빅데이터 창출가가 외부의 공개적인 데이터를 수집할 경우, 수집 노하우나 수집 기술에 따른 비용 우위가 경쟁력을 좌우하는 모습을 흔히 보게 된다. 즉, 누구나 수집할 수 있는 데이터 소스를 이용하더라도 생산성 높은 방식을 가진 기업은 우위에 설 수 있다. 제조업계에서 같은 제품을 만들어도 높은 생산성으로 비용을 낮추는 기업이 경쟁력 있는 것과 마찬가지다.[19]

빅데이터 논쟁은 인터넷 논쟁과 어떻게 다른가?

최근 이슈화되고 있는 빅데이터에 관한 높은 관심은 거품이 아닐까? 빅데이터 기업들이 1990년대 말 인터넷 거품의 전철을 밟고 있는 것은 아닐까? 인터넷이 과연 세상을 바꿀 혁신을 이뤄낼 수 있을지에 의문을 제기하며 비판적 태도를 취했으나 결국 그 효용성을 인정할 수밖에 없었던 노벨 경제학상 수상자 폴 크루그먼(Paul Krugman)은 빅데이터에 대해서도 비슷한 태도를 보였다.[20]

다시 말해, 시간적 지체는 있을지 몰라도 빅데이터가 확실히 세상을 바꿀 것이라는 믿음을 갖고 있는 것이다. 전기가 발명된 뒤 문명의 발전에 기여하는 데 오랜 시간이 걸린 것처럼, 인터넷도 비슷한 전철을 밟았다. 이처럼 새로운 혁신이 실현되는 데는 시간이 걸린다. 사람들이 일을 하는 방식이나 사업을

그림 1-8 | 데이터 규모의 증가

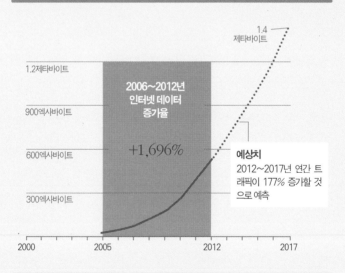

자료: "Surf's Up" (2013. 8. 16). *The New York Times*

운영하는 방식이 달라지는 데는 시간이 소요되기 마련이기에 당장 큰 성과를 내지 못하더라도 빅데이터는 본질적으로 거대한 혁신이며, 언젠가는 큰 성과를 낼 것이라고 크루그먼은 주장했다.

실제로 〈그림 1-8〉에서 보듯, 2006~2012년 인터넷 데이터는 1,696% 급증했지만 같은 기간 미국의 시간당 경제 생산성은 1.6% 증가하는 데 그쳤다. 2004~2005년의 3.4%에 비해서는 오히려 1.8%포인트 낮은 수치다. 이처럼 현재 빅데이터로 인한 변화는 극히 미미하지만, 빅데이터에 대한 의문은 시간이 해결해줄 것이다.

Chapter 2

빅데이터
비즈니스맨

축적된 데이터를
사업화하라!

| '데이터의 길이'가 곧 경쟁력이다 |

미래의 기업 모습을 보여주는 새로운 비즈니스 모델 기업 중 하나로 오랫동안 쌓아온 데이터를 판매하거나 정보 분석 서비스에 이용하는 기업들이 있다. 한 분야에서 오랫동안 성공적으로 사업을 운영해왔다는 사실 자체가 이들의 경쟁력이자 전문성을 담보해준다. 통신, 유통, 교통, 미디어, 금융 등의 분야에서 사업을 운영하면서 오랜 기간 데이터를 축적하고 보유한 기업들의 미래 사업으로 가능성이 높은 비즈니스 모델이 바로 빅데이터 비즈니스맨이다. 이런 기업들은 빅데이터 비즈니스 모델을 구축해 자신의 데이터를 해당 분야뿐 아니라 다른 분야에서도 활용할 수 있다.

빅데이터의 부상과 함께 새롭게 떠오른 개념이 '데이터의 길이'다.[1] 사실 이는 완전히 새로운 것은 아니며 오래전부터 존재해오던 개념이다. 데이터의 길이는 기업의 데이터가 얼마나 오래 쌓였느냐와 관련된다. 건강 진단의 경우 그 사람에 대한 건강 기록이 오래 축적될수록 더욱 정확해지는 것처럼, 데이터의 축적 기간은 데이터의 가치에 큰 의미를 갖는다. 《조선왕조실록》이 독보적인 국가 기록물이자 국사 연구의 보고(寶庫)로 평가받는 것도 역사

표 2-1 | 빅데이터 비즈니스맨형 비즈니스 모델의 특징

데이터 생태계 강점 / 모델 요소	수집	저장·분류	분석	활용
데이터 소스 및 특징	주로 내부 소스, 일부 외부 소스: 데이터 규모, 데이터의 깊이(deep data), 데이터의 길이(long data), 수집자의 기존 사업 분야에 특화된 데이터			
플랫폼 특징 및 용도	사용자의 데이터 접근 창구			
고객 경험	특정 문제에 대한 고객의 이해를 높여줌			
수익원	데이터 이용료, 데이터 분석료			

주: 수집, 저장·분류, 분석, 활용에서 농도가 진할수록 상대적 강점이 있음

적 사실이 상세히 서술되어 있다는 점 외에 데이터의 길이가 방대한 데 기인하는 바가 크다. 데이터 저장 매체의 가격 급락과 클라우드 컴퓨팅 기술의 발달로 커다란 물리적 공간 없이도 많은 데이터를 오랫동안 보관할 수 있게 되면서 축적된 데이터를 고객가치 창출의 핵심 자원으로 활용하는 새로운 사업 기회가 늘어나고 있다. 특히 역사가 오래된 기업에서 특정 분야의 데이터가 쌓이면서 이를 사업화하는 사례들이 등장하고 있다. 이러한 사업 및 기업을 '빅데이터 비즈니스맨'이라고 부른다.

| 데이터의 깊이, 길이, 폭, 그리고 시점 |

빅데이터의 장점으로 데이터의 다양성을 강조하다 보면 정작 데이터가 가

져야 하는 고유한 특성을 간과할 수도 있다. 데이터는 필요에 따라서는 매우 상세하고(데이터의 깊이, deed data), 과거로부터 현재까지 어떤 변화가 있었는지 자세히 보여주며(데이터의 길이, long data), 관심 주제 혹은 의사결정 사안에 대한 모든 이슈를 다뤄야 한다(데이터의 폭, broad data). 마지막으로 데이터 이용자가 필요로 하는 특정 시점의 데이터가 있어야 한다(데이터의 시점, timely data).

데이터의 깊이란 상세한 분석에 필요한 작은 단위의 데이터를 말한다. 예를 들어, 월 매출액보다는 일일 매출액, 더 나아가 시간당 매출액 데이터가 더 깊이 있다고 할 수 있다. 데이터의 깊이는 얼마나 상세하게 현상을 분석하느냐로 표현된다. 이를 데이터의 입자성(granularity)이라고도 하는데, 수집 단계에서 보다 상세한 데이터를 수집, 생산하거나 다룰 경우 다른 기업들은 간과하고 지나친 것을 포착해낼 수도 있다. 예를 들어, 개인 고객별로 맞춤화된 서비스를 제공하기 위해서는 개인 고객에 대한 상세한 데이터가 필요하다. 은행

그림 2-1 | 관심 사항에 대한 데이터의 깊이와 폭

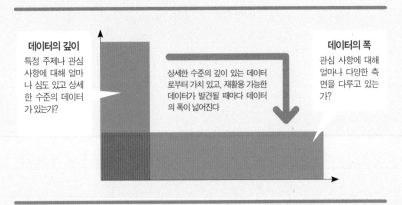

데이터의 깊이
특정 주제나 관심 사항에 대해 얼마나 심도 있고 상세한 수준의 데이터가 있는가?

상세한 수준의 깊이 있는 데이터로부터 가치 있고, 재활용 가능한 데이터가 발견될 때마다 데이터의 폭이 넓어진다

데이터의 폭
관심 사항에 대해 얼마나 다양한 측면을 다루고 있는가?

자료: AMIA (2013). "Big Data Masterclass"를 토대로 수정

들이 점포별로 수익성을 계산하는 것을 넘어서 그 점포를 찾는 가구나 개인별로 수익성을 분석한다면 데이터의 깊이를 갖췄다고 할 수 있다. 데이터의 깊이를 갖출 경우, 은행들은 고객이 점포를 방문할 때를 제외하고도 고객의 위치(편의점, 슈퍼마켓, 놀이동산, 학교 등)에 따라 필요한 서비스를 보다 능동적으로 제공할 수 있다. 특히 의학연구 분야에서 난치병의 원인을 파악하기 위해서는 데이터의 깊이가 중요하다(유전체학이 그렇다).

데이터의 폭은 관심을 가진 대상에 대한 모든 정보를 제공한다는 의미다. 다시 말해, 360도 데이터라고 할 수 있다. 빅데이터에 대한 정의의 3V* 중 다양성(variety)과는 다른 개념이다. 다양성은 사진, 동영상, 텍스트 등 데이터의 종류가 다양하다는 의미다.

고객을 이해하는 데 있어서 데이터 폭의 중요성은 날로 커지고 있다. 여기저기 남아 있는 고객에 대한 흔적은 누구나 수집할 수 있지만 고객을 완전히 이해하기 위해서는 이 모든 것을 통합해 고객의 실제 모습을 다양한 측면에서 들여다볼 수 있어야 하기 때문이다.

데이터의 길이에 대한 관심도 높아지고 있는 추세다. 데이터의 길이란 "얼마나 오랫동안 데이터를 축적했는가"와 관련돼 있다. 오래 축적된 데이터일수록 장기 트렌드를 예측하거나 분석하는 데 유용하다. 예를 들어, 사람의 생로병사에 대한 데이터는 사람의 수명을 예측하는 데 있어서도 중요하지만 생명보험 산업의 경우 보험심사(underwriting)를 하는 데도 큰 영향을 미친다. 데이터의 길이는 〈그림 2-2〉처럼 분석·예측 기법을 개발하는 데 있어 매우 중요하다. 데이터의 길이는 신생 기업들보다는 하나의 산업 분야에

---

* 규모(Volume), 다양성(Variety), 속도(Velocity)를 가리킨다.

그림 2-2 | 데이터의 길이와 시점

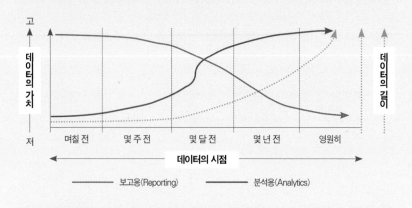

자료: Cognizant (2013). "The Economic Value of Data: A New Revenue Stream for Global Custodians"를 토대로 수정

서 오랫동안 일해온 기업들이 가질 수 있는 데이터의 특징이다. 그러나 역사가 오래된 기업이라 해도 과거의 데이터들을 삭제하거나 잘 정리해 보관하고 있지 않다면 데이터의 길이를 확보할 수 없다.

데이터의 특성에서 최근 주목받는 또 다른 특징은 데이터의 시점이다. 고객의 취향 변화를 분석하려면 일주일, 한 달, 1년 전 데이터가 아닌, 지금 현재 판매되고 있는 제품의 데이터가 중요하다. 〈그림 2-2〉에서 볼 수 있듯, 현재를 이해하기 위해서(reporting)는 현재의 데이터가 중요하다.

이와 관련, 디지털 콘텐츠 산업에서 데이터의 발생과 수집에 시차가 없는 스트리밍 데이터가 큰 변화를 일으키고 있는 것은 시사하는 바가 크다. 고객이 선호하는 콘텐츠를 제공하기 위해서는 현 시점의 고객 행태에 관한 데이터가 가장 중요하다. 이때 필요한 데이터는 적절한 시점의 데이터이기도 하다. 화재가 발생하기 전에는 화재 발생을 예측하는 데이터가 중요하지만 실제로 화재가 발생하면 화재 현황에 대한 데이터가 중요해진다. 호텔 투숙객이 서비스에 불만이 있을 경우 투숙한 동안에 문제가 파악되어야 고객의 불만을 해결해줄 수 있다. 고객이 체크아웃한 뒤 행하는 고객만족 설문조사로는 떠난 고객을 붙잡을 수 없다. 응급 환자에게 시급한 조치를 취하기 위해서는 데이터의 시점(현재 몸 상태)이 중요하다.

이처럼 적시에 최적의 서비스를 제공하기 위해서는 데이터의 시점이 중요하다. 빅데이터가 효용을 갖기 위해서는 데이터의 기본 가치, 즉 데이터의 깊이, 길이, 폭, 시점 등 데이터 고유의 특징이 갖춰져야 함은 두말할 나위 없다.

| 축적된 데이터, 쉽게 모방할 수 없는 자산 |

빅데이터 비즈니스맨 기업들은 기존 사업의 부산물인 거래 데이터나 고객 데이터 등을 판매하는 기업들이다. 즉, 기업·기관들의 기존 업무 활동에서 부수적으로 생산되는 데이터를 사업 자산으로 삼아 신사업을 실현하는 비즈니스 모델이다. 이들 기업의 비즈니스 모델은 데이터 분석 역량보다 데이터 수집과 축적에 차별화되어 있다. 이들은 보통 다른 기업에 거래 데이터나 고객 데이터를 마케팅 자료로 판매하는데, 데이터 분석을 업으로 하는 기업들에도 판매한다. 예를 들어, 루미나(Luminar)는 미국에 서비스되는 스페인어 방송을 통해 수집한 스페인어권 고객에 대한 데이터를 바탕으로 이들 고객층에 특화된 마케팅 전문회사를 설립했다. 또한 일본 NTT 도코모의 자회사 NTT 도코모 인사이트는 2013년 모회사가 수집한 고객 통신 및 위치 데이터를 판매하고 마케팅 정보를 공급하는 사업을 시작했다. 이들 기업은 다른 기업들에 데이터를 판매하는데, 주로 데이터 가공, 분석 기업들과 긴밀한 비즈니스 관계를 맺고 있다.

빅데이터 비즈니스맨 기업들의 비즈니스 모델의 경쟁력은 데이터 자체와 이를 해석하는 역량의 차별성에 기인한다. 기존 사업을 운영하면서 다년간 수집한 고객 데이터는 그 자체로 차별성을 갖는다. 장기간 업무를 수행하는 과정에서 수집된 고객 데이터는 다른 기업들이 쉽게 모방할 수 없는 자산이다. 이런 데이터는 보통 기존 사업의 일상적인 거래(transaction) 과정에서 발생하는데, 일단 규모 면에서 압도적이며, 거래들이 점차 온라인으로 처리되기 때문에 속도 면에서도 매우 유용하다. 사업의 성격상, 고객들이 자신과 관련된 데이터를 제공할 수밖에 없다면, 그리고 그 빈도가 매우 높다면, 이렇게 축적된 데이터를 기반으로 하는 빅데이터 비즈니스맨 형태의 신사업은 경쟁력을 가질 수 있다. 철도업, 이동통신업, 유통업, 미디어업, 인력소개업 등이 바로 고객 데이터가 양산되고 오랫동안 데이터가 축적된 대표적인 분야들이다.

반면, 기업 자체에서 데이터를 만들어내 축적하기보다는 다른 기업들이 수집하기 어렵거나 간과하는 데이터를 외부에서 수집, 축적하여 자신만의 차별적인 자산으로 만드는 기업들도 있다. 이들 역시 데이터의 차별성에 의한 비즈니스 모델을 구축한 사례이지만, 실제로 보유한 데이터를 기반으로 하는 빅데이터 비즈니스맨 모델과 구별하기 위해 빅데이터 창출자(Chapter 3 에서 소개한다)로 분류하였다.

01
구직 · 구인 정보로
노동 시장을 예측하다
· 몬스터 거버먼트 솔루션스 ·

| 괴물 같은 정보로 시장을 집어삼킨 몬스터닷컴 |

　취업이 어렵다. 앞으로 더 어려워질 것이라고 한다. 취업을 준비하는 대학생 등 직장을 구하는 사람들이 즐겨 찾는 곳 중 하나가 바로 구직·구인 정보 사이트다. 사람을 구하는 기업과 직장을 구하는 사람들을 연결해줌으로써 이익을 얻는 상업적 사이트부터 정부가 운영하는 무료 사이트까지 인터넷상에는 수많은 구직·구인 정보 사이트가 존재한다. 이들의 정보를 한곳에 모아 다년간 축적하면 어떨까? 이런 데이터는 노동 시장의 실시간 현황과 변화를 파악할 수 있는 유용한 수단이 될 것이다. 기업의 생존과 관련된 인력 수급의 미래를 예측하는 데도 도움이 될 것이다. 바로 이 부분이 빅데이터로 가능한 비즈니스다.

미국 최대의 인력 채용 사이트 몬스터닷컴(Monster.com)의 자회사 몬스터 거버먼트 솔루션스(Monster Government Solutions, 이하 MGS)는 회사 내 데이터를 바탕으로 '몬스터 실시간 인력 인텔리전스(Monster Real-Time Labor Intelligence) 서비스'를 개발해 전략적 인력 정보 시장을 개척하고 있다. MGS는 원래 정부와 대학 등 교육기관을 위한 인재 유치, 온라인 커뮤니티 관리, 학생 리쿠르트, 인력 자료 및 솔루션 등을 제공해왔는데, 최근에는 빅데이터를 활용해 구직·구인과 관련된 전략적 의사결정 지원 사업에 주력하고 있다. 2013년 현재 몬스터닷컴 및 관련사들에 올라온 1억 4,700만 건의 구직자 이력서와 기업들이 올린 구인 정보가 MGS의 사업 원천이다. 〈그림 2-3〉과 같이 MGS가 활용하는 데이터는 몬스터 그룹의 다양한 사업 분야들에서 수집, 축적되고 있다.

그림 2-3 | MGS의 사업 구조

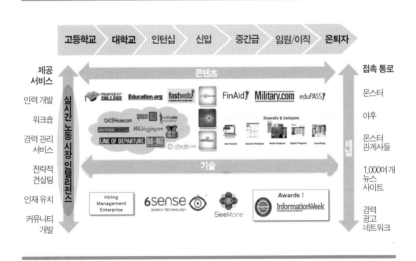

자료: Monster.com

| 정보로 한 사람의 사회생활을 들여다보다 |

몬스터 그룹은 취업 시장의 단계별로, 그리고 구인기관의 필요 서비스별로 다양한 사업을 운영하고 있다. 대학생들을 대상으로 한 취업 사이트(Monster College: www.monstercollege.in), 학자금 대출이나 장학금, 인턴십 정보를 제공하는 사이트(Fastweb.com), 온라인 교육 제공 사이트(Education.org), 군인들을 위한 포털 사이트(Military.com) 등 구직·구인 시장별로 50여 가지의 특화된 사업을 펼치고 있다. 한국에서도 잡코리아(JobKorea.co.kr)를 운영하고 있다. 이렇듯 다양한 사업 운영을 통해 한 사람이 고등학교에 다닐 때부터 은퇴 후의 활동에 이르기까지 광범위한 데이터를 수집, 축적할 수 있다. MSG는 이를 통해 한 사람이 평생 어떤 사회활동을 하는지 그 전 과정을 파악하고 분석할 수 있을 뿐만 아니라 유사한 경력이나 배경을 가진 사람들의 미래 경력을 예측해볼 수도 있다.

현실과 시차가 발생할 수밖에 없는 정부의 노동 및 취업 관련 자료나 통계와 달리, MGS의 분석 자료는 거의 실시간으로 노동 시장의 상황을 반영해 적시성과 상세성, 그리고 분석의 깊이 면에서 보다 높은 효용을 제공한다. 즉, 실시간 인력 수요와 공급을 반영해 현 시점에 취업하기 위해 필요한 정보들, 이를테면 직종, 직장 경험, 경력 수준, 직장 위치, 기술·지식 및 교과 과정, 자격증 같은 노동 시장의 움직임을 알려주는 것이다. 몬스터그룹 전체에 새롭게 올라오는 이력서는 하루 2만 2,000건(한 달에 65만 건)에 이르며, 실시간으로 구인 정보를 파악하는 소스(구인 정보 사이트)도 1,000곳이 넘는다. MGS는 주제별로 맞춤화된 보고서와 관련 온라인 데이터 및 데이터 분석 도구, 그리고 데이터 풀을 기업이나 기관에 제공하고 있다.

〈그림 2-4〉는 구인자가 원하는 기능을 보유한 지원자들의 서류(347건)에 나타난 기능들의 통계를 보여주는 MGS의 인재 대시보드(Talent Dashboard)이다. 일종의 텍스트 분석기법(text analytics)인 '6센스(6Sense)'라는 몬스터의 시멘틱(semantic)* 검색 기술을 통해 이력서의 내용을 자동으로 분석, 정리, 요약한 핵심 정보를 구인 기업 담당자에게 일목요연하게 보여준다. 즉, 지원자의 전공 분야, 학력, 과거 경력 및 직장 위치,

그림 2-4 | MGS의 인재 대시보드

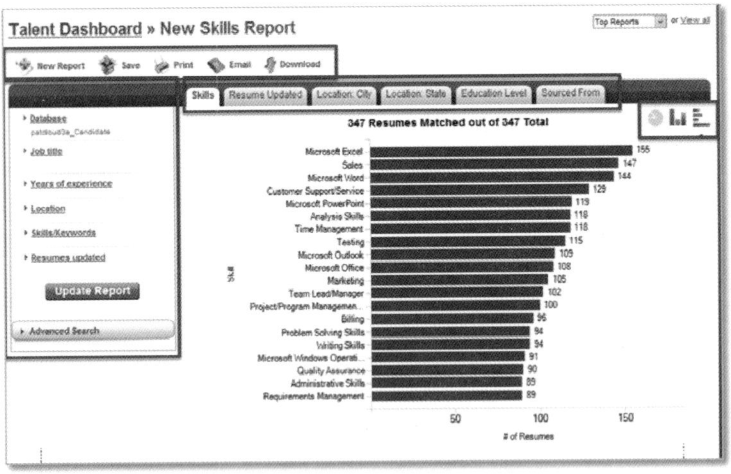

자료: Monster.com

---

* 사람의 말이나 글 속의 의미나 의도를 파악한다는 뜻이다.

자격증, 고용주 등을 자동으로 파악하는 것은 물론, 구직자가 명시한 월급 수준, 해당 분야의 경력 수준 및 기술, 자격증, 학위 등을 분석한다. 6센스는 지원자가 이력서에 소개한 내용(즉, 키워드) 외에도 이력서 내 특정 개념이나 맥락을 검색할 수 있다. 이 부분이 바로 시멘틱 검색 기술이 적용되는 부분이다. 단순히 지원자가 서류에 기입한 내용을 정리해 그대로 보여주는 것이 아니라 구인자에게 유용하도록 그 내용을 재해석해서 보여준다. 지원자가 가지고 있는 기술(예를 들어, 자바 프로그래밍)을 구인 기업들이 사용하는 개념(예를 들어, 웹사이트 개발자)으로 해석해서 보여주거나 '서울대학교'와 '서울에 있는 대학'을 구분해 검색하는 것이다. 또한 인터넷에 게재되는 거의 모든 일자리의 요구 사항을 반영해 구직자들을 지원하는 기관에도 도움이 된다. 특히 대학들이 지역 취업 시장의 니즈에 맞는 보다 효과적인 교육 프로그램을 개발하는 데 매우 유용하게 쓰이고 있다.

이러한 MGS의 새로운 서비스는 온라인 인력 채용 시장 외에도 기업들이 회사 이미지를 제고하거나, 사업 규모를 확장하거나, 새로운 공장 혹은 점포의 위치를 선택하거나, 인재를 파악 및 유인하거나, 인력 현황을 분석하거나, 인력 수급 전략 및 정책을 수립하는 데 새로운 통찰력을 제공한다. 실제로 미국의 한 렌터카업체는 신규 지점을 개설하면서 MGS의 데이터를 바탕으로 각 후보 지역의 렌터카 수요를 조사했으며, MGS의 실시간 노동 시장 정보를 통해 분석한 필요 인력 수급 실태와 전망을 지역 선정의 주요 기준으로 고려했다. 후보 지역 가까이 위치한 대학이 회사가 필요로 하는 기술과 지식을 갖춘 인력을 안정적으로 공급할 수 있는지, 원하는 규모의 파트타임 직원을 충분히 확보할 수 있는지 등이 신규 지점 위치를 정하는 데 중요한 요인으로 반영된 것이다. 이 같은 정보는 다년간 축적된 MGS의 구직·구인 데이터 분석에 의한 해당 지역의 구직·구인 추세와 실시간 구직·구인 현황 파악이 가능했기에 제공될 수 있었다.

| 높아지는 구직·구인 정보의 전략적 가치 |

MGS는 다년간 다양한 소스로부터 구직·구인 데이터를 축적함으로써 노동 시장의 현재 움직임은 물론 앞으로의 전망을 파악할 수 있었다. 이러한 정보는 기업들에 인력과 관련된 전략적 가치를 제공하는 빅데이터 비즈니스 모델을 구현할 수 있게 한다. MGS의 빅데이터 비즈니스 모델이 가능했던 것은 모기업 몬스터닷컴의 독보적이고 방대한 구직·구인 데이터와 데이터 분석 기술 덕분이다. 축적된 데이터의 규모나 질을 볼 때 다른 경쟁자가 MGS를 추월하기는 힘들 것이다. 이처럼 방대한 양의 데이터를 확보하여 경쟁자가 출현하기 어려운 수준에 이르렀다면 데이터의 접근성을 높이거나 신규 데이터 소스를 확대하는 방향보다는 기존 데이터의 전략적 가치를 더욱 높이는 방향으로 사업을 집중하는 편이 실효성을 얻을 수 있다.

인재를 채용하는 곳은 결국 기업이나 기관이므로 이들과의 업무 협력이 중요하다. 인력 채용의 가치사슬에서 어떤 부분을 지원하느냐에 따라 관련 아웃소싱 사업으로 발전할 가능성은 얼마든지 존재한다. MGS의 경우 앞으로 기업들의 핵심 인력 수급 및 탄력적인 인력 운영과 관련된 전략적 문제 해결을 지원하는 고객 서비스를 개발하는 데 집중할 것으로 보인다. 그에 따라 분석 기능의 비중은 더욱 커질 것이다.

빅데이터 비즈니스맨 모델의 취약점

빅데이터 비즈니스맨 모델의 취약점 중 하나는 어렵게 축적하고 수집한 데이터의 가치가 새로운 기술의 출현으로 한순간에 사라질 수 있다는 것이다. 예를 들어, 건축과 관련된 국내 지리정보시스템(GIS, Geographic Information System) 업체들이 건설 현장에서 수집해 수작업으로 축적한 건물 구조 데이터들은 건물 사진으로 건물 구조를 형상화하는 기술이 등장하면서 무용지물이 되기도 했다. 창간호부터 모아온 신문 더미가 디지털 이미지 기술과 저장 기술의 발달로 쓸모없어지게 된 것이나 마찬가지다. 이런 맥락에서 현재 통신 이용자의 위치 데이터를 이용한 빅데이터 사업을 추진 중인 이동통신사들은 더욱 정교하고 다양한 위치 데이터의 발생 및 수집 기술의 출현(예를 들어, 사물인터넷)에 따라 사업 자체의 경쟁력이 약화될 수도 있다. 기존 사업에서 파생된 데이터 축적을 기반으로 사업을 추진하는 빅데이터 비즈니스 모델은 기술적 혁신에 대비해야 한다.

그뿐만 아니라, 다른 유형의 빅데이터 비즈니스 모델에서도 마찬가지이지만 특히 빅데이터 비즈니스맨 모델에서는 개인정보 보호 같은 사회적 압력을 심각하게 고려해야 한다. 기업들이 사업상 취득한 개인정보를 이용하는 것에 대한 우려가 커짐에 따라 개인정보 활용에 대한 제약은 날로 강화되는 추세다.

02

스페인어 방송사에서
히스패닉 마케팅 전문가로

· 루미나 ·

| 미디어 기업의 이유 있는 변신 |

데이터를 많이 모으면 좋은 사업을 할 수 있다. 특히 의식적으로 따로 비용을 들여 수집하는 것이 아니라 다른 활동을 하는 과정에서 자연스럽게 데이터가 축적된다면 더욱 그렇다. 이처럼 사람들에 관한 데이터를 쉽고 자연스럽게 모을 수 있는 것은 일상생활과 밀접한 관계가 있는 서비스나 제품을 제공하는 기업인 경우가 많다. 사람들은 매일 직장에 출근하기 위해 교통수단을 이용하고, 친구나 가족들과 대화하기 위해 전화를 하거나 SNS를 사용하며, 컴퓨터로 인터넷을 하거나 집에서 TV를 시청하며 시간을 보낸다. TV 시청자가 많다는 것은 그만큼 미디어 기업들이 이들에 대한 데이터를 수집하고 축적할 기회가 많다는 것

을 의미한다.

이와 관련해 미디어 기업에서 데이터 기업으로의 성공적인 변신을 통해 주목받고 있는 기업이 있다. 미국의 스페인어 미디어 기업인 인트라비전(Entravision Communications Corporation)의 신규 사업체 루미나(Luminar)가 바로 그 주인공이다.

시장조사기관인 넬슨(Nelson)에 따르면 미국에 거주하는 멕시코인 등 스페인어 사용 인구, 즉 히스패닉계 주민은 2012년 현재 5,200만 명에 달해 미국의 정치 및 사회, 인력 및 소비 시장, 문화 등 다양한 면에서 큰 영향을 미치고 있다. 히스패닉 시장은 나날이 성장해 2010년 기준으로 연간 10억 달러의 구매력을 형성했는데, 2015년에는 그 규모가 15억 달러에 달할 전망이다.[2]

인트라비전은 미국 전역에 53개의 스페인어 TV 방송사와 48개의 라디오 방송사를 소유하고 있으며 2008년부터 웹사이트, 비디오, 온라인 스트리밍을 통해 다양한 콘텐츠를 서비스하고 있다. 그 결과 미국 히스패닉계 시청자 시장을 96% 점유하고 있다. 인트라비전은 독보적인 시장 지배력을 바탕으로 수집한 시청자들의 미디어 이용과 광고 시청 데이터를 통해 미디어 산업을 넘어 다른 분야에서도 경쟁력을 획득했다. 외부 마케팅업체들이 인트라비전이 보유한 미국 내 히스패닉계 시청자들의 데이터에 큰 관심을 보이고 있는 것이다. 자사 고객에 대한 심층적인 데이터를 확보한 인트라비전은 빅데이터를 판매하는 루미나라는 새로운 사업부를 만듦으로써 신규 사업 창출(루미나 인사이트)이라는 혁신을 이룰 수 있었다.[3]

| 데이터의 한계를 외부 데이터로 극복하다 |

루미나는 빅데이터에 근거해 미국 내 히스패닉계 대중의 행동을 심층적이고 광범위하게 분석하는 최초의 리서치업체다. 이제까지 마케팅업체들은 특정 언어를 사용하는 고객 그룹을 분석할 때 그 그룹 전체의 일반적인 특징만을 염두에 두었다. 가령 히스패닉계 고객층은 과소비하는 경향이 있다거나 자신의 취미 생활에 열정적이라는 점만 강조했지 각 고객의 출신 지역이나 소득 수준은 고려하지 않았다. 실제로 대부분의 미국 기업들은 어떤 지역의 히스패닉 계층을 대상으로 마케팅하고자 할 때 그 지역 사람들의 이름과 주소 리스트를 구입해 히스패닉계 성을 가진 사람을 가려내 이들의 일반적인 특징만을 고려한 마케팅을 실시했다. 하지만 이러한 리스트에 의한 마케팅은 한계가 있었다. 모국어에 익숙한 교포 1세와 영어에 익숙한 교포 2, 3세는 엄연히 다르다. 이런 세부적 특징을 감안하지 못하고 전체 집단을 일반화하는 마케팅은 한계가 있게 마련이다. 이런 면에 주목해 인트라비전은 자사가 그동안 축적한 데이터가 고객층을 세분화해 반영하는 샘플데이터나 인종에 대한 선입견을 극복하는 효과적인 수단이 될 것으로 판단하고 신규 사업(루미나)을 시작했다.[4]

루미나는 인트라비전 고객들이 미디어 콘텐츠를 구매한 내역 외에 새로운 분석 결과에도 흥미를 갖기 시작했다. 루미나는 인트라비전의 데이터를 기반으로 이에 관련된 외부 데이터를 추가해 새로운 플랫폼과 알고리즘을 적용하여 분석한 결과, 고객 행태에 대한 매우 상세한 정보를 얻을 수 있었다. 요약하자면, 인트라비전이 데이터 분석 능력을 배양

그림 2-5 │ 히스패닉계 고객에 대한 통찰력이 강점인 루미나

자료: Luminar (2012). "How a Traditional Media Company Embraced Big Data"

해서 시도한 새로운 비즈니스 모델이 루미나인 셈이다. 평범한 미디어 회사에서 미디어 업무를 통해 축적한 히스패닉계 고객들의 행태 데이터를 판매하는 빅데이터 비즈니스 기업을 신설한 것이다.

　루미나의 경쟁력은 히스패닉계 인구가 거주하는 지역에 대한 특화된 지역 정보와 그 지역에 맞춤화된 마케팅을 제공하는 능력에 있다. 예를 들어, 루미나는 데이터 분석을 통해 마이애미 주의 히스패닉계 고객들은 CD를 구매하는 데 평균 63달러를 지출해서 휴스턴의 38달러, 뉴욕의 45달러에 비해 더 많은 돈을 쓴다는 사실을 알게 되었다. 이러한 사실을 기반으로 기업들은 마이애미 주 히스패닉계 주민들의 음악에 대한 열정을 파고드는 맞춤화된 판매 계획을 짤 수도 있다.

| 문화를 알아야 데이터를 이해할 수 있다! |

미국의 히스패닉계 시청자들로부터 수집한 데이터를 문화라는 시각

을 바탕으로 보다 심도 있게 해석하기 위해 루미나의 데이터 분석 전문가, 즉 데이터 과학자들은 미국이 아닌 멕시코와 아르헨티나에서 분석 업무를 수행한다. 그 이유는 단순히 데이터만 보고 분석하기보다는 문화적 이해를 바탕으로 데이터를 분석하면 더 많은 통찰력을 얻을 수 있기 때문이다. 특히 문화적 특성을 강하게 보이는 고객군의 데이터를 분석하는 데는 데이터 그 자체만으로는 부족하며, 문화적 차이나 뉘앙스를 함께 고려해야 한다. 히스패닉 문화라는 렌즈를 통해 데이터를 해석함으로써 얻는 힘은 다른 문화권 기업들은 가질 수 없는 차별성이 있기 때문이다.

예를 들어, 우리나라 사람들이 카카오톡, 트위터 등 SNS를 하는 데 다른 나라 사람들에 비해 많은 시간을 보낸다는 데이터가 있다고 하자. 이를 단순히 해석하면 다른 나라 사람들에 비해 우리나라 사람들이 지인과 소통하는 것을 더 중요시한다고만 해석할 수 있다. 하지만 집단 내 유대감을 강조하는 우리나라 고유의 문화를 고려한다면 전혀 다른 측면의 해석을 내놓을 수도 있다. 이처럼 데이터 분석 내용을 이용하는 데 있어서는 문화적, 사회적 맥락에서 해석하는 것이 중요하다. 이런 점들이 바로 루미나가 미국의 다른 마케팅 리서치 회사들을 넘어설 수 있었던 경쟁력이다.

| 나만의 데이터로는 부족하다 |

마케팅 관련 리서치는 보통 다음과 같은 세 단계를 거친다.

첫째, 분석을 위한 목표 고객층을 파악한다.

둘째, 해당 고객층에 대응하는 샘플 패널을 만든다.

셋째, 샘플 패널을 분석해 얻은 인사이트를 전체 모집단을 위한 프로그램에 적용한다.

루미나는 미국 내 히스패닉계 고객의 일부만 샘플 조사하는 방법을 택하지 않고 전체 고객의 데이터를 수집했다. 마찬가지로 고객의 거래 데이터 중 일부가 아닌 전체를 수집하기 위해 가능한 한 다양한 소스에서 최대한 많은 거래 데이터를 수집해 저장했다. 그 결과, 미국 내 히스패닉계 주민 1,500만 명에 대한 데이터를 보유하게 되었다.

사업 초기에 루미나는 활용 가능한 데이터와 인사이트를 창출하는 데 필요한 기술들을 파악하였다. 그 과정에서 나온 결론 중 하나는 고객들이 보유한 데이터도 함께 필요하다는 것이었다. 즉, 비즈니스 모델을 구현하려면 고객의 데이터를 자신의 데이터와 결합해 분석하는 것이 매우 중요하다는 것을 루미나는 알게 되었다.

이에 루미나는 신용카드 거래 데이터, 케이블 채널 시청 데이터, 선거 투표 데이터 같은 정형 데이터에서부터 거래 로그 데이터, 위치 및 지리 기록 데이터, 소셜미디어 메시지, 웹 클릭 스트림 같은 비정형 데이터에 이르기까지 데이터 소스를 기존의 300여 곳에서 2,000여 곳으로 확대했다(〈그림 2-6〉).

빅데이터 분류 및 저장 기술인 하둡을 활용하기 전, 루미나는 300여 곳에서 수집한 데이터를 한 달에 2테라바이트(Terabyte) 정도 처리했으나 하둡을 활용하기 시작한 이후에는 매일 2,000여 곳에서 수집되는 데

그림 2-6 | 루미나의 하이브리드형 모델의 데이터 요소

자료: Luminar (2012). "How a Traditional Media Company Embraced Big Data"

이터를 한 달에 15테라바이트 정도를 처리하고 있다. 새로운 분석기법을 도입함에 따라 분석 시간이 3일에서 3시간으로 단축되어 데이터 분석 단계에서 일반적으로 발생하는 정체 현상을 극복하고, 여러 프로젝트를 동시에 수행할 수 있게 되었다. 이런 분석 능력을 적용해 혼다자동차는 자사 사이트를 클릭했다가 별다른 반응 없이 떠난 히스패닉계 고객들이 선호하는 사이트들을 찾아내 (쿠키를 추적하고 기존에 축적된 미디어 이용 데이터를 결합) 그에 대한 광고를 실어 이들의 반응률을 0.079%에서 3.601%로 45배 이상 높일 수 있었다.[5]

| 인구 변화가 사업 전망을 바꾼다 |

루미나는 스페인어 TV 방송 사업을 통해 수집한 데이터를 토대로 데이터 판매 사업을 하는 빅데이터 비즈니스맨 형태의 비즈니스 모델 기업이다. 최근 미국 내 히스패닉계 인구가 급증하고 있는 것은 루미나의 사업 전망을 밝게 한다. 미국 인구조사국에 따르면, 2010년 전체 인구의 19%에 달한 히스패닉계 인구가 2050년에는 28%로 급팽창하여 더 이상 소수 인종에 머물지 않을 것으로 전망된다.[6] 빅데이터 비즈니스맨 모델 유형의 기업들은 대체로 특정 사업에 전문화된 데이터를 판매하기보다는 전 산업에서 고루 활용할 수 있는 데이터를 판매하는데, 루미나의 경우 특화된 고객 계층에 대한 데이터를 확보함으로써 사업의 차별성을 가지고 있다.

국내에도 많은 미디어 전문업체가 있지만 빅데이터 비즈니스 모델까지 사업 모델을 발전시킨 사례는 아직 나타나고 있지 않다. 같은 사업을 하더라도 어떤 데이터를 얼마나 효과적으로 수집해 축적하느냐, 그리고 고객에게 필요한 인사이트를 창출하기 위해 어떤 기술적 기반을 구축하느냐가 어떤 빅데이터 비즈니스 모델이 구현될 수 있는지를 결정한다. 이를 위해서는 위험을 감수한 투자가 필요한 경우도 있다. 한 가지 분명한 것은 미디어 사업이 디지털화될수록 기존 비즈니스 모델의 한계는 분명해진다는 것이다. 자신들이 창출한 데이터를 잘 축적하여 활용하지 못하는 기업은 미래의 기회도 사라질 가능성이 높다.

빅데이터 비즈니스맨 기업으로 혁신하기

기업들은 새로운 수익원을 발굴하기 위해 늘 노력하지만 실패로 끝나는 경우가 대다수다. 그만큼 하나의 분야에서 성공한 기업이 새로운 분야에서 성공하기란 쉽지 않다. 빅데이터 시대가 되면서 기업들은 빅데이터를 현재의 경영관리에 활용하는 것을 넘어서 신사업 창출에 이용하는 데 많은 관심을 보이고 있다. 대부분 데이터를 오랫동안 꾸준히 축적해온 기업들이 빅데이터 비즈니스맨 모델의 사업화를 본격적으로 시도하는데, 그렇지 않은 기업들이 빅데이터를 활용해 신사업을 계획하려면 어떤 접근법이 필요할까?

이와 관련해 5가지 접근법이 있다.[7] 첫째, 기존 제품으로부터의 데이터 수집이다. 이는 센서 기술 등을 통해 제품의 사용 상황이나 상태에 대한 데이터를 수집하면서 시작된다. 예를 들어, 롤스로이스(Rolls-Royce)는 제트기 엔진에 각종 센서를 부착해 성능과 상태에 대한 데이터를 수집한 결과, 엔진을 대여하고 사용 시간에 따라 요금을 부과하는 비즈니스 모델을 도입했다. 둘째, 자산의 디지털화다. 도서, 음악, 방송 분야에서 이미 큰 진전을 보이고 있는 방법으로, 이들 분야에서는 3D 프린팅으로 또 다른 혁신이 시작되고 있다. 셋째, 산업 내외의 데이터 통합이다. 공급사슬상의 데이터들을 통합해 관리의 효율성을 높이는 사례들이 월마트(Wal-Mart), 델(Dell), 그리고 자동차 산업 등에서 나타나고 있다. 넷째, 다른 기업과의 제휴나 파트너십이다. 유럽의 이동통신사인 보다폰(Vodafone)은 인공위성 내비게이션 기기 및 서비스 업체인 톰톰(TomTom)과의 파트너십을 통해 고객 차량의 위치와 흐름을 파악한다. 톰톰은 보다폰에서 정보를 구매해 자사가 제공하는 교통 정보의 수준을 높이고 있다. 다섯째, 서비스 능력의 코드화다. 이를 위해서는 먼저 자사의 업무 프로세스 중 경쟁력이 있다고 판단되는 대상을 소프트웨어화해야 된다. 예를 들어, IBM의 '글로벌 비용 보고 솔루션스(Global Expense Reporting Solutions)'라는 소프트웨어는 IBM의 내부 출장 예약 및 비용 보고 프로세스를 자동화하기 위해 개발됐다.

빅데이터는 앞으로도 기업에 많은 기회를 제공하겠지만, 그렇다고 사업의 성공을 보장하는 것은 아니다. 더욱이 기술 발전과 투자가 비즈니스의 발전과 성공을 보장하는 것도 아니다. 기업 내부적으로 데이터와 이를 활용하기 위한 인재 및 기술의 확보·조직화 그리고 적절한 비즈니스 모델을 구현하는 것이 성공의 필수요소다.

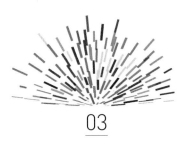

03

교통카드 사용 내역도
쌓이면 돈이 된다?!

· JR동일본 ·

| 개인정보가 새로운 비즈니스를 만든다 |

최근 일본에서는 빅데이터를 판매하는 사업과 관련해 개인정보 보호가 사회적 관심사로 떠오르고 있다. 법제도 측면에서 우리나라와 일본은 모두 가입자 개인이 승낙하지 않으면 아무 곳에도 개인정보를 사용할 수 없는 방식(Opt-In)을 도입하고 있어 개인정보 보호에 상대적으로 엄격한 편이다. 한편 미국 등은 개인정보 보호와 상업적 이용 간의 균형을 추구해 개인이 거부하지 않으면 개인정보를 사용할 수 있는 정책(Opt-Out)을 따르고 있다. 이처럼 개인정보 보호 문제는 나라마다 국민적 관심이나 인식이 다르고 그에 따른 정부의 정책과 제도도 다르다. 이러한 차이는 결국 빅데이터를 사업기회로 삼고자 하는 기업들에 직접적

인 영향을 미칠 수밖에 없다.

일본에서는 정부가 2012년 기업이나 병원 등이 보유한 개인정보를 익명화한 후 다른 기업에 판매할 수 있는 새로운 규정을 만들어 신상품 개발이나 신규 비즈니스 창출을 지원하고 있다.[8] 환자와 관련된 데이터를 보유한 병원이나 판매시점정보관리(POS, Point Of Sales) 데이터를 보유한 슈퍼마켓 등 유통업체가 주요 대상이다. 이들 업체가 주소의 일부, 성명, 전화번호 등 개인신상정보를 삭제한 데이터를 만들어내면 그 정보를 제조업체 등이 매입해 지역 및 연령에 따른 신상품 개발 및 시장 조사에 활용할 수 있게 한 것이다. 이에 따라 여러 기관 및 기업에서 개인정보를 수집, 가공, 분석하여 익명화한 정보를 필요한 기업에 다시 제공하는 새로운 비즈니스가 나타날 가능성이 커지고 있다. 예를 들면, 제약회사는 부작용의 경감 등 제품 개선에 활용하기 위해 병원 등 여러 기관에서 수집한 개인정보를 활용할 수 있다.

일본 정부의 이러한 방침에 따라 교통 및 통신업체들은 빅데이터 사업을 본격화하고 있다. 전철을 운영하는 동일본여객철도주식회사(이하 JR동일본)와 이동통신사인 NTT 도코모 등이 대표적이다. 이들은 많은 거래 데이터를 보유한 기업들로서, 두 기업 모두 2013년 데이터 판매 사업을 시작했다.

| 철도 회사, 교통카드 데이터를 팔다 |

일본 최대의 철도 회사인 JR동일본은 2013년 7월 선불형 교통카드인

IC카드 승차권 '스이카(Suica)' 사용 데이터를 판매하기 시작했다. 히타치제작소는 JR동일본으로부터 사람들의 철도 이용 정보를 구입해 가공, 정리, 분석하고자 하였다. 거래 대상은 민영철도를 포함한 수도권 1,800여 개 역에서 스이카를 이용해 철도에 승하차한 기록이었다. JR동일본은 2013년 6월까지 4,300만 장의 스이카 카드를 발행했는데, 여기에는 스이카 정기권, 마이 스이카(My Suica, 기명식), 스이카 카드(무기명), 모바일 스이카 등 모든 승강 기록이 망라되어 있었다.[9]

좀 더 자세히 들여다보면, 판매 데이터에는 스이카로 탑승한 철도역명과 날짜뿐만 아니라 기명식 스이카 및 모바일 스이카의 경우 이용자의 연령, 성별도 포함되었다. 물론 전자화폐를 이용한 기록과 이용자 성명, 전화번호는 거래 대상에서 제외되었다. JR동일본은 개인정보 보호 정서를 고려해 일차로 개인의 신원을 식별할 수 있는 이름이나 전화번호, 생년월일 등을 제거한 뒤 스이카 ID를 알 수 없도록 변환한 데이터를 히타치에 제공했다. 그리고 히타치에 넘겨져 분석된 데이터는 JR동일본에 다시 보낼 수 없도록 했다. 이는 정보가 양쪽을 오가는 과정에서 발생할 수 있는 고객정보 유출이나 고객 신원 식별(특히 히타치 측에서)을 막기 위한 조치였다. JR동일본은 열차표 매매 처리 시스템에서 특정 개인을 식별해낼 수 없도록 비식별 처리한 데이터를 추출해 히타치에 전달했다. 즉, 스이카 고유의 고객 ID를 그대로 히타치에 전달하는 것이 아니라 이를 변형해 해당 ID의 승차 내역, 연령, 성별 데이터를 판매한 것이다(〈그림 2-7〉). 예를 들면, 데이터는 "No.0001 20세 여성, 7월 7일 10시 10분에 A역에서 승차, 7월 7일 11시 10분에 B역에서 하차, 7월 8일 8시 0분에 C역에서 승차……" 같은 형태로 판매되었다.[10]

그림 2-7 | JR동일본의 빅데이터 사업 흐름도

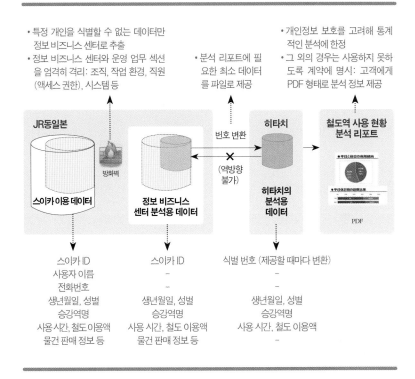

- 특정 개인을 식별할 수 없는 데이터만 정보 비즈니스 센터로 추출
- 정보 비즈니스 센터와 운영 업무 섹션을 엄격히 격리: 조직, 작업 환경, 직원 (액세스 권한), 시스템 등

- 분석 리포트에 필요한 최소 데이터를 파일로 제공

- 개인정보 보호를 고려해 통계적인 분석에 한정
- 그 외의 경우는 사용하지 못하도록 계약에 명시: 고객에게 PDF 형태로 분석 정보 제공

JR동일본

방화벽

스이카이용 데이터

번호 변환

X

(역방향 불가)

정보 비즈니스 센터 분석용 데이터

히타치

히타치의 분석용 데이터

철도역 사용 현황 분석 리포트

PDF

스이카 ID
사용자 이름
전화번호
생년월일, 성별
승강역명
사용 시간, 철도 이용액
물건 판매 정보 등

스이카 ID
-
-
생년월일, 성별
승강역명
사용 시간, 철도 이용액
물건 판매 정보 등

식별 번호 (제공할 때마다 변환)
-
-
생년월일, 성별
승강역명
사용 시간, 철도 이용액

자료: 東日本旅客鉄道株式会社 (2013), "Suica に関するデータの社外への提供について"

| JR동일본의 실패, 일본 빅데이터 산업을 한발 후퇴시키다 |

문제는 히타치가 스이카 데이터를 구입하여 분석한 결과를 마케팅 정보로 활용하는 서비스를 시작한다고 발표하면서 불거졌다. 이는 사회적으로 큰 반향을 불러일으켰다. "사용된 정보가 누구 것인지 식별할 수 있지 않을까"라든가 "정보를 판매하려면 운임을 인하하라" 등등 다양한 의견이 제기됐다. 이에 대해 JR동일본은 판매 정보에는 개인 식별이 가능한 항목은 포함되지 않으며, 요청하는 고객의 경우 판매 정보에서 제외하겠다고 발표했다. 하지만 고객들의 반발은 수그러들지 않았다. 판매 정보에서 자신의 데이터를 삭제하길 바라는 사용자들에게 신청을 받기 시작한 지 6일 만에 총 8,823건이 접수되었다.[11] 결국 JR동일본은 2013년 9월 스이카 데이터 판매를 보류한다고 발표했다.[12]

개인정보 보호와 관련해 일본에서는 2011년 2월 도쿄매트로 창구 직원이 조작기를 사용하여 입수한 여성 승객의 개인정보를 유출한 사건이 발생해 전국을 들썩이게 한 적이 있다. 또《요미우리신문》에 따르면 이후 JR동일본은 JR오사카역 플랫폼과 역 건물의 개찰구, 엘리베이터, 상점 등 90여 곳의 감시카메라에 얼굴 인식 시스템을 적용해 개인 이미지 데이터를 수집하고 있다는 사실이 알려져 커다란 논란을 일으켰다.[13] 개인정보를 제3자에게 판매하려면 사전에 이용자나 주주의 동의를 얻어야 하는데, JR동일본은 개인 식별 정보를 삭제했기 때문에 허가를 받을 필요가 없다고 안이하게 생각했다는 점에서 큰 비난을 받았다.

JR동일본의 행태는 2가지 면에서 대중 및 언론의 큰 비판을 받았는데, 첫째, 스이카 데이터 판매에 대해 사용자에게 사전 설명을 하지 않았다. 사용약관에 스이카 사용 데이터 판매 및 양도에 대한 설명이 없었으며 이후 약관을 변경하지도 않았다. 데이터 판매에 관한 내용을 문서 등으로 사용자에게 통지하지도 않았으며, 판매 데이터의 구체적인 내용에 대한 설명도 부족했다. 둘째, 원할 경우 개인정보 수집 대상에서 제외될 수 있는 수단이나 창구를 고객들에게 알리지 않았다. JR동일본은 개인

정보 보호와 관련해 상담 신청이 있을 경우 개별적으로 대응했다고 주장했지만, 실제로 제외된 고객은 존재하지 않았다.[14]

다시 말해, JR동일본은 개인의 신원을 드러내는 부분들을 제거한 데이터를 마케팅 리서치 목적으로 판매하면서 사전에 카드 소지자에게 알리지 않았다. 결국 일본 교통당국은 이 같은 정보를 제3자에게 판매하기 전에 카드 소지자들에게 통지해야 함을 JR동일본에 경고하고 조사에 착수했다. 개인정보 보호 감독 업무를 담당하는 일본 소비자청(消費者庁)은 JR동일본이 히타치에 넘긴 데이터 중에서 특정 고객의 정보임을 판별할 수 있는 '대응 테이블'(히타치가 구매한 정보와 고객의 신원을 매칭하는 정보)이 있을 경우 개인정보 보호법 위반으로 볼 수 있다는 입장이었으나, 이런 테이블은 넘겨지지 않은 것으로 결론지었다. 이 사건에 대해 일본 감독기관이 취한 조치는 경고에 불과했지만, 그 결과 JR동일본은 고객의 신뢰를 크게 잃었으며 일본 빅데이터 산업도 큰 타격을 입었다.

현재 일본 정부 및 기업들의 전략적 방향은 빅데이터 사업을 활성화하는 것이기 때문에 개인정보 보호에 대한 사회와 대중의 반발로 관련 사업이 중지되거나 포기될 가능성은 없어 보인다. 하지만 JR동일본의 경우, 같은 이름으로 사업을 다시 시작하는 것은 부담이 될 수 있기 때문에 단기간 내 사업을 재추진하기는 어려울 것이다. 시간이 지난 후 다른 용도를 모색하거나 재포장 과정을 거쳐 사업을 시도할 것으로 전망된다. 일본 정부도 여론의 추이를 지켜보면서 관련 법규를 유연하게 적용할 것으로 예상된다. 실제로 2014년 6월 일본 정부는 개인 식별로 연결되지 않도록 익명화한 개인정보의 경우 본인의 동의 없이도 제공할 수 있다는 지침을 마련했다.[15] 결국 빅데이터 비즈니스맨 모델의 최대 수혜자가 될 대기업의 신규 사업은 '사회적 압력'이라는 새로운 변수에 얼마나 잘 대응하느냐에 따라 그 성공 여부가 좌우될 수 있음을 염두에 두어야 한다.

빅데이터 시대와 개인정보 보호

개인정보 유출, 누구의 책임인가?

개인정보 유출 문제의 일차적 책임은 민간 기업이나 정부기관의 부주의와 무원칙에 있다. 우리나라의 경우, 서비스 제공 과정에서 주민등록번호를 필수적으로 요구하면서 개인 신원 노출이 심각해졌다. 무엇을 하든지 주민등록번호부터 제시해야 하다 보니 개인정보가 너무 쉽게 노출될 수밖에 없었다. 다행히 2014년 8월 개인정보 보호법의 개정으로 주민등록번호의 무분별한 수집이 금지되었지만 이미 유출된 개인정보를 보호받기는 쉽지 않다. 다른 나라보다 개인정보 수집이 용이한 상황에서도 정부는 그동안 법 개정 외에는 개인정보 보호에 소극적으로 대응해왔으며 기업들은 여전히 개인정보를 과다하게 요구하고 부적절하게 관리하고 있다. 정부기관에 얼마나 많은 개인정보가 쌓여 있는지 아는 사람들은 신용카드사의 개인정보 유출 같은 문제가 민간 기업들에 한정된 것이기를 바랄 뿐이다. 온라인의 편리함에 익숙해진 사람들이 오프라인 거래를 외면하는 것도 문제의 심각성을 더한다. 간편하고 효율적인 것이 반드시 좋지만은 않다는 것을 잘 알지만 달라진 습관을 바꾸기는 힘들다.

개인정보, 얼마나 많이 노출되어 있나?

〈그림 2-8〉은 현대사회에서 개인정보가 얼마나 과도하게 노출되어 있는가를 보여준다. 미국의 경우, 인터넷 사용자들은 하루 2,000회 이상 누군가에게 추적을 당한다. 게다가 매일같이 사용하는 스마트폰은 우리의 위치와 취미 활동을 노출시킨다. 페이스북 사용자는 개인의 가장 은밀한 사생활은 물론 사용자가 방문한 웹사이트가 어디인지도 절반 정도는 노출되어 있다. 이

그림 2-8 | 미국의 개인정보 유출 현황

2,000회 이상
하루 평균 인터넷 사용자의
온라인 활동이 추적당하는 횟수

868곳
미국의 2,510개 인기 웹사이트
중 트위터가 방문자를 추적할 수
있는 사이트 수

1,205곳
미국의 2,510개 인기 웹사이트
중 페이스북이 방문자를 추적할
수 있는 사이트 수

27.61달러
활동적인 미국 여성 이용자의
데이터가 페이스북에 연간
기여하는 가치 (남성은 22.09달러)

12.37달러
덜 활동적인 미국 여성 이용자의
데이터가 페이스북에 연간
기여하는 가치 (남성은 9.90달러)

7억 명
액시엄의 데이터베이스에
정보가 등재되어 있는
전 세계 성인 소비자의 수

3,000개 이상
모든 미국 가구별로 액시엄이 조
사하는 쇼핑 습성 관련 변수의 수

자료: "Give Me Back My Online Privacy" (2014. 3. 23). *The Wall Street Journal*(Data: Axiom)

런 사실로 인해 페이스북 사용자들은 1인당 연간 25달러 정도를 페이스북에 기여하는 것으로 추측된다. 액시엄 같은 정보 회사나 마케팅 기관들은 사람들의 소비 습성에 대해 3,000가지 이상의 정보를 파악하고 있다. 그래서 최근에는 개인정보 유출을 막아주거나 유출 현황을 알려주는 앱들이 인기를 얻고 있다. 국내에서도 네티즌의 72%가 개인정보 유출에 대해 우려하는 것으로 조사되었다.[16] 신용카드사의 개인정보 유출 등 우리나라처럼 개인정보 보호 문제가 심각한 나라는 드물다. 웬만한 개인정보 유출 사고는 이제 뉴스거리조차 되지 못할 지경이다.

빅데이터 시대의 그림자, 인간을 점수로 바라보는 세상

빅데이터 시대의 마케팅에서는 고객을 사람이 아닌 점수로 인식한다. 특히 인간이 아닌 컴퓨터가 마케팅을 실행하는 경우에는 그렇다. 다양한 데이터를 토대로 고객의 점수를 계산할 수 있게 되면서 나타난 현상이다. 어떤 고객이 100점이냐 50점이냐가 중요할 뿐 그 사람의 이름이나 외모 등은 중요하지 않다. 외국에서는 고객의 평생가치(lifetime value), 상품 선호도, 가격 책정 등 마케팅을 위해 개인 고객을 점수화(이른바 'e-score')하는 행위에 대해 프라이버시(혹은 개인정보 보호) 문제가 제기되고 있다. 소득이 낮거나 나이가 어려 점수가 낮은 고객들이 블랙리스트에 오르면서 문제가 된 것이다. 사실 개인의 신용을 점수로 평가하는 것은 미국에서는 법(FCRA, the Fair Credit Reporting Act)으로 강력히 규제되고 있지만 이런 점수를 활용하고 있는 기관이나 기업들은 개인에 대한 점수가 아닌 고객 그룹에 대한 점수이기에 문제가 될 것이 없다고 주장한다.[17] 이들은 예를 들어 우편번호에 소득계층 코드를 더해 고객 그룹의 점수를 계산한다고 주장한다. 즉, 개인 점수가 아닌 그 개인이 속한 그룹의 점수라는 이야기다. 하지만 소비자보호기관은 이런 주장에 동의하지 않고 있어 앞으로도 고객 점수화에 대한 논란은 계속될 전망이다.

개인정보, 어떻게 보호하고 보호받을 것인가?

개인정보 보호와 관련해 정부나 기업을 믿지 못하는 사람들은 스스로 자신을 보호하는 행동을 취하고 있다. 사람들이 개인정보 유출을 막기 위해 가장 일반적으로 행하는 조치는 쿠키(웹사이트 접속 시 만들어지는 임시 파일)를 지우거나, 인터넷 사용을 제한하거나, 포스팅한 글들을 지우거나, 익명으로 활동하는 것으로 나타났다.

미국의 대형 오프라인 서점 보더스(Borders)가 2011년 사업 부진으로 법정관리에 들어갔을 때, 이 회사는 그동안 수집해온 고객 데이터베이스 등 지적자산을 다른 서점 체인인 반스앤노블(Barnes & Noble)에 판매해도 좋다는 법원의 판결을 받았다. 개인정보 보호에 대한 고객의 반발을 예상한 보더

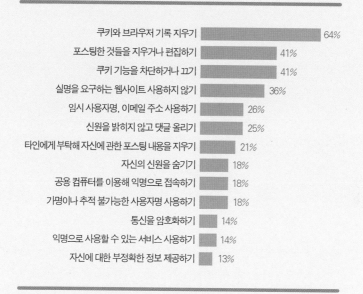

그림 2-9 | 사람들이 개인정보 유출을 줄이기 위해 사용하는 방법(미국)

방법	비율
쿠키와 브라우저 기록 지우기	64%
포스팅한 것들을 지우거나 편집하기	41%
쿠키 기능을 차단하거나 끄기	41%
실명을 요구하는 웹사이트 사용하지 않기	36%
임시 사용자명, 이메일 주소 사용하기	26%
신원을 밝히지 않고 댓글 올리기	25%
타인에게 부탁해 자신에 관한 포스팅 내용을 지우기	21%
자신의 신원을 숨기기	18%
공용 컴퓨터를 이용해 익명으로 접속하기	18%
가명이나 추적 불가능한 사용자명 사용하기	18%
통신을 암호화하기	14%
익명으로 사용할 수 있는 서비스 사용하기	14%
자신에 대한 부정확한 정보 제공하기	13%

자료: PewResearchCenter (2013. 9. 23). "Anonymity, Privacy, and Security Online"

스 측 변호사들은 대책을 강구했다. 이들은 법원을 설득해 4,800만 명의 고객 데이터를 다른 회사에 넘길 경우 발생할 문제를 평가할 독립적인 제3자를 선임해달라고 요청했다. 결국 보더스 고객들은 자신의 데이터를 다른 기관에 넘길 경우, 이를 거부할 수 있는 선택권을 갖게 되었다. 고객들에게 자신의 데이터가 어떻게 이용될지 사전에 인지시킨 보더스의 기민한 사전 작업은 기업과 개인이 개인정보 보호를 위해 서로 어떻게 협력해야 하는지를 보여준다. 이 사례는 또한 데이터 소유권이 영원한 것이 아니라 주인이 바뀔 수도 있음을 알려준다.

개인정보 보호를 사업화한 소니의 '펠리카' 사업의 진화

소니는 2013년 8월 빅데이터 활용을 목적으로 개인정보 보호를 고려한 클라우드 시스템을 개발해냈다. 개인을 식별하는 데이터를 분리해 개인 기록만 인

그림 2-10 | 소니의 펠리카 사업

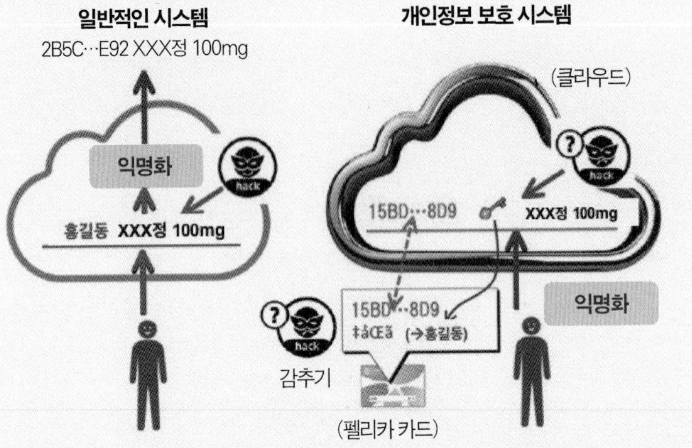

일반적인 시스템
2B5C…E92 XXX정 100mg
익명화
홍길동 XXX정 100mg
hack
개인정보 보호 시스템
(클라우드)
15BD…8D9
XXX정 100mg
hack
15BD…8D9
(→홍길동)
hack
감추기
익명화
(펠리카 카드)

자료: http://www.sony.co.jp/SonyInfo/News/Press/201308/13-094/

터넷 서버에 저장하고 개인정보는 IC카드인 '펠리카(Felica)'에 따로 저장해 개인이 소지하는 구조다. 이 같은 시스템의 도입으로 사이버 공격 등으로 인해 데이터가 노출되더라도 개인의 피해를 최소화할 수 있다고 소니는 주장했다.

이 클라우드 시스템이 적용된 첫 번째 사업은 병원이나 약국에서 받는 처방전 데이터를 서버에 저장하는 '전자약수첩'(〈그림 2-10〉)으로, 2013년 가을 일본 가와사키 전역에서 시범 서비스를 시작했다.[18] 이 시스템에 따르면, 처방전 정보만 클라우드에 보관하고 개인정보는 개인이 소지하는 전자카드 펠리카에 암호화해 저장한다. 약국에 전자카드를 제시하면 개인의 처방전 정보를 볼 수 있다. 병원에서 받은 처방전을 약국에 제시할 때 우려되는 개인의 사생활 노출 가능성을 제거하고 약국을 통해 유출될 수 있는 개인정보를 보호하기 위해 고안된 방법이다.

이용자는 먼저 소니가 개발한 비접촉 IC카드 기술인 펠리카가 적용된 전용 카드를 배포받는다. 펠리카에는 이용자에게 할당된 새로운 ID와 암호화된 성명, 생년월일이 저장된다. 서버에는 ID와 조제 기록만 저장된다. 약사 또는 이용자가 약국 단말기에 카드를 대면 서버에 저장된 조제 내역을 볼 수 있다. 스마트폰에 전용 앱을 설치해 처방전 데이터를 참조할 수도 있다. 이 서비스는 조제 내역뿐만 아니라, 이용자가 스마트폰으로 입력한 증상, 부작용, 알레르기 등 각종 정보를 볼 수 있어 약사가 이용자의 건강 상태를 효율적으로 파악하는 데 도움이 된다. 소니의 기술은 이름 등 개인 식별 정보를 ID로 대체한다는 점에서 온라인 지급결제 시스템 중 신용카드번호를 다른 ID로 변환해 사용하는 방식과 유사하다. 소니는 이 기술을 통해 성명과 개인정보가 분리돼 펠리카 카드에 저장된다며 이름과 ID의 대응표가 유출될 가능성은 전혀 없다고 설명했다. 소니는 축적된 조제 기록을 통계 처리하여 제약 회사나 지방자치단체에 전달해 인플루엔자 발병 상황을 알리거나 약의 부작용을 경고하는 데 이용할 계획이다. 이런 데이터의 활용을 투명하게 추진하지 않으면 JR동일본의 사례처럼 개인 식별 정보를 제거하더라도 이용자의 반발을 초래할 수 있다. 이와 관련, 소니는 데이터를 활용하기 전에 미리 이용자의 동의를 얻을 것이라고 밝혔다.

사업 수행 초기에 의약품 처방, 판매 프로세스에 대한 지식과 경험이 없었던 소니 개발팀은 약국의 처방전 관련 세미나에 참석했다. 그 자리에서 가와사키 약사회 회장을 만나 펠리카 서비스에 대해 설명한 후 의기투합하여 새로운 시스템 구축에 착수했다. 모든 것이 순조로웠던 것은 아니다. 약사회가 빅데이터를 활용한 전자약수첩을 수용하는 과정 중에 소니의 온라인 게임 플레이스테이션 네트워크(PlayStation Network)에서 개인정보 유출 사고가 발생한 것이다. 2011년 4월에 보도되었지만 2009년 시작된 것으로 보이는 이 사고로 7,700만 계정 사용자의 신용카드 정보 등 개인정보가 유출되었다. 실제 유출 규모와 원인은 알려지지 않았으나 해커의 소행으로 추정됐다. 소니 측의 조사에 의하면 유출된 개인정보는 이름, 국가와 주소, 이메일, 생일, 성별, 플레이스테이션 네트워크 로그인 암호, 플레이스테이션 네트워크 온라인 ID 등이다. 이를 계기로 소니는 의학 정보 및 개인 프로필 정보를 완전히 분리하여 관리하는 방안을 마련하기 위해 더욱 고심하게 되었다.

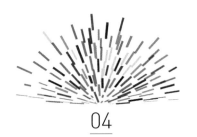

04
통신사가
인구 통계를?
·NTT 도코모·

| 같은 듯 다른 모습, NTT 도코모와 JR동일본 |

개인정보 보호에 대한 우려가 해소되지 않았는데도 NTT 도코모는 앞서 소개한 JR동일본의 스이카 데이터 판매 사업에 비해 대중의 큰 반발 없이 관련 사업을 진행할 수 있었다. 2014년 9월 말 현재 NTT 도코모에 자신의 데이터 이용을 거부한(Opt-out 신청) 가입자 수는 3만 7,000명으로 전체 가입자 6,000만 명(법인 계약 제외)의 0.06%(JR동일본은 약 0.12%)에 불과하다.[19] 어떻게 똑같이 개인정보를 수집하고 이를 판매하는 사업을 했는데 한쪽은 큰 문제가 되고, 다른 한쪽은 별 문제 없이 조용히 넘어갈 수 있었을까?

이러한 차이는 개인정보 보호에 대한 전 기업 차원의 경영전략이 존재하느냐 존재하지 않느냐에 따른 것으로 보인다. 두 기업 모두 최초로 수집된 운영 데이터를 바탕으로 빅데이터 사업을 시작했으며, 신상에 관한 개인정보를 제거했다는 점에서는 별 차이가 없다. 하지만 NTT 도코모는 대중을 이해시키고 설득하는 작업에 신중하고 효과적으로 임한 반면, JR동일본은 기술적 수단, 즉 개인 식별 정보 제거에만 치중했다. JR동일본은 빅데이터를 활용하는 것이 모두에게 이로운 일이라는 점을 대중에게 설득하는 데 실패했던 것이다.

| 누이 좋고 매부 좋아야 성공한다 |

빅데이터 활용에 대한 사회적 공감대를 형성하기 위한 NTT 도코모의 노력은 데이터 판매 사업 이전부터 시작되었다. NTT 도코모는 2008년부터 모바일 인프라를 운영하는 과정에서 발생하는 빅데이터를 활용해 시간당 인구 변화 등을 추정, 분석한 데이터를 도시계획 입안 및 교통 서비스 개선 등 사회의 다양한 과제를 해결하는 데 사용하는 연구 프로젝트 '페타 마이닝(Peta mining)'을 시작했다. 이전부터 축적해온 '모바일 공간 통계'*가 이 프로젝트의 모태가 되었다.

모바일 인프라를 운영함에 따라 기지국이 주기적으로 파악하는 단말

---

* 일종의 지역별 인구 통계. 이동통신사는 네트워크상에서 휴대전화가 언제 어디서나 다른 휴대전화가 보내는 신호나 메일 등을 수신할 수 있도록 각 기지국의 영역에 위치하고 있는 모든 휴대전화를 정기적으로 파악한다. 따라서 기지국 영역별 휴대전화 대수를 고객의 특성별로 계산하여 인구의 지리적 분포를 추정할 수 있는데, 이를 일본 이동통신사들은 모바일 공간 통계라고 한다. 모바일 공간 통계에 의해 지역별 인구 분포와 성별·연령별·거주 지역별 인구 구성 등을 추정할 수 있다(자료: NTT Docomo).

기의 위치 정보를 지리적, 시간적 유동 인구 및 거주 변화를 추적하는 데 사용했다. 단말기의 지리적, 시간적 위치 변화는 곧 그 단말기 가입자의 연령이나 성별 등의 특성을 반영한다고 볼 수 있다. 다시 말하면, 특정 지역에서 인구의 동적 변화를 요일 및 시간대별로, 그리고 연령 및 성별에 따라 구분하여 파악할 수 있는 것이다.

한편, NTT 도코모는 개인의 행동 지원 서비스인 'i 콘 셀'*을 추진하고 있다. 이는 페타 마이닝 프로젝트와는 별개의 것으로, i 콘 셀이 개인의 취향을 분석하는 개인 수준의 상세한 분석을 위한 것이라면 페타 마이닝은 사회의 변화 추이 등 커다란 흐름을 통계적으로 포착하려는 작업이라고 할 수 있다.

NTT 도코모는 2011년 도쿄대학과 공동으로 도시계획 분야에서 모바일 공간 통계를 이용한 연구에 착수했다. 이 연구는 도쿄대학의 가시와 캠퍼스가 있는 지바 현 가시와 시에서 실시되었는데, 모바일 공간 통계와 공공시설 이용 실태의 관련성 등을 분석하는 내용이었다.[20] 예를 들어, 이 같은 방법으로 지진이 발생할 경우 귀가하는 데 어려움을 겪을 사람의 수를 추산할 수 있다. 도쿄의 경우 이런 사람의 수는 평일 오후 3시경 정점에 이르며, 그 수는 425만 명 정도가 될 것이라는 추산 결과를 얻었다. 이러한 분석 결과는 지진 발생 시 대응 계획을 수립하는 데 반영될 것으로 보인다.

---

* 구글 나우(Google Now)같이 개인의 라이프 스타일과 거주 지역, 현재 위치에 따라 일상생활에 유용한 정보를 최적의 타이밍에서 제공하는 NTT 도코모의 스마트폰 앱 서비스다.

| '모바일 공간 통계' 연구에서 판매로 |

NTT 도코모는 자회사 '도코모 인사이트 마케팅'을 통해 휴대전화 네트워크를 이용하여 거주 지역별·시간별·연령별·성별 인구 분포를 추정할 수 있는 '모바일 공간 통계'를 실용화하고 2013년 10월부터 관련 데이터를 제공하기 시작했다.[21] 도코모 인사이트 마케팅은 도코모와 시장조사회사인 테이지가 공동출자해 2012년 4월에 설립된 회사이다. 2013년 9월 현재 직원 수는 36명으로, 이들은 이른바 데이터 과학자라기보다는 데이터 분석을 통해 시장조사 및 전략 수립을 할 수 있는 노하우를 가진 인력이다. 조사 규모에 따라 달라지지만 보통 마을 단위의 소규모 조사는 수천만 원, 전국 단위의 대규모 조사는 수억 원의 비용을 받는 것으로 알려져 있다. 조사에 걸리는 기간은 평균 2~3개월로, 앞으로 5년간 수백억 원 규모의 매출을 기록할 것으로 기대된다.

〈그림 2-11〉 같은 과정을 거쳐 추출되는 모바일 공간 통계는 운영 데이터 중 전화번호 같은 개인 식별 정보는 사용하지 않고 생년월일을 연령으로 변환하는 등 정보를 요약한다. 이런 작업을 '비식별화 처리'라고 한다. 그런 다음 속성별로 휴대전화 대수를 계산하고 NTT 도코모의 휴대전화 보급률을 더해 도코모 고객이 아닌 사람들까지도 포함시켜 인구를 추정한다. 이 작업을 '집계 처리'라고 한다. 마지막으로, 소규모 지역의 숫자를 제거한다. 이 작업을 '은닉 처리'라고 한다. 은닉 처리는 대상이 소수일 경우(즉, 특정 지역의 유입 인구가 적을 경우) 통계적으로 개인을 추측하기 쉬워지므로 이를 방지하기 위해 실시하는 것이다. 이렇게 함으로써 모바일 공간 통계는 한 사람 한 사람을 나타내는 데이터가 아닌

그림 2-11 | NTT 도코모의 운영 데이터에서 모바일 공간 통계를 추출하는 과정

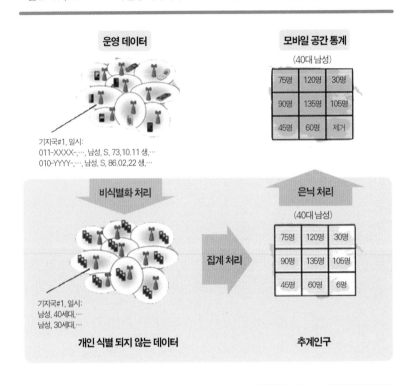

자료: https://www.nttdocomo.co.jp/corporate/technology/rd/tech/main/mobile_spatial_
statistics/how_to_produce/

집단을 나타내는 안전한 인구 통계가 된다.

NTT 도코모가 처음부터 상업적인 데이터 판매 사업을 했던 것은 아
니다. 대학, 지방자치단체 등과 공동으로 공공·학술 분야에서 먼저 개
인정보 보호 문제를 검증한 뒤 산업 분야로 사업을 확대했다. NTT 도코
모는 모바일 공간 통계의 유용성을 검증하기 위해 지방자치단체, 학술
기관과의 실증 실험을 지속적으로 실시해왔다. 개인정보 보호 문제에

대한 대중의 반발이 빚어질 것으로 예상한 NTT 도코모는 오랫동안 수집한 데이터들을 먼저 대학 등 연구기관 및 지방자치단체들과 함께 공익 및 공공사업에 활용해 데이터 사용의 안전성을 입증하고 대중의 공감대를 형성하는 데 주력했다.

| NTT 도코모의 점진적 접근, 성공을 거둘 것인가? |

NTT 도코모는 가장 일본적인 경영을 하는 것으로 알려진 대표적인 기업이다. 결코 무리하지 않으면서 차근차근 준비해 사업을 진행하는 NTT 도코모의 전략은 모바일 공간 데이터 판매 사례에서도 잘 나타난다. NTT 도코모는 신규 사업에 진출할 때 위험을 분산하기 위해 처음에는 타사와의 전략적 제휴나 공동 출자를 진행하는 전략을 사용한다. 빅데이터 사업화와 관련해서도 NTT 도코모는 시장 분석에 강점이 있는 시장조사회사인 테이지와 공동출자했다. 그러다 사업이 성장기에 접어들면 독자적인 사업화를 추진할 수도 있을 것이다. 다만, 기존 통신 사업에서의 경쟁력을 발판으로 데이터가 수집되기 때문에 현재 일본 통신 시장에서 경쟁자들(특히, 소프트뱅크)과의 치열한 싸움에서 살아남아야 미래 빅데이터 사업의 전망도 밝아질 것이다.

통신사업자의 빅데이터 활용

통신사업자의 미래 사업, 빅데이터

각 나라의 모바일 통신 시장은 대체로 몇몇 이동통신사가 지배하고 있다. 이들은 고객의 통신 내역은 물론 위치 정보를 쉽게 얻을 수 있어 이를 바탕으로 한 데이터 판매 사업을 추진하는 경우가 많다. 스페인의 최대 통신사 텔레포니카(Telefonica)는 텔레포니카 디지털 인사이트(Telefonica Digital Insights) 사업부를, 미국 버라이즌(Verizon)은 프리시전 마켓 인사이트(Precision Market Insights) 사업부를 가지고 있다. 국내의 SKT 등도 모바일 데이터 판매 사업을 추진 중이다. 텔레포니카의 첫 작품인 스마트 스텝스(Smart Steps) 서비스는 소매업체 등에 휴대전화 사용자의 하루 이동 경로를 보여주는 '흔적 지도(heat maps)'를 제공하는 내용이다. 소매업체들은 고객들의 점포 내 행적에 대해서는 잘 알지만 이들이 점포를 나간 후의 행적이나 고객의 성별 및 나이에 대해서는 잘 알지 못한다. 소매업체들은 이런 단점을 보완하기 위해 스프링보드(Springboard), 익스페리언(Experian), 액시엄(Axiom) 같은 고객 데이터에 특화된 기업으로부터 데이터를 구매하고 있다. 이동통신사들은 하루 동안 고객이 보이는 움직임에 대한 데이터를 가지고 있다는 강점이 있다. 이런 강점 때문에 이동통신사들이 앞다퉈 데이터 판매에 나서고 있는 것이다.

텔레포니카의 신사업이 고객에게 추가 가치를 제공할 수 있을지에 대해서는 회의적인 시각이 많다.[22] 단순히 사업을 운영하는 과정에서 데이터를 축적했더라도 이를 바로 새로운 사업으로 연결하는 것은 비즈니스 모델 구현 측면에서 결코 간단한 일이 아니기 때문이다.

빅데이터로 고객 이탈을 막아라

이동통신사의 가장 큰 고민은 고객들이 다른 통신사로 옮겨가는 것이다. 특히 고객들의 이탈이 갑작스럽게 급증하는 것은 이들이 가장 우려하는 상황이다. 이 같은 문제를 빅데이터를 이용하여 해결할 수 있을까? 그 방법은 무엇일까?

첫째, 스플렁크(Splunk) 같은 솔루션을 도입해 이탈의 징조를 미리 포착하는 것이다("Chapter 3 빅데이터 창출자"를 참고). 많은 통화 내역 데이터를 분석하다 보면 고객 이탈의 징조뿐만 아니라 이유도 미리 알아낼 수 있다.

한 통신사는 초기 분석을 통해 고객이 이탈하는 이유에 대한 몇 가지 가설을 제외하고 핵심 가설만을 추가 데이터로 검증했다(〈그림 2-12〉). 이 통신사는 통신 품질이나 서비스 저하, 선호하는 모바일 기기 부족, 금전적 문제, 가족요금제로의 편입, 경쟁사의 마케팅, 계약 종료, 자사 타 서비스로의 이동, 최근 친구나 지인의 이탈 등 다양한 원인(즉, 가설)을 분석했다. 분석 전 통신사는 통화 빈도가 줄어드는 것이 계약 해지와 관련 깊을 것으로 예상했으나 이는 잘못된 추측으로 판명되었다. 분석 결과, 고객 이탈은 지인의 이탈과 관련이 높은 것으로 나타났다. 다음으로 친구 관계에서 어떤 경우에 이탈이 발생하는지 통화 내역 분석으로 찾아내고자 했다. 이를 위해 140억 건의 통화 기록 데이터를 분석해 서로 자주 통화하는 사람들 간의 관계 지도를 작성했다. 통신사는 결국 친구 관계인 두 사람이 특정 달 동안에 1회 2분 이상, 2회 이상 통화할 경우

그림 2-12 | 이동통신사의 고객 이탈 방지를 위한 빅데이터 분석 과정

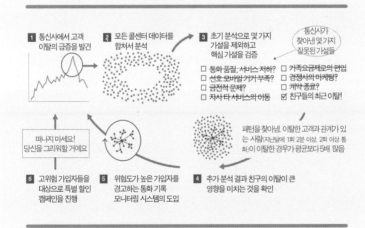

자료: PwC (2012). "The benefits of big data analytics: A carrier example". PwC Technology Forecast, Issue 1

한 가입자가 이탈하면 다른 가입자가 다음 달에 가입 해지할 가능성이 50%라는 것을 알아냈다. 고객 이탈의 특정 패턴을 찾아낸 것이다. 통신사는 이에 대응하기 위해 이탈 위험도가 높은 가입자를 사전에 경고하는 통화 기록 모니터링 시스템을 도입했다. 이탈 가능성이 높은 가입자를 파악한 통신사는 특별 할인 캠페인 등의 방법으로 이들에 대한 특별 관리를 실행했다. 그 결과, 고객 이탈률이 3분의 1로 줄어들었다.

: Chapter 3 :

빅데이터
창출자

가치를 창출하는
데이터를 찾아라!

| 넘쳐나는 데이터가 수익의 원천 |

스파이 영화를 보다 보면 다른 사람들의 대화를 도청하기 위해 온갖 기술이 동원된다. 그런데 굳이 엿듣지 않아도 대화의 흔적이 여기저기 남아 있다면, 그리고 어디엔가 있을 흔적들을 찾아 긁어모을 수 있다면 어떨까? 디지털 기술의 발달로 필요하다면 데이터를 만들어낼 수 있는 세상이 되었다. 남이 가지고 있지 않은 데이터를 만들어내거나 수집해 가공한 차별화된 데이터로 고객가치를 창출하는 비즈니스 모델 기업이 바로 '빅데이터 창출자'다. 이들은 이전에는 세상에 존재하지 않던 유용한 데이터를 만들어내는 능력이 있거나 남들보다 많고 다양하고 심층적인 공개된 데이터나 남들이 모르는 데이터를 찾아내는 기술을 보유하고 있다. 물론 이 역시 빅데이터 비즈니스맨처럼 개인정보 보호나 보안 이슈에 민감한 사업 형태이기는 하다.

사실 구글은 빅데이터 창출자형 기업이라고 할 수 있다(동시에 구글은 빅데이터 대리인형 기업이기도 하다). 데이터를 의도적으로 만들어내고 남들이 수집하지 못하는 데이터를 수집하는 데서 구글의 경쟁력이 비롯된다. 구글의 경쟁력은 데이터 분석 기술에 있는 것이 아니라 데이터 자체에 있다는 이야기다. 마찬가지로 페이스북도 소셜 네트워크로 만들어진 서비스에서 수익을 내는 것이 아니라 이로부터 생산되는 데이터가 수익의 원천이다. 데이터를 발견하는 역량과 차별성 면에서 프라이스스태츠(PriceStats)는 전 세계 온라인 소매업체의 제품 가격 데이터를 실시간으로 수집하는 데 강점을 가진 기업으로, 이렇게 수집된 데이터를 분석해 물가 정보 등 정밀하고 적시성 있는 경제 통계를 제공한다. 심지어 웹에 올라온 제품 사진을 파악해 신상품 출시 여부도 인식한다. 다시 말해서 빅데이터 창출자가 제공하는 고객가치는 대부분 기존 데이터의 가공이나 응용보다는 새로운 데이터의 확보에 기인한다. 이렇게 해서 확보된 데이터의 차별성이 바로 고객가치를 만들어낸다.

| 흩어져 있던 데이터에 가치를 부여하다 |

기존 업무에서 축적된 데이터를 사업화하는 빅데이터 비즈니스맨형 기업들과 비교했을 때 빅데이터 창출자형 기업은 특정 사업을 목적으로 처음부터 데이터를 창출하거나 수집한다는 점이 다르다. 데이터 자체에 강점을 가진 빅데이터 비즈니스맨도 데이터 분석 능력을 보유할 수 있으나, 이들은 보통 기존 업무 분야의 데이터에 집중해서(예를 들어, JR동일본의 철도 사용내역 데이터) 차별적인 고객가치를 창출한다. 하지만 빅데이터 창출자는 다르다. 이들은 공개되거나 다른 기업들도 접근 가능한 데이터를 더 많이, 더 다양하게 수집해 분석할 수 있는 능력을 갖추고 있다. 다양한 데이터 요소들을 결합하는 능력도 중요하다. 산업에 대한 지식을 가지고 있어 어떤 데이터가 가치 있는지 판단할 수 있어야 한다. 대표적으로 패션 산업에 대한 높은 이해를 바탕으로 적절한 패션 데이터를 창출하고 수집하는 에디트(EDITD)는 관련 기업들이 어떤 정보에 목말라하는지 잘 알고 있다. 빅데이터 창출자 비즈니

표 3-1 | 빅데이터 창출자형 비즈니스 모델의 특징

모델 요소 ＼ 데이터 생태계 강점	수집	저장·분류	분석	활용
데이터 소스 및 특징	주로 외부의 모든 가능한 소스 혹은 새로운 소스 창출: 데이터의 규모, 폭(broad data), 시점(timely data), 주제 데이터(subject data)			
플랫폼 특징 및 용도	사용자의 데이터 접근 창구, 창출자의 데이터 수집 및 검증			
고객 경험 특징	평소 빈번하게 부딪히는 고객의 문제 해결을 도와줌(지원)			
수익원	데이터 판매 및 이용료			

주: 수집, 저장·분류, 분석, 활용에서 농도가 진할수록 상대적 강점이 있음

스 모델 기업들은 고객 데이터의 오랜 축적과 다양성으로 경쟁력을 유지하는 액시엄(Acxiom), 다양한 식당 메뉴 정보라는 틈새시장을 타깃으로 한 푸드 지니어스(Food Genius) 같은 신생 벤처기업까지 다양하다.

정리하면 이들 빅데이터 창출자는 고객이 평소에 빈번하게 부딪히는 문제를 해결하는 데 데이터를 통해 도움을 준다. 이들은 고객이 목말라하는 부분에 데이터라는 생명수를 제공한다. 이들은 숨어 있는 데이터를 수집하는 데 재주가 많은 기업들로, 고객이 필요로 하는 데이터가 무엇이고 그런 데이터가 어디에 있으며 어떻게 데이터를 수집해야 하는지 잘 알고 있거나, 그를 가능하게 하는 기술과 역량을 보유하고 있다. 이들이 수집하는 데이터는 철저히 소비자를 염두에 두고 있기 때문에 데이터의 규모는 물론 트렌드 분석

을 위한 데이터의 축적도(long data), 그리고 다양한 관심 영역을 포괄하는 데이터의 주제 범위(broad data) 및 최신 정보를 위한 데이터의 적시성(timely data)까지도 고려되어 수집된다. 이렇게 수집된 데이터들은 데이터가 다루는 범위에 따라 다양한 가격으로 판매되거나 월 이용료를 받기도 한다. 단순한 기본적인 데이터는 무료로 제공하기도 한다. 이런 기업들의 또 다른 수익원은 데이터 이용자인 동시에 자신들을 위해 데이터를 제공하는 기업들과의 제휴로 얻는 데이터다. 즉, 데이터 이용료를 받는 대신 특정 데이터를 독점 공급받는 것으로 대가를 대신하기도 한다.

| 빅데이터 창출자의 4가지 유형 |

〈그림 3-1〉은 가치 있는 데이터를 찾아내거나 만들어내 비즈니스화하는 미래 기업들의 사례를 기준에 따라 분류해놓은 것이다. 이들은 개인(신상, 취향, 선호도, 체형)이나 비즈니스 주제(패션, 위치, 부동산, 식당 메뉴) 등에 관한 데이터를 만들어내거나(창출) 찾아내는(발견) 데 특화된 기업이다. 빅데이터 시대에는 통제할 수 없는 외부 데이터 규모와 종류가 빠르게 증가하기 때문에 이들의 활용도, 즉 가치는 점점 더 높아질 수밖에 없다. 하지만 필요할 때 가치 있는 데이터에 접근하는 것은 어려운 일이다. 바로 이 점이 새로운 비즈니스가 나타나는 이유다.

빅데이터 창출자 기업들이 데이터를 찾아내는 주요 소스는 인터넷, SNS 등이지만, 이 외에 오프라인 소스나 정부, 공공기관의 데이터베이스 및 자료 등을 통해서도 데이터를 확보한다. 데이터를 만들어내는 데 주력하는 기업들은 보통 디지털 미디어, 디지털 측정기, 앱, 센서 등 디지털 기술을 이용해 기존에 존재하지 않았던, 그러나 기업들이 관심을 갖는 데이터를 만들

그림 3-1 | 빅데이터 창출자형 사례 기업의 분류

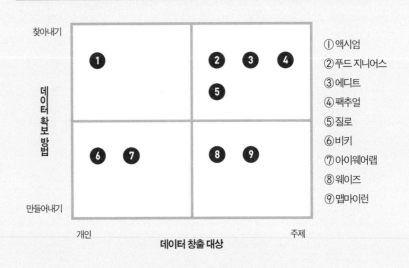

어낸다.

이 챕터에서는 빅데이터 창출자와 관련해, 개인에 대한 데이터를 찾아내는 데 특화된 액시엄을 시작으로 기업들이 관심 있는 주제에 대한 데이터를 찾아내는 데 전문화된 푸드 지니어스(식당 메뉴), 에디트(패션), 팩추얼(위치), 질로(부동산)를 소개한다. 더불어 데이터를 만들어내는 기업들을 살펴볼 것이다. 개인에 관한 데이터를 만들어내는 아이웨어랩(발 체형)과 비키(미디어 콘텐츠 취향, 선호도), 그리고 비즈니스 주제에 대한 데이터를 만들어내는 웨이즈(교통), 맵마이런(코스) 등이 바로 그들이다.

빅데이터 창출자형 모델의 확산을 촉진하는 사물인터넷

사물인터넷과 빅데이터

최근 에릭 슈미트(Eric Schmidt) 구글 회장은 인터넷이 사라질 것이라고 전망했다. 정말 인터넷이 없어진다는 얘기가 아니라 "인터넷이 일상적인 물체와 서비스의 일부가 되면서 마치 사라지는 것처럼 보이게 된다"라는 말이다.[1] 그만큼 우리 주위의 거의 모든 사물이 컴퓨터화·센서화되고 인터넷으로 연결되는 세상이 가까워지고 있다. 이를 사물인터넷(IOT, Internet of things)이라고 한다. 이미 스마트폰이 자신의 일부처럼 된 사람들에게는 현실화된 일이다. 스마트폰만 해도 위치, 기울기, 광학, 음성, 건강 등 센서들의 집합체라고 할 수 있다. 주차장에서의 차량 입출입 시스템도, 도서관에서의 대출·반납 시스템도 어느새 센서 기술로 작동되고 있다. 이 같은 센서의 대중화는 사물인터넷을 확산시키고 있다.

사물인터넷의 확산으로 데이터 창출 가능성과 규모는 급속히 커져 이를 이용한 비즈니스 모델 기업의 출현 가능성 또한 높아지고 있다. 디즈니(Disney)의 매직 밴드(Magic Band)*나 의학·농업·환경 분야의 각종 센서를 바탕으로 한 사업에서 빅데이터 창출자형 사업 모델을 찾아볼 수 있다. 특히 최근 건강 관련 센서들의 발달도 빅데이터 창출자형 사업을 촉진시키고 있다.

물론 빅데이터 플랫폼을 통해 기업들이 빅데이터를 활용하거나 분석할 수 있는 환경을 제공하는 빅데이터 대리인형 사업 모델의 기업들도 많은 데이터를 수집한다. 하지만 이런 데이터들은 대부분 공개된 것이거나 경쟁자들도 쉽게 수집할 수 있는 것이어서 그 자체로 고객가치를 창출할 만한 차별성을 가지고 있지는 않다. 그보다는 데이터를 분석할 수 있는 차별화된 도구나 환경(즉,

---

＊방문자들은 전자 칩이 내장된 밴드를 손목에 차고 놀이공원 입장, 호텔 룸 키, 기념품과 음식 구매, 놀이시설 급행 입장(FastPass＋) 등을 한다. 이를 통해 디즈니는 고객의 모든 소비 및 놀이 행태를 추적하고 관련 데이터를 자동으로 수집해서 마케팅에 이용할 수 있다. 예를 들어, 디즈니 호텔은 아침 메뉴로 무엇을 제공해야 투숙객들이 호텔에 오래 머무는지 알아냈다. 인기 놀이기구와 인기 길거리 음식 간의 관계도 파악했다.

플랫폼)을 제공해 고객가치를 창출하는 것이 낫다. 빅데이터 창출자형 기업은 남과 다른 데이터를 창출하거나 수집해서 데이터 자체로 고객에게 가치를 제공할 수 있는 기업들이다. 물론 여기에 분석 역량을 더하면 수집된 데이터의 가치를 더욱 높일 수 있다.

사물인터넷과 의료 센서로 만들어지는 데이터 기반 비즈니스

사물인터넷의 확산과 함께 최근 들어 다음과 같은 뉴스들이 심심치 않게 들리고 있다. 바로 몸에 부착하는 의료 센서의 등장으로, 이를 통해 새로운 의료 서비스가 가능해지고 있다. 《중앙일보》에 따르면, 미국 벤처기업인 코벤티스 (Corventis)는 1회용 밴드처럼 환자의 심장 근처에 붙이기만 하면 심장의 움직임을 관찰하다가 심장에 이상신호가 나타나면 알려주는 심장 감시기를 개발했다고 한다.[2] 부정맥이 염려되는 환자가 기기를 작동시키면 자동적으로 심전도 검사(ECG) 결과가 기록돼 코벤티스 중앙관제센터로 보내지고, 관제센터에서는 그 심전도검사 데이터와 환자가 보고한 증상을 분석해 의료진을 연결해 돌연사의 가능성을 현저히 줄일 수 있다는 것이다. 이 사업도 센서를 이용해 기존에 존재하지 않던 가치 있는 빅데이터(새로운 종류의 데이터를 새로운 속도로 수집)를 만들어내 분석하는 것이 핵심이다. 다시 말해, 코벤티스 비즈니스 모델의 본질은 기존에 없던 데이터를 만들어내 분석하는 것으로, 코벤티스는 전형적인 빅데이터 창출자라고 할 수 있다.*

---

* 고객가치 창출에서 응용 서비스(즉, 심장 감시)의 혁신이 중심이면 뒤에 나오는 빅데이터 응용가 모델이 될 것이며, 데이터의 차별화가 더 큰 비중을 차지하면 빅데이터 창출자로 볼 수 있다.

데이터 창출의 역사와 QR 코드*의 진화

기업 경영에서 처음부터 뚜렷한 목적을 가지고 데이터를 대량 만들어내 본격적으로 사용한 첫 번째 사례는 바코드다. 이후 한 걸음 더 나아가 1994년 일본 자동차 부품업체 덴소(Denso)가 도요타자동차(Toyota Motor)의 부품 데이터 관리를 위해 퀵 리스폰스(QUICK RESPONSE, 빠른 대응)가 어원인 사각형 모자이크 형태의 QR 코드를 개발했다. 이 같은 전자태그(RFID)의 등장으로 2000년대 중반 센서의 시대가 시작되었다.

QR 코드는 그 역사가 20년 가까이 된다. 일본의 극단사계(劇団四季)는 2010년부터 극장 입장권 대신 QR 코드를 사용하고 있다. 극장 입구의 전용 단말기에 관람객이 휴대전화 화면의 QR 코드를 대면 '입장 OK'라는 문자와 함께 좌석 위치가 직원의 컴퓨터에 표시된다. 위조를 방지하기 위해 좌석 번호는 암호로 보호된다.[3] QR 코드를 개발한 것은 지금은 자회사로 분리된 웨이브(Wave)다. 단말기에서 읽을 수 없는 불량 바코드가 증가하자 새로운 코드 개발에 나선 결과, QR코드가 만들어졌다.

그동안 QR 코드는 휴대전화와 함께 대중광고, 티켓 등에 주로 사용되어왔다. 덴소가 처음부터 120여 개의 특허를 무상 공개하는 '오픈소스' 전략을 채택한 결과, 위조 코드나 모방 코드 등 불량 코드가 해마다 늘어났다. 이에 덴소는 2007년부터 QR 코드를 개량하고 특허를 무상으로 공개했다.[4] 그래도 불량 코드는 여전했다. QR 코드는 전체 모자이크의 30%가 없어도 정보를 읽을 수 있기 때문에 장식 그림을 붙인 코드가 늘어났는데, 일러스트가 너무 커서 정보를 읽을 수 없는 불량 코드가 많이 나타나면서 혼란이 초래됐다. 이에 덴소는 거듭 사용해도 QR 코드의 모자이크 정보를 읽을 수 있는 특별한 색깔을 개발하고, 새로운 코드 '로고 Q'를 본격적으로 선보였다. 이 밖에 '보이지 않는 QR' 코드 개발에도 성공했다.[5] 이는 특수 잉크로 인쇄되기 때문에 눈에

---

* 식품과 도서 등에 사용되는 수직선으로 된 '1차원 바코드'에 비해 정사각형 모자이크를 구성하는 흑백의 점 배열로 정보를 제공하는 '2차원 바코드'이다. 가로, 세로를 활용하여 숫자는 최대 7,089자, 문자는 최대 4,296자의 정보가 들어간다.

그림 3-2 | QR 코드 활용사례

자료: http://www.amazon.com/Barcode-Secret-Message-Mobile-Samsung/dp/
B00MUX20QW

보이지 않고 전용 단말기에만 읽힌다. 게다가 원칙적으로 복사가 불가능하기 때문에 복제나 위조를 근절할 수 있는 이상적인 QR 코드다.

국내에서 QR 코드는 홍보와 마케팅은 물론 재고 관리에도 사용되고 있다. 이마트와 롯데마트는 병행수입 제품에 관세청 QR 코드를 부착해 판매한다. 시장조사업체 앱 브레인 트렌드 모니터(App Brain Trend Monitor)의 조사 결과에 의하면, 국내 스마트폰 사용자 10명 중 8명(78.7%)이 QR 코드를 사용해 본 경험이 있는 것으로 나타났다. 이는 일본(78%)이나 중국(69.7%)보다 높은 수치다.[6]

최근 QR 코드의 원조인 일본에서는 QR 코드를 사용한 빅데이터 프로젝트가 학계와 산업계에서 활발히 진행되고 있다. 예를 들면, 역 구내에 제품이나 상품 카탈로그를 비치하고, 잡지나 신문 전단지에 제품이나 상품을 게재해 소비자가 QR 코드를 스마트폰으로 읽으면 자동으로 제조사에 정보를 전송하고, 제조사는 유통업체에 제품이나 상품을 납품하는 방법이 연구되고 있다.[7]

01

당신보다
당신을 더 잘 알지도…

· 액시엄 ·

| FBI, 페이스북보다 뛰어난 정보력 |

미국 국민들에 대해 연방수사국(FBI)이나 국세청(IRS), 디지털 연결망을 가진 페이스북이나 구글보다 더 잘 알고 있는 곳은 어디일까? 정답은 고객의 신상과 행태 유전자를 감식하는 액시엄(Acxiom)이다. 1969년 미국에서 설립된 액시엄은 고객정보 판매업체로, 전 세계에서 가장 많은 개인정보를 보유하고 있다. 9·11 테러사태 당시 19명의 가담자 가운데 11명에 대한 정보를 보유하고 있어서 유명세를 탔다. 일반인들에게는 잘 알려져 있지 않지만 액시엄은 고객 관련 데이터에 관한 한 절대강자라고 할 수 있다.

액시엄은 미국 아칸소 주의 조용한 마을 리틀록에서 2만 3,000대의 컴퓨터로 온라인에 게재된 모든 고객 관련 데이터를 수집하고 분석해 기업들에 판매한다. 전 세계적으로 7억 명의 개인 고객에 대해 1,500가지 정보를 보유하고 있으며, 연간 50조 건의 고객 거래 내역을 분석한다. 액시엄은 고객관계관리(CRM)나 데이터베이스 마케팅 등 다양한 서비스를 제공하는데, 이 회사의 핵심 역량은 엄청난 규모의 개인정보에 있다. 그리고 이런 데이터를 기반으로 한 정보 거래가 중요한 수익원이다. 2013년 액시엄의 매출은 11억 1,200만 달러에 달했다.

| 공개된 데이터에서 새 가치를 창출하다 |

액시엄은 차별화된 방법으로 고객 데이터를 수집, 창출하여 가치를 제공하는 빅데이터 창출자형 비즈니스 모델 기업이다. 다시 말해, 기존 사업으로 축적된 데이터를 판매하거나 분석하는 데 강점이 있는 것이 아니라 누구나 접근할 수 있는 데이터에 액시엄만이 가진 체계적이고 광범위한 데이터 수집 노하우로 접근해 경쟁력을 확보한 전형적인 빅데이터 창출자 기업이다. 최근 국내외적으로 빅데이터가 부상함에 따라 소셜미디어 데이터를 수집해 마케팅 분석용으로 제공하는 기업들이 늘어나고 있는데, 이러한 데이터는 액시엄이 보유하고 있는 고객정보와 비교하면 극히 일부에 불과하다.

액시엄 같은 빅데이터 창출자형 비즈니스 모델 기업을 데이터 브로커(data broker)라고도 한다(2014년 3월 현재 미국에만 257곳의 중대형 데이터 브로커가 있다[8]). 이들은 수집한 데이터를 업무에 활용하는 것이 아니라 이를 필요로 하는 기업들에 판매하는 것을 주사업으로 한다. 다시 말해, 고객에 대해 더욱 많이, 더욱 잘 알기를 원하는 기업들과 세상에 존재하고 떠돌아다니는 고객 데이터를 연결해주는 것이 이들이 하는 일이다. 그중 최강자가 액시엄이다. 기업 고객들이 액시엄의 데이터를 이용하는 주된 목적은 바로 위험관리와 마케팅 2가지다. 직원을 채용할 때 지원자가 말한 내용을 확인하거나(신입사원의 공식적 신용도 조사에 액시엄의 정보를 사용하지는 않는다. 그 이유는 아래 설명하겠다), 마케팅을 위한 개인의 프로파일을 작성하는 데 액시엄의 정보를 이용한다.

사람들이 오해하기 쉬운데, 사실 액시엄은 어떤 사람이 특정 상점에서 특정 상품을 구매한 사실은 모른다. 대신 특정인이 어떤 종류의 상품에 관심을 가지고 있는지는 알고 있다. 그렇다면 액시엄은 이런 데이터를 어디에서 수집하는 걸까? 슈퍼마켓의 로열티 프로그램? 은행 거래 데이터? 항공사의 누적 마일리지 서비스 프로그램? 정답은 이들 전부 아니다. 액시엄이 데이터를 확보하는 소스는 크게 3가지다.[9] 첫째, 정부 기록, 공공 기록 등 이른바 공공 데이터로 외부에 공개되는 데이터다. 전화번호, 웹사이트 디렉터리, 포스팅, 부동산 관련 기록이나 평가 파일, 정부가 발행한 라이선스 등이 여기에 속한다. 둘째, 설문조사나 질문지를 통해서 데이터를 수집한다. 마지막으로 고객들이 자신에 관한 데이터를 사용할 수 있도록 허락한 상업기관이 수집한 데이터가 있다.

먼저, 액시엄이 활용하는 공공 데이터나 기록을 보자. 미국에서는 각종 선거를 위해 투표자 등록을 하는데, 이는 액시엄의 유용한 데이터 소스다. 미국 여러 주에서 이런 데이터가 공개되어 있는데, 물론 이때 데이터의 이용 범위는 제한돼 있다. 또 다른 소스는 바로 범죄 기록이다. 경찰에

그림 3-3 | 액시엄의 개인정보 내용

개인정보	기본 데이터	삶의 변화 계기
• 취미, 관심사, 친구, 가족 관계	• 이름, 주소, 성별, 인종, 직업, 교육 수준, 결혼 여부, 자녀 숫자, 자녀의 나이·성별	• 결혼, 주택 구입, 이사, 임신 및 출산, 자녀의 대학 진학 여부

재무 정보	공공기록
• 상품 구매 정보, 월급, 자산(부동산, 차량) 상황, 장기 주택담보대출 등의 상황	• 파산 신청, 이혼 신청, 범죄 기록 혹은 법정 기록, 교통사고 기록

자료: Acxiom

체포된 사람들이 아니라 법원에서 형을 선고받은 사람들에 대한 기록으로, 이런 데이터는 마케팅보다는 위험관리 관련 서비스에 사용된다. 개인의 부동산 정보는 부동산이 존재하는 지역 등기소의 소유권 기록에서 얻을 수 있다. 예컨대 1980년대 말 5공 비리를 추적하던 한 국내 신문사 기자가 관련자의 미국 내 재산을 확인해 특종을 보도하여 화제가 됐는데, 이 역시 한국에서 등기부 등본을 열람하는 것처럼 미국 각 카운티(마을)의 등기소에 있는 부동산 소유권 대장을 확인함으로써 가능했다.[10]

액시엄은 보다 교묘한(?) 방법으로 고객 데이터를 수집하기도 한다. 액시엄은 2013년 9월 'AboutTheData.com' 서비스를 개시했다.[11] 이 사이트에서 개인들은 자신에 관해 액시엄이 수집한 정보의 일부를 보거나 편집할 수 있다(국내 신문사들이 제공하는 인물정보 서비스도 이와 성격이 유사하다). 즉, 자신에 관해 액시엄이 수집한 정보가 무엇인지 궁금한 고객들은 이를 확인하고 오류가 있는 정보를 수정할 수 있다. 개인의 정보 오류 확인 및 수정 작업은 액시엄에 또 다른 데이터 수집 수단이 된다. 사실 액시엄은 이 서비스에서 확인할 수 있는 개인정보보다 훨씬 많은 양의 정보를 파트너 기업들에 판매하고 있다(예를 들어, 취미와 개인적인 취향 등이 포함된다).

액시엄의 고객 데이터는 직원 채용 시 신원 확인이나 신용정보평가 또는 보험심사 등에는 사용되지 않는다. 그렇게 할 경우, 미국 연방정부의 고객신용정보보호법(Fair Credit Report Act)에 적용을 받는 트랜스유니언(TransUnion), 익스페리언(Experian), 에퀴팩스(Equifax) 같은 개인신용정보회사(consumer reporting company)가 되어 규제를 받고, 고객 데이터를 마케팅 목적으로 사용할 수 없게 되기 때문이다.

| 잠재된 불씨, 개인정보 보호 논란과 사회적 압력 |

액시엄이 제공하는 'AboutTheData.com' 서비스에서는 가구의 수입 범위 예측치, 카드 사용한도, 모바일 구매 빈도, 기타 구매 빈도 같은 개인의 투자 성향 정보를 볼 수 있다. 액시엄은 정보 유출에 대한 불안감을 느끼는 개인 고객들을 위해 개인 프로파일에 맞춘 타깃 광고를 수신하지 않을 권리(opt-out)를 사용자들에게 부여한다. 그러나 사용자가 수신 거부를 선택하더라도 개인과 관련된 데이터를 삭제하거나 개인정보 수집 자체를 막을 수 있는 것은 아니다. 대부분의 사람들이 개인정보를 거래하는 브로커들에 대해 깊이 우려하고 있다. 이들은 법적으로 허용되는 한도 내에서 가능한 한 많은 개인정보를 수집한다. 재무 정보 외에도 결혼기념

그림 3-4 | 'AboutTheData.com'에서 확인할 수 있는 개인의 투자 성향 정보

자료: "Find out (some of) what one big data broker knows about you" (2013. 2. 15). 《CNET》

일이나 자녀의 출산일부터 웹사이트를 돌아다닌 이력이나 쇼핑 습관에 이르기까지 수많은 정보를 파악하며, 페이스북이나 트위터 등 소셜미디어에 나타난 비즈니스 관계를 알려주는 중요 정보도 수집한다. 이런 정보들은 일단 수집되고 나면 감독 당국이나 규제 당국의 감시망에서 조금씩 멀어지게 된다.

액시엄은 데이터를 어떻게 수집하고 활용하는지 더욱 투명하게 공개하라는 정부와 사회의 압력을 받고 있다. 액시엄은 미국 하원의 요구에 따라 이미 데이터를 수집하고 활용하는 과정을 상세히 공개한 바 있다. 미국 연방거래위원회(FTC, Federal Trade Commission)도 액시엄 같은 데이터 브로커들이 어떤 정보를 수집하고 어떻게 이용하는지 면밀히 조사 중이다.[12] 이런 정부의 압력에 대한 액시엄의 대응은 아직 구체적으로 나타나고 있지 않다. 액시엄은 자사의 자산과 노하우를 공개하더라

도 충분히 경쟁력을 유지할 수 있는 대응 방안을 마련하기 위해 고심하고 있다.

| 개인에 대해 어디까지 알고 있을까? |

개인에 관련된 데이터는 생각보다 매우 다양하다. 〈그림 3-5〉와 같이 개인의 신상, 소통 방식, 사회적 관계, 정부와의 관계, 재산 상태, 건강, 사회활동, 창작물, 상황, 맥락 등 다양한 데이터가 개인과 관련돼 있다. 게다가 디지털 센서의 발달로 그 종류는 점차 늘어나고 있다.

다음은 실제로 액시엄이 수집하고 있는 개인정보들이다.

그림 3-5 | 개인 데이터의 종류

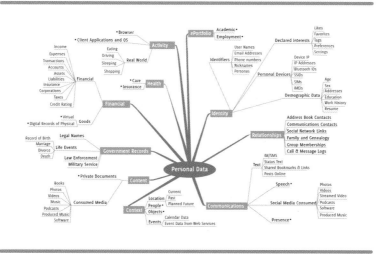

자료: The Sogeti trendlab VINT (2013). *No More Secrets with Big Data Analytics*

[개인 데이터]

관련 데이터: 이름, 주소, 전화번호, 이메일 주소, 성별, 교육 수준, 직업, 선호
정당, 인종 코드, 사용 언어, 나이, 생년월일 등.

데이터 수집: 인종 코드, 사용 언어는 성(姓)이나 설문조사를 통해 유추한다. 생
년월일은 생명보험 마케팅같이 특별한 목적을 가진 경우에만 수
집하고, 보통 나이나 태어난 연도 혹은 연월 정도만 수집한다.

[가구의 인구통계학적 데이터]

관련 데이터: 어른의 나이 범위, 자녀들의 나이 범위, 어른 및 자녀들의 수, 결혼
상태.

[가구의 관심 사항]

관련 데이터: 독서, 음식 · 요리, 음악, 여행, 운동, 건강, 자기계발, 취미, 애완
동물, 스포츠, 수집, 투자, 컴퓨터 · 전자제품, 집수리 · 개선, 게
임, 사진 등.

데이터 수집: 설문조사, 가구원들이 관심을 표명하거나 구입한 물건, 서비스 등
으로 유추한다. 한 가구의 관심 대상은 여러 가지일 수 있다.

[가구 구매 행태]

관련 데이터: 구매 빈도 및 종류 지표, 소매 및 우편 주문 구매 지표, 기부 지표,
지역사회 참여도, 미디어 채널 사용 지표, 구매 채널 선호도, 평
균 우편 구매 금액 및 빈도 지표, 구매 점포 유형 지표(구매 종류 지
표에는 옷, 집수리 · 개선, 책, 컴퓨터 · 전자제품, 소형 도구 등이 포함된다.

구매 점포 유형에는 일반 소매점, 전문점, 고급 백화점 등이 있다).

[가구의 라이프 이벤트]

관련 데이터: 새로 부모가 된 사람들, 부모가 될 것으로 예상되는 사람들, 새로 운전면허를 취득한 십대, 대학 졸업자, 자녀는 떠나고 부부만 사는 사람들(Empty Nester), 이사한 사람들, 최근 주택 구입자, 최근 장기주택담보 대출자, 최근 결혼한 사람들, 이혼한 사람들, 독립한 자식들, 새 차를 구입한 사람들.

데이터 수집: 설문조사나 공공 기록을 통해 수집된다.

[가구 생애 단계(life stage) 그룹(퍼소닉스에 따른 분류)]

관련 데이터: 액시엄의 퍼소닉스(Personicx)는 가구의 종류를 구분하는 시스템으로, 미국의 가구들을 특정 고객이나 인구통계학적 특성에 따라 70개 그룹 중 하나로 분류한다. 이런 분류 그룹으로는 '꼭대기 거주자(Summit Estates)', '커리어 중시 싱글(Career-Centered Singles)', '농촌 선호(Country Ways)', '어린아이와 장난감(Tots and Toys)', '축구와 SUV(Soccer and SUVs)', '도시 생활 즐기기(City Mixers)', '애플파이 가족(Apple Pie Families)', '롤링스톤(Rolling Stones)' 등이 있다(자세한 분류 그룹과 의미는 액시엄의 분류표를 참조하라[13]).

[가구 재산 지표]

관련 데이터: 신용카드 유형 지표, 가구의 수입 범위, 수익을 내는 자산 지표, 가

능성 있는 투자자 상태(Likely Investor Status), 순자산 범위.

데이터 수집: 신용카드 유형 지표는 카드 종류(은행 카드, 여행 카드, 백화점 카드 등) 정보에 한정된다. 특정 신용카드 데이터를 보유하는 것은 아니다. 재산과 관련된 모든 지표는 구체적 수준이 아닌 요약된 범위(range)로 표현되며, 부의 구체적 수준을 드러내지 않는 데이터 소스로부터 도출된다.

[가구 부동산 데이터]

관련 데이터: 주택 소유자 · 세입자, 거주 기간, 주택 구입연월, 주택 건축연월, 주거 유형, 주거지의 넓이, 부동산의 특징, 주택 대출 규모, 주택의 시장가치, 주택의 평가가치, 주택 대출액 대비 가치 비율.

데이터 수집: 부동산 기록과 평가기관으로부터 수집된다.

[가구 차량 데이터]

관련 데이터: 연식, 제조업체, 차량 가치, 차량 라이프 스타일 지표, 선호 모델 및 브랜드, 중고 자동차 선호도 지표.

데이터 수집: 자동차 판매점, 자동차 서비스업체 · 수리점, 차량 보증 기간 연장 등에서 행한 설문조사로부터 수집된다.

[가구 건강 관심사]

관련 데이터: 알레르기, 장애 여부, 당뇨, 관절염, 거동 여부, 콜레스테롤, 동종 요법(homeopathic), 정형외과 병력이나 고령에 따른 도움 필요 여부, 선호하는 우편 주문약, 브랜드 선호도, 질병이나 처방약에

대한 온라인 검색 경향.

데이터 수집: 설문조사, 구매 데이터로부터 얻어진다.

[가구 소셜미디어 지표]

관련 데이터: 고객의 소셜미디어에 대한 일반적인 관심과 이용 정도, 이용하는 사이트, 소셜미디어 내에서의 활동성 수준(팬으로 가입하기, 글이나 사진 올리기, 유튜브 시청하기 등).

데이터 수집: 개인이 포스팅한 글의 내용이나 친구 목록, 기타 공공 정보가 아닌 것은 수집하지 않는다. 소셜미디어 정보는 데이터 수집이 허용된 소셜미디어 사이트의 공개된 정보에 한정된다.

액시엄의 미래는 이 회사가 만들어내는 개인 데이터나 개인 데이터를 만들어내는 다른 회사와의 제휴에 의해 좌우될 것으로 보인다. 데이터를 찾아내는 것은 쉽게 모방할 수 있는 기술로 언제든 경쟁자가 출현할 수 있고, 사회적 압력에 따라 개인정보 보호 논란이 커질 경우 공개된 개인 데이터일지라도 접근에 대한 제약이 더욱 강해질 수도 있다. 게다가 사물인터넷의 발달로 개인 데이터의 종류는 더욱 다양해지고 많아질 전망이다. 다시 말해, 개인 데이터의 증가분은 기존에 수집하던 개인 신상에 관한 데이터보다는 새로운 측면의 개인 데이터일 확률이 높다. 신기술의 등장으로 기존 데이터가 쓸모없어질 수도 있다. 특히 개인의 구매 행태 데이터는 가치가 높을 뿐만 아니라 구글, 애플을 포함해 디지털 지급 결제업체들도 많은 관심을 가지고 있는 데이터이기 때문에 앞으로 이들과 액시엄의 경쟁이 치열해질 것으로 예상된다.

기업이 활용할 수 있는 데이터는 대부분 외부에 있다

최근 국내외를 막론하고 많은 빅데이터 창출자형 기업이 나타나고 있다. 기업이 활용할 수 있는 데이터가 대부분 기업 외부에서, 특히 개인들로부터 생성되기 때문이다. 대용량 데이터 스토리지업체인 EMC에 따르면 이 세상에 존재하는 데이터의 70%는 기업이 아닌 개인들에 의해 만들어지는데, 그 비중이 점점 높아지고 있다. 개인들이 사용하는 소셜미디어나 인터넷, 모바일 기기, 센서들로부터 다양한 형태의 데이터들이 쏟아지고 있는 것이다.

이 세상에 존재하는 데이터의 85%는 기업들에 의해 활용된다. 이렇듯 데이터는 기업들에 매우 유용한 자산인데, 쉽게 접근할 수 없거나 존재 자체를 모르거나 어떤 데이터가 중요한지 구분되지 않거나 수집하기 어려워 이용 자체가 제한적인 경우가 많다. 이러한 데이터 수요·공급의 불일치가 빅데이터 창출자(혹은 Chapter 4 빅데이터 대리인)형 비즈니스 모델 기업의 탄생을 촉진하고 있다.

그림 3-6 | 데이터 창출과 이용에서 개인과 기업의 비중

자료: EMC Education Services (2013). "Developing Tomorrow's Information Sorage Professionals… Today!"

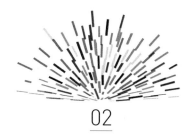

02
맛,
데이터로 증명하라!
·푸드 지니어스·

| 소비자들만 맛집 정보가 궁금한 것은 아니다! |

맛집을 찾아주는 앱이나 사이트, 정보 제공 시장은 경쟁이 치열하기로 유명한 분야 중 하나다. 국내에서는 윙스푼(www.wingspoon.com)이 네이버에 인수된 후 한때 맛집 관련 사이트들이 거의 자취를 감췄지만 최근 들어 새로운 맛집 추천 앱이 하루가 다르게 등장하고 있다. 심지어 카드회사들도 빅데이터를 이용해 고객들에게 맛집 추천 서비스를 제공하고 있다. 그런데 이런 앱들에서 추천하는 맛집의 대표 메뉴들에 대해 생각해본 적이 있는가? 수십 년간 같은 메뉴로 장수하는 맛집도 있지만, 최근의 맛집들은 대부분 유행에 민감하다. 인기 메뉴의 트렌드를 포착해 고객이 원하는 음식과 서비스를 제공하는 것이 요식업계의

중요한 사업 포인트가 된 것이다. 이러한 시장의 추세에 맞춰 빅데이터를 가장 잘 활용하는 기업으로 주목받는 곳이 바로 미국의 푸드 지니어스(Food Genius)다. 푸드 지니어스는 2012년 초 벤처투자자들로부터 120만 달러의 자금을 투자받아 식료품 회사들을 위한 정보 제공 사업을 시작했다.[14]

미국 식당에서 가장 흔하게 접할 수 있는 있는 음식은 무엇일까? 짜장면은 아닐 것이고 햄버거일까? 아니면 치킨일까? 2014년 1월 푸드 지니어스가 발표한 자료에 따르면 미국 식당 가운데 약 40%의 식당 메뉴에 올라 있는 피자가 바로 그 주인공이다. 미국에서 피자의 인기는 뜨겁다. 가장 일반적인 토마토소스 피자(24%) 외에도 전통적이지 않은 바비큐 소스 피자(22%)의 인기가 높아지고 있으며, 토핑으로는 가장 일반적인 페퍼로니 다음으로 새우가 인기를 얻고 있다. 또한 밀가루의 성분으로 건강에 해롭다고 알려진 글루텐이 없는(gluten-free) 피자가 새로이 메뉴에 등장해 인기를 얻고 있다.[15]

| 주관적 맛, 그래서 더 필요한 객관적 데이터 |

식음료업계에는 식당 및 고객 선호도, 습성에 관한 쓸 만한 데이터가 생각보다 많지 않다. 미국 소비자들은 1년에 평균 1인당 600달러를 외식에, 500달러*를 식료품 구입에 쓰는데 식당에서의 소비 습성에 대해

---

* 국내의 경우, 서울 및 수도권 지역 거주자들은 월평균 20만~30만 원 정도를 외식비로 지출하고 있다. "2014 소비자 외식 성향에 관한 설문조사" (2014. 1. 6), 《월간식당》

축적된 데이터는 사실상 전무하다고 해도 과언이 아니다. 현재 존재하는 고객 관련 데이터는 40년 이상 된 구식 마케팅 조사 방법으로 만들어진 것이라 객관성이 결여되고, 조사 대상의 규모도 작고, 상세성이 떨어진다. 게다가 구체적인 수치로 표현되지 않아 예측 모델을 개발하는 데 이용하기도 어렵다.

푸드 지니어스는 현재 45만 개가 넘는 식당들의 위치 정보와 26만 개 이상의 음식(예를 들어, 마카로니 치즈 피자), 그리고 1,630만 개 이상의 식당 메뉴(예를 들어, '우노피자' 보스턴 브라이튼점의 메뉴)들을 트래킹해 변동 상황을 파악하고 있다. 또한 1만 4,000여 종의 음식 재료를 데이터베이스화하고 있다. SNS상에 올라온 음식에 관한 상업적 활용이나 개인들의 선호도 및 경험 등에 대한 상세한 데이터도 수집하여 활용한다. 기술적으로 볼 때, 푸드 지니어스의 영향력은 인터넷상에 올라와 있거나 다른 기관들이 보유한 관련 데이터들을 취합, 정리해 메뉴 자체뿐만 아니라 메뉴를 구성하는 음식 재료와 맛(매운맛, 단맛 등), 기타 여러 가지 측면(예를 들어, 지역별 메뉴)을 분석하는 능력에 기인한다.

채식주의자를 위한 파스타 메뉴를 만드는 이탈리아 식당에서 가장 많이 사용하는 주재료는 무엇일까? 푸드 지니어스에 따르면 버섯이다. 닭고기와 버섯이 들어간 파스타에 가장 일반적으로 사용되는 국수 종류는 펜네(penne)다. 푸드 지니어스의 데이터를 살펴보면, 미국 식당에서 소고기를 주재료로 한 음식이 얼마나 있는지는 물론, 뉴욕 식당들의 소고기 스테이크 평균 가격도 알 수 있다. 이처럼 푸드 지니어스는 식료품 회사들이 필요로 하는 식당의 최신 트렌드에 관한 정보를 쉽게 파악할 수 있도록 핵심 정보를 자동차 계기판처럼 깔끔하게 정리해 제공한다.

〈그림 3-7〉을 보자. '신선함(fresh)'을 키워드로 검색한 결과, 샐러드 (salad), 샌드위치(sandwich), 피자(pizza), 수프(soup) 등의 순서로 결과가 나타나고 평균 판매 가격(8.10달러)이 표시된다. 이런 정보를 통해 어떤 음식이 인기 있고, 이를 어떻게 마케팅하며, 가격은 어느 정도인지 등 비슷한 수준의 메뉴에 대한 산업적 동향은 물론 음식에 대한 수요 및 소비자들의 행태를 파악하고 예측할 수 있다. 이를 통해 식당 체인 운영자나 냉동식품 제조사들은 메뉴의 차별성이나 가격 경쟁력을 파악할 수 있다.

그림 3-7 | 푸드 지니어스의 음식 검색 화면

자료: Food Genius

푸드 지니어스의 수익은 기업을 상대로 한 메뉴 정보 제공으로 창출된다. 식당 위치별 정보 검색 기능이나 지도와 가격 데이터를 제외한 전체 메뉴에 대한 단순 데이터의 제공 가격은 사용자당 한 달에 2,000달러 정도고, 모든 기능이 포함된 가격은 1만 달러 정도다.

푸드 지니어스가 수집한 데이터를 바탕으로 음식을 만드는 방법을 자동화하지는 않을까? 전문가들은 그렇지 않을 것으로 전망하는데, 푸드 지니어스가 음식에 들어가는 재료들을 알려주기는 하지만 수학적 분석 방법이 셰프의 솜씨를 대신할 수는 없을 것으로 보기 때문이다. 사실 그런 일(빅데이터로 음식 만드는 방법을 분석하는 일)을 하는 빅데이터 기업으로 윰리(Yummly)가 있다(IBM도 이런 시도를 한 바 있다). 정반대의 경우는 가능할 것으로 보인다. 즉, 식당들의 트렌드를 추적해 그 정보들을 거대 식자재 회사, 식당 체인, 식료품 유통업체 등에 알려주는 일을 할 수는 있다.

푸드 지니어스는 기업 고객을 상대로 하는 전형적인 B2B 기업으로, 자체 데이터로 서비스를 하기보다는 여러 협력업체들로부터 제공받은 관련 데이터들을 자신만의 빅데이터 마이닝 기술과 기계학습 기술로 분석해 경쟁사들보다 주요 트렌드를 신속히 찾아내 제공하는 업체다. 이를 위해 푸드 지니어스의 온라인 식료품 배송 플랫폼인 그루브허브(GrubHub)는 식음료 서비스의 판매 및 마케팅을 위한 데이터 제공업체인 CHD 엑스퍼트(CHD Expert)와 제휴하고 있다. 다시 말해, CHD 엑스퍼트는 식음료 관련 데이터를 판매하는 빅데이터 비즈니스맨형 모델 기업이고, 푸드 지니어스는 이들 데이터를 분석해 제공하는 빅데이터 창출자형 모델 기업이다.

| 음식에 대한 관심도를 높이는 것이 곧 핵심 가치 |

푸드 지니어스 같은 사업을 운영하는 기업들의 미래는 사람들의 음식에 대한 관심도와 그 다양성에 달려 있다. 사람들이 음식에 더욱 관심을 갖게 된다면 관련 데이터에 대한 수요는 높아질 것이다. 이런 데이터의 필요성은 시대에 따라 변하고 있다. 고객의 목소리가 얼마나 큰 영향을 미치는가에 따라 데이터의 활용 가능성이 결정된다. 최근 들어 식료품 업계나 요식업계가 고객의 평가나 의견에 더욱 민감하게 반응하고 있는 것은 이런 비즈니스의 전망을 밝게 한다. 특히 고객들이 불만을 갖거나 혹은 선호하더라도 그 자리에서 즉시 명확하게 표현하지 않는 상황을 고려할 때 이를 정확히 파악할 수 있는 정보를 제공한다는 점에서 이런 비즈니스 모델은 가치가 높다. 이들이 고객사에 제공하려는 핵심 가치는 "모든 사람이 자신이 먹는 음식을 사랑하도록 돕는 것(help everyone love what they eat)"이라고 요약할 수 있다.

데이터로 만드는 창의적인 요리

IBM 연구자들은 컴퓨터 프로그램으로 새로운 레시피를 만들어낼 수 있는지 시도해보았다. 다섯 단계로 진행되는 레시피 창출 프로그램을 통해 창의적이고 맛있는 음식을 만들고자 시도한 것이다.

첫 번째 단계에서 이 프로그램은 한 가지 주재료, 지역(한식, 중식 등), 음식 유형을 선택해 만들고자 하는 음식의 레시피 타입과 관련된 요소들을 제안한다. 그다음 컴퓨터는 특정 레시피의 재료들의 관계, 재료에 들어 있는 분자

그림 3-8 | IBM의 레시피 창출 프로그램

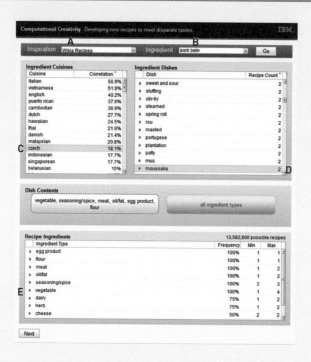

자료: "A New Kind of Food Science: How IBM Is Using Big Data to Invent Creative Recipes" (2013. 11. 6). *Wired*

와 화학 성분에서부터 사람들이 선호하는 맛까지 해당 음식에 관한 모든 것과 관련된 방대한 데이터를 뒤진다. 세 번째 단계에서 컴퓨터는 기존 레시피와 첫 단계에서 파악된 요소들을 기반으로 새로운 아이디어들을 만들어낸다. 네 번째 단계로 컴퓨터는 참신성과 품질을 기준으로 이들 중 가장 좋은 아이디어를 선택한다. 마지막으로 레시피를 완성하고 리스트를 제공해 실제로 요리를 만들어볼 수 있도록 한다.[16]

이 프로그램의 작동 방식을 보면(〈그림 3-8〉) 먼저 요리에 대한 아이디어를 얻는 소스를 선택하고(A: 이 경우 위키아 레시피(http://recipes.wikia.com)), 특정 음식 재료(예를 들어, 삼겹살)에 대해 검색한 결과(B)를 보여준다. 그 결과, 화면 C에서는 이 자료가 어떤 나라 음식과 관련이 높은지 나라별 상관관계를 보여주고(예를 들어, 체코와의 상관관계는 18.1%), 화면 D에서는 그럴 경우(즉, 삼겹살이 들어간 체코 음식인 경우) 그 나라 요리들에는 어떤 것이 있는지 보여준다. 그리고 화면 E에서는 특정 요리(예를 들어, 체코 음식 중 무사카*)에 들어가는 재료들을 보여준다(가능한 재료가 모두 1,358만 2,800가지 등록되어 있다).

---

* Moussaka. 야채와 고기를 볶아 화이트소스를 뿌려서 구운 요리.

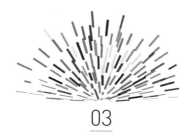

03
감성 대신
논리로 패션을 보다
·에디트·

| 빅데이터, 패션 산업의 방향타가 되다 |

패션과 빅데이터는 얼핏 생각하면 서로 전혀 상관없어 보이는 주제다. 그런데 패션 산업에서도 빅데이터로 인해 거센 변화의 바람이 불고 있다. 빅데이터를 이용해 누가 먼저 트렌드를 읽고 재빨리 대응하느냐가 관심의 초점이 되면서 의류 회사들은 한 발 앞서 트렌드를 예측해내기 위해 많은 노력을 기울이고 있다. 게다가 트렌드의 변화 주기가 점차 짧아지면서 빅데이터는 패션 산업계에서 필수 항목으로 자리 잡았다. 대표적인 패스트패션업체 자라(ZARA)는 소비자가 원하는 상품을 재빠르게 출시하기 위해 빅데이터 기술을 이용하고 있다. 프랭크 바버(Frank Barbour) 스타일사이트(Stylesight) 대표는 "빅데이터의 도움을 받으면 다

음 해 트렌드를 예상하는 데 따르는 위험을 줄일 수 있다"라고 했다.[17]

이처럼 데이터는 의류 제조업체나 유통업체들이 시장의 변화를 파악하고 예측해서 신제품을 개발하거나 제품의 라인업을 결정하는 데 갈수록 더욱 중요한 역할을 하고 있다. 빅데이터에 관심을 보이는 많은 패션 관련 업체 가운데 특히 주목받는 기업이 바로 에디트(EDITD)다. 에디트는 의류 등 패션 시장을 분석해 전 세계에서 가장 많은 패션 관련 데이터를 보유하고 있다.

에디트는 제프 왓츠(Geoff Watts)와 줄리아 파울러(Julia Fowler)가 2009년 영국 런던에서 설립한 회사다. 에디트는 패션과 관련된 사업상의 의사결정에 유용하게 활용할 수 있는 데이터가 없는 것에 좌절감을 느끼던 파울러가 빅데이터에 대한 기술적 지식을 갖춘 왓츠와 만나면서 탄생했다. 파울러는 《뉴욕타임스》와의 인터뷰에서 "의류업계가 직감이나 직관에만 의존할 것이 아니라 금융업계처럼 빅데이터를 활용해 소비자의 니즈에 논리적으로 접근하는 편이 좋겠다고 생각해 회사를 창립했다"라고 밝힌 바 있다.

에디트의 강점은 인터넷상의 콘텐츠를 실시간으로 수집, 분석해 브랜드 의류 제조업체와 유통업체에 시장의 최신 현황을 알려주고, 제품 가격 및 스타일링, 재고 수준, 고객의 반응 등을 경쟁사와 비교, 분석할 수 있게 도와주는 데 있다. 또한 뉴욕, 밀라노, 런던, 파리 등에서 열리는 주요 패션쇼에서 포착한 최신 유행 정보와 이에 대한 트위터나 소셜미디어의 반응 등을 수집, 분석해 정보를 제공한다. 실제로 온라인 패션 유통업체인 에이소스(Asos)는 에디트의 경쟁사 제품 가격 분석 데이터를 바탕으로 가격 경쟁력을 갖춘 덕분에 2013년 매출이 전년 대비 37% 증

가했다.[18]

에디트는 지난 4년간(2011~2014년) 530억 곳의 데이터 포인트로부터 데이터를 수집했다.[19] 이 중에는 1,500만 개의 이미지 출처도 포함된다. 에디트의 데이터 수집 소스에는 3가지가 있다. 첫째, 트위터와 블로그 등 소셜미디어나 인터넷에 게재된 30만 건 이상의 소비자 의견과 반응, 그리고 80만 명 이상의 패션 전문가 및 영향력 있는 사람들의 사회적 활동을 모니터한다. 둘째, 전 세계 유통업체 웹사이트에서 상품 데이터를 수집한다. 상품 데이터는 보통 사람들이 특정 사이트를 방문했을 때 볼 수 있는 정보로, 예컨대 A 업체가 최근 8가지 신상품을 선보였다면 그 상품들의 사이즈, 색상, 가격에 관한 데이터가 수집된다. 에디트의 소프트웨어는 매일 온라인상에 등장하는 패션 의류, 액세서리 등에 대한 정보와 상점 진열대 정보, 특정 제품의 판매 기간 등에 대한 데이터를 수집한다. 마지막으로 에디트의 분석가들이 직접 발품을 팔아 패션쇼에 참석해 사진을 찍어 패션 트렌드 정보를 수집한다. 이들은 이런 사진들과 온라인에서 인기 있는 제품들을 비교해 패션 트렌드를 파악한다.[20]

| 오늘의 정보로 내일의 트렌드를 읽다 |

에디트는 이렇게 수집된 데이터들을 변환, 가공, 재포장해서 경쟁사의 상품 구성, 가격, 고객 반응, 시장 변화에 대한 최신 트렌드 같은 분석 정보를 제공한다. 이 중 시장 분석 서비스를 보면 기본 메뉴에서는 기본 통계, 고객과 판매점 현황, 옵션(가격대별 상품 및 경쟁사의 유사 제품 비교),

그림 3-9 | 에디트의 기본 통계 화면

자료: https://angel.co/editd

가격 구조(경쟁사의 가격 분포 및 가격대 분류, 최저가 및 최고가), 전략(신상품 분석 및 할인율 상황, 포지셔닝 비교, 각 브랜드와 업체의 판매 현황) 등이 제공된다.

〈그림 3-9〉의 기본 통계 화면을 보자. 진 종류의 패션 제품(Jean Assortments)과 관련된 제일 인기 있는 유통업체 및 브랜드 순위, 품목별 판매 기간, 최고가·최저가·평균가, 유통업체 할인율, 완판율 등이 실시간으로 업데이트되어 제공된다. 최대 판매자는 삭스 핍스(Saks Fifth), 최고 브랜드는 세븐 포 올 맨카인드(7 for all mankind), 최고가는 1,885.30

달러, 최저가는 49.00달러 등으로 나타나 있다. 또한 고가 명품 시장이 전체 시장의 반 이상을 차지하고 있음도 알 수 있다.

소형 유통업체나 시장에 대한 정보 이용 가격은 매달 2,500달러 수준이다. 좀 더 복잡하고 규모가 큰 시장에 대한 정보는 이보다 가격이 훨씬 높다.

에디트는 고객 맞춤형 정보도 제공한다. 고객이 선택한 특정 상품이나 회사, 세분 시장(market segment), 패션 트렌드 등을 다양한 시각화 도구를 통해 파악할 수 있도록 고객이 정한 정보 업데이트 주기에 따라 이메일로 알려주거나, 패션 무대에 올라온 모든 제품을 추적, 분석해 패션무대 전반을 모니터링하고 고객들이 방문하는 패션 웹사이트, 온라인상점, 마케팅 사이트 등을 추적해 경쟁사 패션 제품들의 데이터 분석과 벤치마킹이 가능한 정보를 시각적으로 제공한다.

예를 들어, 최근의 패션 트렌드 중 하나로 정밀하게 레이저로 재단한 옷들이 있는데, 에디트는 이런 옷들의 판매 정보를 분석해 데이터를 제공한다. 에디트는 소매점이나 전문점에서 판매되는 1,100만 개의 패션 제품(이른바 재고관리코드인 SKU(stock keeping unit)가 부여된 제품들)을 모니터 중인데 〈그림 3-10〉은 전 세계 100개 주요 유통점에서 판매되고 있는 43종류, 648개 브랜드, 2,238개 제품의 가격 분포를 나타낸 것이다. 이에 따르면 레이저 재단 제품을 판매하는 주요 업체는 숍봅(Shopbop), 에이소스(ASOS), 자포스(Zappos), 하우스 오브 프레이저(House of Fraser), 니만 마커스(Neiman Marcus) 등이고, 가장 다양한 가격대의 제품을 판매하는 곳은 숍봅으로 트렌드(레이저 재단 제품)에 대한 강한 자신감을 보였다. 비슷한 경향을 보이는 에이소스는 가격대 면에

그림 3-10 | 레이저 재단 패션 제품의 업체별 가격 분포

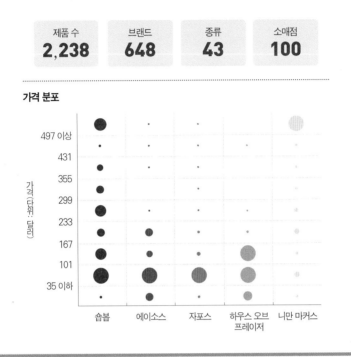

자료: http://editd.com/blog/2012/05/the-laser-display-cutting-edge-of-a-trend/

서 경쟁력을 갖고 있다. 니만 마커스는 500달러 이상의 고가 시장을 목표로 한다. 다양한 가격대의 다양한 제품을 선보이는 것은 그 소매업체가 해당 패션 트렌드의 성공에 강한 확신을 가지고 있음을 나타낸다.

또 다른 예로, 홍콩과 중국에서 명품 백화점(IFC몰 등)을 운영하는 레인 크로포드(Lane Crawford)는 에디트를 통해 한국과 일본의 패션 트렌드와 연예인들이 중국 소비자들에게 커다란 영향을 미치고 있다는 것을 알게 되었다. 또한 호피 무늬 제품들이 글로벌 패션 트렌드와 상관없

이 꾸준히 팔리고 있으며, 체크무늬(tartan)나 화려한 문양의 비단 제품 (brocade), 두꺼운 털이 특징인 울(wool) 제품들은 유럽 패션 무대에서는 흔히 볼 수 있지만 옷감에 민감한 아시아권 소비자들에게는 인기 없다는 사실도 알아냈다.[21]

| 패션 시장의 롱테일을 추구하다 |

덩치가 작은 소매업체가 대형 업체에서는 찾아볼 수 없는 다양하고 특색 있는 제품을 판매할 경우, 소비자의 관심을 끌 수 있다. 하지만 기존 오프라인 소형 업체들에게 소량의 다양한 제품은 관리와 재고 부담을 초래한다. 그러나 쇼핑 공간이 온라인으로 옮겨가면서 서비스나 기능 면에서 소형 업체와 대형 업체의 차이가 크게 좁혀졌다. 더욱이 온라인 업체들은 물품 저장과 재고 관리를 아웃소싱으로 효율화해 부담을 덜고 있다. 예를 들어, 독특한 제품만 모아서 파는 카부들(www.kaboodle.com) 등의 온라인 소매업체들은 이용자들에게 자신이 좋아하는 아이템들을 추천하도록 하고 이 상품들을 확보한 후, 다른 이용자들에게도 해당 제품을 추천하는 방식으로 오프라인 업체와는 차별화된 다양한 제품을 선보인다. 이런 소형 업체들이 에디트 같은 전문가의 도움을 받는다면 제품의 다양성을 더욱 심화하고 전문화된 소매 판매를 실현할 수 있을 것이다.

에디트 같은 빅데이터 창출자들은 관련 산업의 블루오션을 만들 가능성이 높다. 즉, 기존 대형 업체들과 구성이 다른 상품을 판매하는 업체들의 등장이 늘어날 것으로 전망된다. 빅데이터 시대의 블루오션은 기존에 없던 새로운 데이터로 만들어내는 시장이 될 것이다. 패션 산업에서 이를 가능하게 한 대표적인 사례가 바로 에디트다. 에디트는 패션에 관한 빅데이터 수집으로 패션의 트렌드를 남보다 먼저 예측하고 이를 고객들에게 제공하고 있다. 이런 비즈니스 모델을 패션 사업뿐 아니라 관련 산업에 적용한다면 또 다른 숨겨진 시장을 찾아내는 것도 가능할 것이다.

당신의 패션 취향을 찾아내는 빅데이터

컴퓨터 알고리즘이 나의 패션 취향을 알아내 나에게 어울리는 옷을 자동으로 골라준다면 어떨까? 스타일시크(StyleSeek)는 고객이 좋아하는 영화, 자동차, 술, 등을 알려주면 패션 취향을 예측할 수 있다고 주장한다.

스타일시크는 스타일게임(StyleGame)이라는 방식으로 개인의 '스타일 DNA', 즉 패션 취향을 찾아낸다. 사용자가 먼저 성별을 선택하고 스타일게임을 시작하면 주제(영화, 자동차 등)에 따라 9가지 화면이 차례로 나타나는데 각 화면에 나오는 9개 그림 중 자신이 좋아하는 것을 선택한다. 〈그림 3-11〉을 보자. 오른편은 영화라는 주제를 다룬 마지막 화면으로, 사용자는 여기서 좋아하는 영화를 하나 선택하면 된다. 왼편에는 자동차, 시계, 실내 인테리어, 취미 활동, 술, 음악, 인물 등 앞서 8가지 주제에서 사용자가 선택한 그림들이 나타나 있다.

스타일시크는 스타일 DNA에 따라 메이시즈(Macy's), 노스트롬(Nordstrom), 제이 크루(J. Crew) 등 사업 파트너인 200개 패션 유통업체들의 상품 가운데 취향에 맞춘 추천 아이템을 선별해준다.[22] 사용자들은 여러 번 스타일게임을 하면서 상황에 따른 자신만의 패션 스타일을 찾을 수 있다. 예를 들어, 자신이 직장에 다닌다고 상상하면서 스타일게임을 하면 그에 적합한 패션 스타일이 찾아지고 이에 맞춘 옷들을 추천받는다. 반대로 주말을 즐긴다는 가정하

그림 3-11 | 스타일시크의 스타일 게임

자료: StyleSeek

에 스타일게임을 한다면 자신의 캐주얼 스타일 DNA가 판별되어 그 스타일에 맞춘 옷들을 추천받을 수 있다.

사용자들은 스타일시크에서 대체로 10분 이상 머문다고 한다. 이들이 스타일시크의 추천 시스템을 이용할 경우, 추천 물건을 구매할 가능성은 일반 사이트에 비해 3배가 넘는다. 2012년 현재 스타일시크를 통한 거래량은 연간 100만 건이 넘으며, 건당 거래액도 200달러가량으로 높은 편이다.[23]

특이한 빅데이터를 만들어낸다고 해서 모든 기업이 데이터 판매를 하는 빅데이터 창출자형 비즈니스 모델을 구축할 수 있는 것은 아니다. 스타일시크도 빅데이터(개인 패션 취향에 관한 데이터)를 만들어내지만 근본적인 비즈니스 모델의 특성은 빅데이터 대리인(Chapter 4에서 소개하겠다)이다. 데이터 자체보다는 플랫폼에서 사용자의 문제를 대신 해결(적절한 패션 제품 선택)하는 데서 더 많은 고객가치를 창출하기 때문이다.

04

팩트를
잡아라!

· 팩추얼 ·

| 이 세상의 가치 있는 '사실'에 집중하다 |

"세상은 하나의 빅데이터 문제다(The World is One Big Data Problem)."[24] 칼텍(CalTech) 출신으로 광고 서비스인 구글 애드센스(Google AdSense)를 개발해 구글에 매각했으며, 현재 팩추얼(Factual)을 설립해 경영하고 있는 질 엘바즈(Gil Elbaz)의 말이다. 엘바즈는 어릴 때부터 "세상에서 제일 추운 곳은 어디일까?" 등 세상에 관한 사실(fact)을 알아내는 데 크게 흥미를 보였다. 날씨부터 부모님이 라디오로 즐겨 듣는 노래 제목에 이르기까지 무슨 내용이든 엑셀(Excel)로 정리해 보관하기 좋아했던 팩추얼의 창업자 엘바즈는 빅데이터 분야에 큰 족적을 남긴 인물 중 하나다.

모교 칼텍의 재단이사이기도 한 그는 데이터의 패턴을 찾은 일반인에게 상금을 주는 크라우드 문제 해결 플랫폼 캐글(Kaggle)을 만들기도 했다. 캐글을 통한 문제 해결 사례를 보면, 미국항공우주국(NASA)은 은하계의 모양을 측정하는 방법을 캐글에다 공모하기도 했다. 공모한 지 일주일 만에 박사과정의 한 학생이 측정 방법을 제안했는데, 이는 NASA의 알고리즘보다 훨씬 뛰어난 성능을 보였다. 엘바즈는 〈Chapter 6. 빅데이터 응용가〉에서 소개할 제스트파이낸스(당시에는 제스트캐시(ZestCash)로 불렸다)에 설립 자금을 투자하기도 했다.

엘바즈는 사실을 많이 알수록 더욱 효율적이고 효과적으로 판단할 수 있다고 믿는다. 엘바즈가 2007년 구글을 떠나 2008년 로스엔젤레스에서 설립한 팩추얼은 모든 물건을 사고파는 장터인 이베이(eBay)처럼 모든 데이터의 장터가 되기를 꿈꾸는 기업이다. 한마디로 팩추얼은 세상의 팩트와 관련된 모든 데이터(현재는 위치 관련 데이터에 치중)를 수입·정리해 판매하는 회사다.

| 없는 것 빼고는 다 있다 |

팩추얼은 세상에 관한 가치 있는 사실(오염되지 않고 신뢰할 수 있는 데이터)을 수집·정리해 기업들의 의사결정을 돕는 것을 주요 사업 내용으로 한다. 팩추얼은 완전히 투명한 양질의 정형화된 데이터를 다운로드나 API(시스템 간 개방형 인터페이스)를 통해 기업과 개발자에게 제공한다. 또한 정부기관이나 기업들의 혁신에 필요한 세상의 데이터를 수집해 품질 관리를 한 후, 더 쉽고 저렴하게 사용할 수 있도록 한다. 이렇게 상품화

된 데이터를 이른바 오픈 데이터 플랫폼을 통해 고객들에게 제공한다.

팩추얼의 차별화된 데이터는 기업 고객(팩추얼은 이들을 파트너라 부른다), 사용자 커뮤니티, 웹 등 수백만 곳의 소스로부터 실시간으로 수집되고 취합되어 오류나 누락을 점검하고 표준화해서 첨단 기계학습(machine learning) 방식으로 앱 개발자, 광고사, 기업들에게 제공된다. 팩추얼이 사용하는 가장 간단한 기계학습 방법은 의사결정나무(decision tree)로, 미리 정해놓은 기준들에 따라 대상을 분류해 결과를 도출하는 것이다. 예를 들면 사람을 성별, 나이, 직업 등 순차적 기준으로 분류하는 것으로, 호텔의 수준을 분석할 경우 단순히 별(무궁화) 등급 외에도 위치 기준 등에 따라 판단한다. 즉, 별이 2개고 강남역 근처에 위치해 있다면 '저렴한 비즈니스 호텔'이라고 판단하는 것이다. 팩추얼은 2014년 현재 위치 관련 데이터의 수집, 판매에 주력하고 있으며 직원 수는 50여 명에 달한다.

그런데 팩추얼은 왜 위치 데이터에 주목하게 된 것일까? 위치와 관련된 데이터 중 새로운 데이터는 무엇이 있을까? 2013년 팩추얼이 수집한 위치에 관한 새로운 데이터를 살펴보자.

- 8만 곳의 미국 내 새로운 지역 랜드마크(공원, 기념물, 역사유적지 및 기타)
- 2만 5,000곳의 미국 내 새로운 교통 허브(공항, 철도역, 항구 등)
- 19만 곳의 미국 내 새로운 ATM

이 외에도 팩추얼은 다양한 데이터를 수집, 서비스한다. 자신의 스케줄을 종이로 된 수첩이나 달력 대신 스마트폰 등 디지털 기기의 스케줄러에서 관리하는 사람들이 점점 늘어나면서 팩추얼은 더욱 다양한 위치 관련 데이터를 수집하고 활용할 수 있을 것으로 보인다.

웹에서의 위치 관련 데이터를 수집하기 위해 팩추얼은 직접 웹 크롤러(Web Crawler, 데이터 수집 프로그램)로 단어들을 인덱스하는 것은 물론 그 의미를 파악해 위치·장소에 관한 다차원적 데이터 모델을 만든다. 또한 팩추얼이 직접 수집하는 대신에 위치 기반 SNS 서비스인 포스퀘어(Foursquare)나 여행 검색 서비스인 시티서치(Citysearch)같이 위치 관련 데이터가 많은 제3자로부터 데이터를 사들이기도 한다. 이들은 원시 데이터를 그대로 팩추얼에 판매하기도 하지만, (추가 비용을 들여) 데이터의 품질을 검증해 판매하기도 한다. 그러면 팩추얼은 이런 데이터들을 위치에 대한 다양한 키워드(지역, 유형, 거리 등)로 검색 가능하도록 정리한다. 이를 다차원적인 통합 데이터 모델(multi-dimensional integrated data model)을 구축한다고 표현한다.

| 위치가 고객을 말해준다 |

팩추얼의 위치 관련 데이터를 어떻게 활용할 수 있을까? 위치 데이터로 사람들의 이동 패턴, 좋아하는 곳, 좋아하는 일, 앞으로 할 일 등을 파악할 수 있다. 검색엔진으로 골프장을 자주 검색하는 사람보다 골프 연습장을 자주 찾는 사람이 골프 애호가일 가능성이 더 높다. 온라인에서 무엇을 찾느냐보다 모바일 기기가 알려주는 위치와 이동 패턴이 그 사람을 이해하는 데 더욱더 중요해지고 있다는 말이다. 즉, 고객의 상황

(context)을 이해하고 그에게 맞춤화(personalization)하는 것과 관련해 위치 데이터의 중요성은 점차 더욱 커지고 있다.

GPS만 위치 정보를 알려주는 것은 아니다. 사전에 허락을 받는다는 전제 아래, 스케줄러에 입력된 당신의 일주일 후 약속 시간과 장소를 알 수 있다면 더 많은 지출을 유도하도록 당신에게 약속 장소의 특정 식당 할인 쿠폰을 보낼 수도 있다. 이런 일은 팩추얼이 직접 하기보다는 팩추얼의 고객인 앱 개발자들의 몫이다. 팩추얼의 데이터를 이용해 쇼퓰러(Shopular)는 사용자가 위치한 근처 영업점의 모바일 쿠폰을 발행하는 앱을, 앰유(Emu)는 사용자들에게 만남의 장소를 추천하는 메시지 앱을 개발해 제공하고 있다.

팩추얼의 '지오펄스 오디언스(Geopulse Audience)'와 '지오펄스 프록시미티(Geopulse Proximity)'는 위치에 따라 고객을 분석하는 서비스로, 광고주들은 이를 통해 모바일에서의 개인화와 광고를 더욱 정교하게 집행할 수 있다. 지오펄스 오디언스는 특정한 위치·장소를 방문한 고객의 위치·장소 관련 데이터를 토대로 그에 관한 프로파일을 작성하고 고객의 인적사항 데이터와 행태 데이터, 지리 정보 데이터를 추가해 더욱 깊이 있는 데이터를 만들어낸다. 다시 말해, 앱 개발자들은 이 소프트웨어를 사용해 사용자의 모바일 기기에서 간헐적으로 생성되는 엄청난 양의 위도-경도(latitude-longitude) 데이터를 팩추얼의 알고리즘으로 분석한다. 그리고 사용자의 인적 정보(예를 들어, 연령대와 수입), 행태 정보(예를 들어, 출근 시간), 지리 정보(예를 들어, 주말 동안 여가를 즐기는 장소), 고객 유형 정보(예를 들어, 비즈니스 여행자, 대학생 등)를 알아낸다.

지오펄스 프록시미티는 모바일 고객이 어느 위치에 갔을 때 그곳과 연관이 있는 광고주가 고객에게 맞춰 광고를 제공하는 근접 상권 분석 서비스다. 다시 말해, 모바일 사용자의 위치를 기준으로 가까운 곳에 있는 사업체를 추천하고 관련 콘텐츠 및 광고를 제공하는 기술이다. 이를 위해 지오펄스 프록시미티는 모바일에서 실시간으로 수집되는 스트리밍 데이터를 통해 고객, 근접 상권, 그리고 광고 사이의 관련성을 찾아낸다. 이 과정에서 특히 팩추얼이 보유한 특정 위치에 대한 방대하고 다양한 정보를 바탕으로 위치에 따른 맞춤화를 실행한다.

팩추얼의 또 다른 인기 서비스인 '글로벌 플레이스(Global Places)'는 위치 정보 제공 서비스로, 50개국에 걸쳐 6,500만 개의 지역 사업체(식당, 은행, 편의점 등)에 대한 데이터를 보유하고 있다. 미국에서만 130만 개의 식당에 대한 데이터를 보유하고 있는데, 식당 이름, 주소, 전화번호, 웹사이트 같은 단순한 정보 외에도 각 식당의 구체적인 특징인 영업시간, 식당 소유주, 음식 유형(cuisines, 예를 들어, 한식, 중식, 일식, 양식 등), 고객 평가 점수, 보건 당국의 점수, 음식 가격, 음식 타입(예를 들어, 캐주얼(프랑스 가정식), 정찬(프랑스 정찬 식당) 등), 주류 판매 여부 등 40여 가지 데이터를 축적하고 있다.

특정 지역과 관련된 인구통계학적 데이터나 상업적 데이터도 알려주며, 관심 지점(points of interest)에 따라 사업체의 목록을 지도상에 표시해준다. 5억 개가 넘는 웹 페이지에 대한 정보, 고등학교 목록, 180만 개의 보건의료 전문가 사무실, 전문 분야, 보험 선호도에 대한 데이터도 보유하고 있다. 위치에 관한 정보라고 해서 지리적인 것에만 제한되어 있을 것이라고 생각하면 오산이다. 포도주를 만드는 데 사용되는 1만 4,000종의 포도 종자, 1950~1974년간 발생한 항공기 사고, 주요 연예인의 신체 치수에 대한 정보 등 이 회사가 보유한 데이터는 세상의 모든 것을 아우른다고 해도 과언이 아니다.

〈그림 3-12〉는 커피숍과 관련된 앱을 개발하려는 사람이 팩추얼의 글로벌 플레이스를 이용하는 화면이다. 이 서비스의 데이터 프리뷰(data preview)에서 자기가 살고 있는 곳(예를 들어, 웨스트 LA)을 중심으로 "커피(coffee)"를 검색하면 해당 지역의 커피숍 관련 데이터와 위치가 나타난다. 그리고 실시간으로 이들 커피숍에 대한 데이터를 다양한 관점(real-time facet count)에서 보여준다. 예컨대 특정 지역의 커피숍 수, 커피숍의 유형별 숫자(커피+식사, 커피만, 커피+음료 등)를 알 수 있다.

그림 3-12 | 팩추얼의 글로벌 플레이스 사용 예

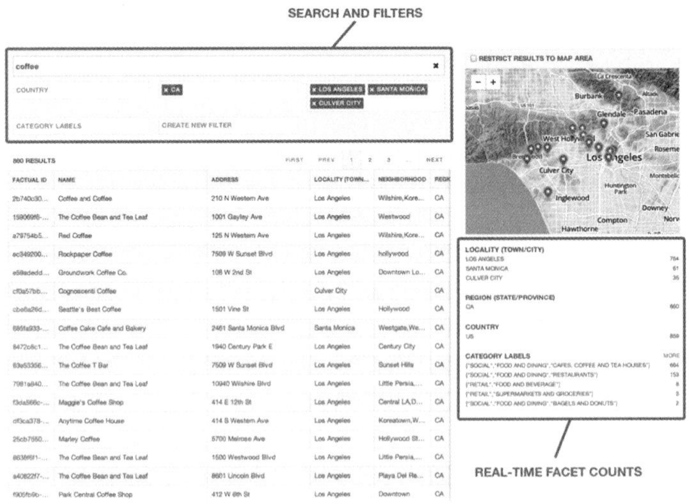

자료: Factual. http://blog.factual.com/page/18

국내의 경우 상권 분석 서비스를 제공하는 곳으로 중소기업청 사이트와 SKT 등이 있는데, 팩추얼의 데이터는 이들과 비교할 수 없을 정도로 방대하다. 팩추얼은 정부 데이터, 기업 데이터, 자체 데이터 등 종합적이고 광범위한 데이터를 수집, 보유하고 있다. 식당 정보의 경우, 50여 개 나라의 80만 개 식당에 대해 30가지 유형의 정보를 보유하고 있다. 식당 위치, 소유주, 외부 평가 점수는 물론 소셜 평가 사이트와 연계해 사람들이 식당을 어떻게 평가했는지도 알려준다. 식당 근처의 주유소 데이터를 이용해 식당 인근의 차량 통행량도 알 수 있다. 웹상에서 특정 식당이 언급된 부분들을 찾아보거나 다른 사람들이 식당에 대해 잘못 언급한 부분을 시정하는 서비스도 제공한다. 예를 들어, 식당 웹사이트에는 영업시간이 저녁 8시까지라고 되어 있으나, 소셜 검색 사이트에서 사람들이 저녁 8시 이후에도 그 식당에 갔다는 글을 찾을 경우 식당 웹사이트의 영업 시간이 잘못됐다는 사실을 알려주는 식이다.

미국에서는 엘프(Yelp, 지역 생활정보 검색 및 평가 사이트), 포스퀘어(Foursquare, 위치 기반 SNS), 트루일라(Trulia, 부동산 전문 포털사이트) 등 많은 서비스업체가 위치에 따라 맞춤화된 서비스 개발이나 광고를 위해 팩추얼의 데이터를 이용하고 있다. 우리나라의 삼성전자도 팩추얼의 주요 고객 중 하나다. 구글 검색엔진도 팩추얼의 고객이다. 《뉴스위크》는 미국 내 그린(green) 기업 순위를 결정하는 데 팩추얼의 데이터베이스를 이용한다. 페이스북도 팩추얼의 서비스를 이용하는 것으로 알려져 있다. 즉, 팩추얼은 개인보다는 기업이나 기관들에 서비스하는 비즈니스 모델을 가지고 있는 B2B 기업이다.

구글이 팩추얼을 이용하는 이유는 간단히 말해 저장하고 활용해야 할 데이터의 규모가 너무 크고, 데이터가 제공하는 정보의 깊이가 특정 분야 (예를 들면, 위치 관련 분야)에서는 팩추얼만큼 전문화되고 차별화되지 않았기 때문이다. 구글도 위치 관련 데이터를 수집하고 있지만 이를 활용하려면 데이터를 '청소'해야 하는데 이 작업이 결코 쉽지 않다.

팩추얼은 퀄컴(Quakomm)과도 제휴하고 있다. 퀄컴의 자회사인 퀄컴 랩스(Qualcomm Labs)의 '김볼(Gimbal)'이라는 맥락 인식 플랫폼과 팩추얼의 위치 데이터 플랫폼을 연계하고 있다. 이렇게 해서 모바일 앱 개발자들은 사용자의 환경을 더욱 잘 이해하고 관련 데이터들을 반영하는 앱을 개발할 수 있다.[25]

| 트립어드바이저, 팩추얼과의 제휴로 업계를 평정하다 |

팩추얼은 실시간으로 새로운 데이터를 발굴하고 수집해 데이터베이스를 계속 업데이트하고 있는데, 신규 데이터를 제공하는 소스는 바로 사업 파트너들이다. 여행 평가 사이트인 트립어드바이저(TripAdvisor)도 이런 소스 중 하나다. 전 세계 여행자들이 해외로 나갈 때 현지 식당, 관광지 등 여행지에 관한 정보를 얻기 위해 즐겨 찾는 사이트 중 하나가 트립어드바이저다. 트립어드바이저는 호텔이나 휴가지에 대한 전 세계 실제 여행자들의 꾸밈 없는 리뷰를 찾아볼 수 있는 것으로 유명한 사이트로서, 추천 정보를 다양한 기준(위치, 가격, 특징 등)으로 순위를 매겨 보여준다.

2013년 3월 트립어드바이저는 자사의 식당 정보 제공 서비스를 위해

그림 3-13 | 트립어드바이저의 영국 런던 식당 정보

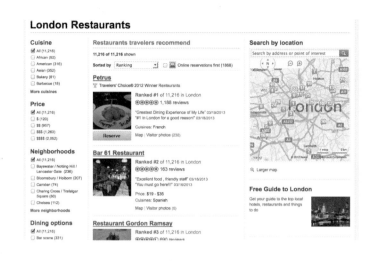

자료: "Factual Enhances TripAdvisor Restaurant Data" (2013. 3. 20). *Screenwerk*

팩추얼 글로벌 플레이스(Global Places)의 식당 관련 데이터(위치, 주소, 전화번호 등)와 자사가 보유하고 있는 고객들의 식당 평가, 리뷰 데이터를 결합하기로 했다. 그런데 이미 여행지에 대한 여행자들의 수많은 데이터를 보유하고 있는 트립어드바이저가 왜 팩추얼의 서비스를 필요로 하는 것일까? 팩추얼의 데이터를 결합시킴으로써 트립어드바이저는 전 세계 100만 곳 이상의 식당에 대한 상세한 리뷰 정보를 확보해 경쟁자인 구글 플레이스나 엘프를 뛰어넘을 수 있었다. 자체 데이터를 팩추얼 데이터로 보완한 것이다.

한편, 사람들이 트립어드바이저의 추천 정보를 보고 특정 식당을 찾은 후 이 사이트에 남기는 리뷰나 코멘트는 팩추얼의 데이터베이스에도 추가된다. 이러한 협력으로 팩추얼은 트립어드바이저가 30여 개국으로부

터 수집한 7,500만 건의 리뷰와 코멘트들을 활용할 수 있게 되었다. 팩추얼은 트립어드바이저 같은 파트너를 통해 데이터를 수집, 보완하고 있는 것이다.[26]

| 팩추얼, 데이터 관리와 수익 실현의 묘를 찾다 |

방대한 정보를 다루다 보니 팩추얼 역시 개인정보 보호에 대한 우려에서 자유롭지 못하다. 이에 대한 팩추얼의 대응 방법은 개인들로부터 직접 데이터를 수집하지 않는 것이다. 대신 개인들로부터 데이터를 수집하는 데 이미 동의를 받은 앱 개발자들(예를 들어, 엘프나 포스퀘어)로부터 간접적으로 데이터를 제공받는다. 물론 개인 데이터는 익명화되어 팩추얼 서버에 전달되고, 이렇게 수집된 데이터는 2주 정도 지나면 폐기된다(purge). 팩추얼은 데이터 저장과 공유 과정에서 보안과 개인정보 보호를 위해 수집된 데이터는 기한이 지나면 폐기하는 것은 물론 사업상 파트너인 앱 개발자나 광고 회사들의 데이터와 자사 데이터가 절대로 뒤섞이지 않도록 하고 있다.

쉽게 말해 팩추얼의 빅데이터 창출자형 비즈니스 모델은 장터를 마련해놓고 기업 고객들이 잘 정리되고 청소된 여러 가지 데이터 상품을 구입할 수 있게 하는 것이라고 설명할 수 있다. 고객 기업들은 이런 방법 덕분에 개인정보 보호 및 책임배상 문제에서 자유로워질 수 있다. 이렇듯 새로운 데이터 상품을 만드는 것이 바로 팩추얼의 비즈니스 모델이다.[27]

팩추얼의 비즈니스 모델에서 이익 실현은 데이터 제공 서비스의 유료

화에 달려 있다. 팩추얼은 사업 초기에 데이터를 무료로 제공했으나 사업이 어느 정도 궤도에 오르자 관련 서비스를 유료화했다. 현재 팩추얼은 데이터 세트당 요금을 부과하고 있다. 옵션으로 고정 요금제도 운영한다. 대형 고객들은 개별적으로 합의한 사용료를 지불한다. 소량인 프로토타입용 데이터는 무료로 제공한다. 때로는 다른 회사와 데이터를 교환해 데이터 소스를 확보하기도 한다.

수익 측면에서 팩추얼 비즈니스 모델의 서비스 요금은 다양한 요인에 의해 결정된다. 예를 들어, 사용자인 고객들의 커뮤니티가 팩추얼의 데이터베이스와 데이터 품질에 얼마나 많이 도움을 주는가에 따라 가격이 좌우된다(예를 들어, 새로운 데이터를 제공하거나 기존 데이터의 오류를 수정해줄 경우 할인해준다). 그 외에도 고객 시스템과의 연결에서 요구되는 인터페이스의 커스터마이징(예를 들어, 응답 속도나 기술적 지원 등) 정도, 페이지뷰 규모 또는 사용자 수, 사용하는 데이터 세트의 종류 등에 따라 사용료가 달라진다.[28]

| 잠재된 경쟁자들, 어떻게 강점을 유지할 것인가? |

팩추얼은 빅데이터 플랫폼으로 고객가치를 창출하는 빅데이터 대리인형 모델과 데이터를 통해 고객가치를 창출하는 빅데이터 창출자형 모델을 모두 가지고 있다. 즉, 빅데이터 대리인과 빅데이터 창출자 혼합형 비즈니스 모델을 보유한 기업이라고 할 수 있다. 팩추얼의 강점은 수집, 축적된 위치 데이터와 이를 고객 기업들이 쉽게 활용할 수 있도록 하는

B2B 플랫폼에 있다. 팩추얼이 혼합형 비즈니스 모델을 운영하는 이유는 위치 데이터를 수집하는 것은 그리 어려운 일이 아닌데, 이를 외부 기관에 의탁할 경우 경쟁자가 쉽게 나타날 수 있기 때문이다.

팩추얼의 경쟁자 중 하나인 마이크로소프트는 윈도 애저 마켓플레이스(Windows Azure Marketplace)에 방대한 데이터를 보유하고 있다. 개인이나 기업들은 윈도 애저 마켓플레이스에 데이터를 판매할 수 있다. 다른 경쟁자인 인포침프스(Infochimps)도 지리 데이터와 소셜 데이터를 제공한다. 그러나 팩추얼에 가장 위협적인 잠재 경쟁자는 바로 고객의 모바일 데이터를 직접 수집할 수 있는 AT&T나 버라이즌(Verizon) 같은 이동통신사다. 특히 팩추얼이 특화하고 있는 위치와 관련된 '사실' 데이터들이 점점 더 모바일 기기를 통해 생산되면서 이들은 커다란 위협 요인으로 떠오르고 있다. 결국 팩추얼과 이동통신사 간의 관계도 중요하지만 위치·장소에서 벌어지고 있는 사실을 알려주는 모바일 앱 제공자들과 팩추얼의 관계가 중요해질 것으로 보인다. 모바일 기기 업체들과의 관계도 중요하다. 통신사들이 각종 센서를 통해 수집하는 데이터의 종류와 규모는 급격히 늘어나고 있다. 소셜미디어의 데이터와 비교할 때 이들 기기에 장착된 센서의 데이터는 좀 더 사실에 가깝다. 이런 면은 팩추얼 같은 사업자들에게 위협이 될 것이다.

반대로 이동통신사들이 고객의 '위치'에서 고객들이 원하는 것이 무엇인지 이해하고 반응해야 할 필요성이 높아지고 있는 것은 팩추얼에 기회가 될 수 있다. 고객의 상황에 맞춤화된 서비스를 제공하기 위해 이동통신사는 고객이 현 위치에서 어떤 니즈가 있는지를 이해해야 하는데, 이런 면에서 팩추얼의 강점은 더욱 부각될 전망이다.

팩추얼만 이 세상의 가치 있는 사실에 관심을 가지고 있는 것은 아니다. 이를 추구하는 업체는 무수히 많다. 그중에서도 부동산 관련 데이터들을 수집해 사실적인 정확한 정보를 제공하는 질로(Zillow)가 주목받고 있다. 많은 사람이 부동산 거래 시 인터넷에서 가격 등을 검색하지만 실거래가와 차이가 나는 등 부정확한 경우가 많다. 질로는 공개된 자료와 데이터들을 바탕으로 부동산 가격을 정확히(다시 말해, 사실에 가깝게) 예측해 제공하는 업체다. 오픈 데이터를 이용한 빅데이터 분석 기술로 유명한 이 회사는 미국 주택에 대한 최신 데이터베이스를 구축하고 있다. 질로의 데이터는 지방자치단체 기록(county records), 세금 데이터(tax data), 주택 판매 혹은 리스 및 모기지 정보(listing of homes for sale or rental and mortgage information)가 그 소스다. 아파트, 집, 콘도, 타운하우스 등 부동산의 월 임대료 예측치를 제공하는 질로의 '렌트 제스티메이트(Rent Zestimate)'는 한 달 사용자 수가 3,000만 명이 넘으며 1억 개의 부동산에 대한 정보가 매주 업데이트된다. 〈그림 3-14〉는 제스티메이트가 제공하는 주택의 예상 매매 가격이다. 구입 가격 대비 임대료 비율을 통해 사람들은 주택을 구매할 경우 얼마나 이익이 될지 파악할 수 있다. 이런 정보 창출의 경쟁력은 이에 대한 수많은 데이터와, 단기간에 여러 가지 분석 작업을 동시에 수행할 수 있는 능력에서 비롯된다. 제스티메이트가 자체 개발한 모델은 자체 서버와 아마존 클라우드 서버에서 이용되고 있다. 단순히 웹상의 부동산 가격을 찾아 모으는 게 아니라 관련 데이터를 통해 부동산 가격을 추정하는 것이 이 모델의 특징이다. 예를 들면, 지역 땅값과 평균 주택 가격을 매치한 데이터로 특정 주소의 부동산 가격을 정확히 예측해낸다.

2006년부터 괄목할 만한 성장세를 보여온 질로의 2013년 수익은 1억 9,800만 달러로 전년 대비 69% 늘어났다. 이런 실적을 바탕으로 질로는 2011년 7월 기업공개를 했다. 수익 모델을 분석해보면 기본 서비스는 무료로 제공하고 검색 화면에 추가로 부동산업체나 집주인의 메일 주소와 연락처를 제공하는 프리미엄 서비스에 대해서만 부동산업체나 집주인에게 연간

그림 3-14 | 질로의 제스티메이트가 예측한 미국 주택의 예상 매매가

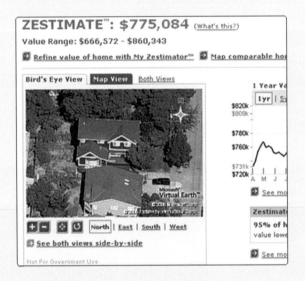

자료: http://cybernetnews.com/zillowcom-allows-users-to-search-for-homes-
in-3d/

500~1만 달러의 요금을 부과한다.[30] 비즈니스 모델 측면에서 보면 질로는
고유의 데이터 수집 및 확보에 예측 모델링 역량을 더한 경쟁력 있는 빅데이
터 창출자형 비즈니스 모델 기업이라고 할 수 있다.

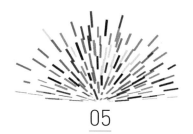

05

자산이 된
신체 정보

· 아이웨어랩 ·

| 빅데이터의 소중한 원천, 신체 |

사람에 관한 데이터는 무궁무진하다. 사람의 심리에 대한 데이터 수집을 전문으로 하는 빅데이터 기업이 등장한 데 이어, 사람의 신체에 관한 데이터를 사업화한 기업들도 나타나고 있다. 이 중 아이웨어랩은 발 체형 데이터에 전문화된 기업이다.

빅데이터 시대에는 차별화된 데이터를 만들어내는 경쟁력이 중요하다. 빅데이터 창출자형 비즈니스 모델이 점점 유효해지고 있는 것도 그 때문이다. 그중에서도 사람의 체형 및 그 기능에 대한 데이터는 중요한 비즈니스 원천이 될 것으로 보인다. 이와 관련, 체형에 대한 데이터를 창출해 독보적인 자산으로 키워낸 일본의 아이웨어랩(I-Ware

Laboratory)이 주목받고 있다.

다양한 신체 데이터 중 이 기업이 주목한 것은 발에 관한 데이터다. 사람의 발은 생각보다 구조가 복잡하다. 발은 몸 전체의 체중을 지탱하고 그 힘을 땅에 전달하는 정밀한 신체의 일부다. 따라서 매우 많은 변화가 발생하는 부분이기도 하다. 이 같은 발의 가치에 주목한 아이웨어랩은 사람들의 발 체형 데이터를 데이터베이스화해 사업화에 성공했다.

| 발에 주목하다! |

아이웨어랩이 발에 관한 데이터를 본격적으로 모을 수 있게 된 것은 '인풋(INFOOT)'이라는 3차원 발 체형 측정기(일본에서는 이를 '족형 계측기'라고 한다) 덕분이다. 일본의 디지털 휴먼 리서치 센터(Digital Human Research Center)는 상품 디자인(예를 들어, 신발, 옷, 안경 등)을 위해 사람의 신체 형태를 측정하는 소프트웨어를 개발하여 일본산업기술협회(Japan Industrial Technology Association)를 통해 대중에게 무료로 공개했다. 이에 주목한 아이웨어랩은 발에 관한 신체 데이터를 모으기 위해 고심했다. 위상수학*적인 방법의 일종으로 컴퓨터 그래픽 분야에서 정육면체 내의 대상을 유추하는 자유형식변형(FFD, Free Form Deformation) 방식으로 개발한 소프트웨어를 라이선스 형태로 처음 도입한 기업이 아이웨어랩이다. 이 소프트웨어를 바탕으로 아이웨어랩은 3차원 발 체형 측정 스캐너인

---

* 사물의 모양이나 상태를 말하는 형상의 본질(즉, 수학적 특성)에 대해 연구하는 수학의 한 분야.

그림 3-15 │ 3차원 발 체형 측정 스캐너 '인풋'

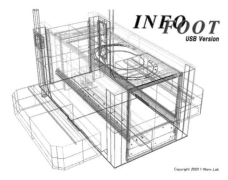

자료: I-Ware Lab

인풋을 개발해냈다.

 인풋을 통해 사람들이 발의 형태를 측정하면 신발 가게 주인은 손님의 발에 가장 잘 맞는 편안하고 합리적인 가격대의 신발을 골라준다. 발 체형 측정 스캐너인 인풋은 현재 전 세계적으로 130여 대가 설치되어 있다. 일본과 아이웨어랩의 목표는 이 소프트웨어와 스캐너를 다른 나라의 기업들도 사용하게 해서 더 많은 발 체형 데이터를 수집하는 것이다. 현재 우리나라를 비롯해 스페인, 독일, 홍콩 등에서 사람들의 발 체형 데이터가 수집되고 있다. 우리나라 신발 제조업체들도 라이선스 형태로 인풋 스캐너를 이용하고 있는데, 이를 통해 얻어진 데이터는 모두 아이웨어랩에 보내진다.[31]

 인풋은 단순히 발바닥의 크기나 모양을 측정하는 것이 아니라 발에 대한 삼차원 데이터를 생산해 축적한다. 원래 아이웨어랩은 신발 매장이

그림 3-16 │ 발 체형 측정 데이터 샘플

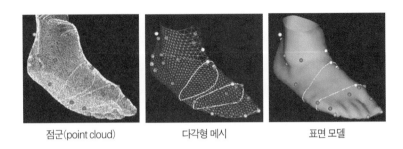

점군(point cloud)　　　　다각형 메시　　　　표면 모델

자료: I-Ware Lab

나 스포츠 경기장 등에서 개인의 발을 측정해 이를 모델링해서 개인의 발 모양에 맞는 신발 안창(insole)을 자동 설계하기 위해 가격이 저렴하고 운반이 용이한 스캐너를 개발하려 했다. 사업 과정에서 26만 명 이상의 발 체형에 대한 데이터가 축적되자 이를 원하는 외부 기업과 기관들이 나타났고, 아이웨어랩은 발에 관한 데이터베이스를 사업화하기 시작했다. 예를 들어, 일본의 신발 제조업체인 아식스(Asics)는 아이웨어랩과 제휴해 맞춤 주문형 운동화를 판매하고 있다. 마라톤용 운동화의 경우 개인의 발바닥 굴곡에 대한 데이터는 달리기를 할 때 열이나 습기를 배출하는 적절한 통풍 구조를 갖춘 신발 안창을 제작하는 데 중요한 자료가 된다.

〈그림 3-16〉을 보자. 인풋으로 측정된 발 체형 데이터는 그냥 점들의 집합이지만, 이것을 사람의 신체 데이터와 결합하면 신체 기능을 이해할 수 있는 유용한 정보가 된다. 이를 통해 발의 해부학적 특징점(예를 들어, 뼈의 돌출, 주행 시 인대의 움직임 등에 의해 결정되는 점)을 측정할 수 있

다. 인풋은 전용 마커를 붙인 점들의 집합으로 이런 특징을 추출해낸다. 이를 발 체형 데이터베이스와 대조해서 어느 점이 어떤 해부학적 특징점을 나타내는지 자동으로 표시한다. 이 특징점의 위치 데이터에 따라 발 치수를 자동으로 계산한다. 인풋으로 측정한 발 체형 데이터는 3차원의 점군, 다각형 메시, 표면 모델 등으로 변형 가능하다. 입체 형상 외에도 마커를 사용해 발의 특징점을 인식하는 것이 가능한데, 이를 이용해 정확한 발 길이, 다리 둘레, 발 폭 등 총 19가지 발 치수를 얻을 수 있다. 이런 데이터는 모두 아이웨어랩의 데이터베이스에 축적된다.[32]

| 신체 정보의 상업화, 과연 발에만 머물 것인가? |

이런 데이터는 개인의 신체 정보를 기반으로 하기 때문에 개인정보 보호 문제를 야기할 수 있다. 특히 매장에서 측정한 데이터는 점포의 고객 데이터로만 관리되는 것이 보통이다. 아이웨어랩은 각 매장에서 측정한 발 체형 데이터를 수집, 이용하기 위해 매장에 설치한 인풋 스캐너를 인터넷에 연결해 ID 번호와 발 체형 데이터 등 개인을 식별할 수 없는 데이터만 네트워크상의 서버에 복사하는 방식을 사용한다. 이 방식으로 특정 ID가 어떤 사람의 것인지는 매장과 본인밖에 모르도록 한다. 인풋 스캐너가 있는 다른 상점에 간다면 발 체형을 다시 측정하지 않고 ID 번호만 말하면 된다. 인터넷 쇼핑도 가능하고, 가족의 신발을 살 수도 있다. 자녀가 성장하면서 발 모양이 어떻게 변해가는지 기록할 수도 있다.

만약 병원들이 환자의 신체를 측정해 축적한 데이터로 돈을 벌고자 든다면 논란의 대상이 될 것이다. 그런데 아이웨어랩은 독자적인 데이터 창출 기술로 개인의 신체에 관한 데이터를 독점하면서도 정보 유출을 통제해 고객들을 안심시키고 지금까지 별 문제 없이 사업을 하고 있다.

그렇다면 개인의 신체 데이터 이용이 발에만 국한될까? 신체의 다른 부분(예를 들어, 엉덩이 모양)에 대한 데이터를 수집한다면 어떻게 될까? 발 체형 데이터의 사업 성과를 생각해볼 때, 다른 사업 영역으로의 확대도 가능해 보인다. 또한 개인의 발 체형 데이터가 신생아 때부터 노인이 될 때까지 축적된다면 건강 등 새로운 사업 기회가 창출될 수도 있다. 데이터의 폭과 길이 면에서 어떤 고객가치를 창출하느냐가 아이웨어랩이 가진 비즈니스 모델의 유효성에 영향을 미칠 것이다.

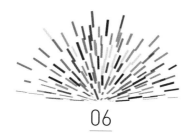

06
사물인터넷의 미래를
제시하다
·웨이즈·

| 크라우드소싱으로 만들어지는 차세대 내비게이션 |

2013년 10월, 구글 역사상 네 번째로 큰 규모인 10억 달러에 인수된 이스라엘의 벤처기업 웨이즈(Waze)는 무료 스마트폰 내비게이션 앱을 제공하는 기업이다. 내비게이션 앱은 이미 많은 기업이 진출해 있는 분야로, 운전자라면 누구에게나 친숙한 도구이다. 그렇다면 구글은 왜 이 기업에 주목하게 된 것일까? 이미 유사한 내비게이션 서비스를 제공하고 있던 구글은 웨이즈의 독창성과 사업성을 인정해 인수를 결정했다. 국내의 경우, SKT의 T맵이 실시간 정보를 토대로 한 빅데이터를 기반으로 정확한 서비스를 제공한다고 알려져 있지만[33] 비즈니스 모델의 완성에는 이르지 못했다. 웨이즈는 어떤 면에서 독창성과 사업성을 인정

받은 것일까? 어떤 비즈니스 모델로 이렇게 높이 평가받은 것일까?

2013년 현재 190개국에서 4,500만 명의 이용자가 웨이즈 앱을 다운로드했다. 보통 내비게이션은 길 안내를 할 때 외부에서 데이터를 수신해서 최적의 길을 찾아주지만 웨이즈 앱은 이른바 소셜 GPS로 앱 사용자들의 이동 상황을 실시간으로 알려준다. 일종의 크라우드소싱 형태로, 모든 앱 사용자가 교통정보를 제공하는 데 참여하는 내비게이션이다. 사용자들은 〈그림 3-17〉 같은 보고 화면을 통해 교통체증, 사고 여부, 도로 공사, 단속 카메라나 경찰 등에 대한 정보를 알린다. 재미있는 것은 경찰들도 웨이즈 사용자들이 단속경찰이 있는지 여부를 알리는 데 큰 거부감이 없다고 한다. 단속경찰이 있다는 정보가 있는 곳에서는 운전자가 스스로 더 조심해서 운전하기 때문이다. 웨이즈 앱에 사고나 도로 변경 데이터를 입력하고 수정하는 자원봉사자는 2013년 현재 편집 담당자 7만 5,000명, 지역별 담당자 7,000명에 이르며, 하루에 300만 번의 업데이트가 이루어진다. 차를 운전해서 목적지로 가다가 사고나 공사, 혹은 교통체증으로 길이 막힐 경우 이를 알리면 뒤에 오던 차들은 자동으로 다른 길을 안내받는다. 또한 실시간으로 휘발유 가격이 입력돼 모든 앱 사용자가 그 지역에서 최저 가격으로 휘발유를 판매하는 주유소를 파악할 수도 있다.

웨이즈의 직접적인 수익원은 내비게이션 서비스가 아니라 이를 통해 수집된 고객 이동 행태를 바탕으로 한 마케팅 데이터다. 이 때문에 웨이즈의 비즈니스 모델은 빅데이터 응용가형이 아닌 빅데이터 창출자형이라고 할 수 있다.

《포브스》의 분석에 따르면 구글이 웨이즈를 인수한 이유는 웨이즈의

그림 3-17 | 웨이즈의 사용자 보고 화면

자료: "Waze could drive better social tools at Google, experts say" (2013. 6. 10). *CIO*

끈끈한 사용자 커뮤니티, 웨이즈가 페이스북이나 애플로 넘어갈 경우의 위험성, 구글 맵의 보완 또는 대체를 염두에 둔 것으로 보인다.[34] 여기까지는 비즈니스 모델의 가치 창출 부분과 관련된다. 그러면 비즈니스 모델의 이익 실현 부분은 무엇일까? 즉, 어떤 서비스가 과연 수익이 될까?

| 다니는 길을 알면 고객이 보인다! |

《포브스》의 분석에 나타난 이유 외에도 구글이 웨이즈에 주목한 것은 즉각적인 수익 창출 기회 때문이다. 이것이 바로 비즈니스 모델의 이익 실현 부분인데, 구글은 사용자가 원하는 적절한 시점과 위치에서 웨이즈가 적절한 광고를 내보낼 수 있는 장점에 주목했다.[35] 웨이즈의 수익은 내비게이션 화면의 지역 정보와 관련되어 3개 이내로 표시되는 광고에서 발생한다. 예를 들면, 어떤 지역의 던킨도너츠 가게 옆을 지나가면 던킨도너츠의 커피 할인 프로모션이 내비게이션 화면에 뜬다. 모든 사람에게 이런 광고를 내보내면 대부분 본체만체하겠지만 평소 던킨도너츠를 자주 찾는 사람이라면 이야기가 달라진다.

웨이즈는 페이스북에 올라온 개인 신상 정보나 사용자가 클릭한 광고 등을 토대로 개인에게 맞춤화된 광고를 제공한다. 개인 신상 정보가 없더라도 적절한 맞춤 광고를 보낼 수 있다. 실제로 미국 외식업체인 타코벨(Taco-Bell)은 사람들이 스포츠 경기 관람 중 편하게 먹을 수 있는 세트 메뉴 광고를 미식축구 경기가 시작되기 전에 경기장을 목적지로 하는 차량들이 경기장으로 가는 길목에 위치한 타코벨 매장 주변을 지날 때 내보내 큰 성공을 거두었다(〈그림 3-18〉). 사용자가 화면에 뜬 광고를 클릭하면 해당 광고가 확대되면서 자세한 내용이 나타난다.

웨이즈가 기업에 부과하는 광고료는 정해져 있지 않고 경매 방식으로 결정된다. 기업들은 광고당 1,000뷰에 대해 지급할 가격을 입찰하는데, 최소 경매 입찰 가격은 1달러다. 지도상 특정 위치에 표시되는 광고가 3개로 제한되기 때문에 대부분 이보다 높은 가격으로 입찰한다. 경매가 시작되면 웨이즈는 기업들에 광고 크기별로 낙찰 가능성이 있는 입찰 가격대를 추천하여 알려준다. 웨이즈의 기업 고객들은 개인 사용자들이 광고에 어떻게 반응하는지 트래킹할 수 있다. 이 같은 방식으로 기업들은 웨이즈가 자사의 매출에 얼마나 도움이 되는지 파악한다.

그림 3-18 | 이동 목적지에 맞춘 웨이즈의 광고

자료: "Google's newest secret weapon for local ads" (2014. 1. 29), *Digiday*

| 차량 경로로 알아낸 취향을 수익 모델로 연결하다 |

웨이즈의 성공은 사물인터넷의 완벽한 성공 사례라고 할 수 있다. 사물인터넷이 효과적으로 실현되려면 사물들 간에 유용한 데이터 교환이 실시간으로 행해져 연결된 모든 사물에 혜택이 돌아가야 한다. 웨이즈는 사물인터넷의 성공이 데이터 창출과 이에 따른 수익 모델 개발에 좌우된다는 사실을 보여준다. 웨이즈를 인수한 구글은 단기적으로는 사용자별로 맞춤화된 구글 지도 서비스를 제공하는 데 활용할 계획이지만, 장기적으로는 차량 이동 경로 등을 통해 파악되는 고객의 취향이나 주요 위치 등 위치를 기반으로 한 광고를 기획하고 실행하려는 기업들에

데이터를 판매해 수익을 확보할 것으로 보인다.[36]

2013년부터 미국에서 판매되고 있는 현대차와 기아차 자동차에는 구글맵과 함께 웨이즈가 탑재되고 있다. 미국 정부 규제당국은 구글의 웨이즈를 놓고 웨이즈로 수집된 데이터를 제3자와 공유하지 않고 구글이 독점하려는 데 우려를 나타냈다.[37] 웨이즈는 앞으로 교통 문제 해결 등 교통과 관련된 사물인터넷 시장에서 그 입지를 넓혀갈 것으로 전망된다. 이는 교통 문제를 해결하는 것이 비즈니스 모델의 중심이 된다는 의미라기보다는 그 과정에서 광고 등 수익과 연결될 수 있는 데이터를 얼마나 많이, 얼마나 다양하게 창출할 수 있느냐가 관건이라는 뜻이다.

07

사람들을
달리게 하라!

·맵마이런·

| 내가 달린 길이 정보가 된다 |

사람의 신체 중 발에 주목한 아이웨어랩처럼 데이터를 만들어내는 기업 중에는 차별화된 데이터를 수집하기 위해 노력하는 기업들도 있지만 돈이 되는 데이터가 자동으로 만들어지게 해서 상업화하는 기업도 있다. 사용자들이 만들어가는 내비게이션 웨이즈가 바로 그런 기업이다. 또 다른 예로 사람들이 조깅하거나 산책하는 과정을 자동으로 데이터화하여 사업을 하는 맵마이런(MapMyRun.com)이 있다. 맵마이런의 경우, 자동차가 아니라 사람들이 직접 데이터를 만들어낸다. 웨이즈와 마찬가지로 맵마이런은 사람들이 선호하는 조깅 루트나 산책 루트를 파악해 비즈니스에 활용하는 것이 목적이다. 개인에 대한 데이터라기보다는 비즈니스 주제(사람들의 선호 루트, 사람들의 선호 여행지)에 대한 데이터를 창출하는 기업이라고 할 수 있다.

데이터 저장공간 제공업체인 EMC의 빌 슈마르조(Bill Schmarzo)는 데이터가 돈이 되는 경우를 3가지로 정리했다.[38] 첫 번째는 자신이 보유한 데이터(분석한 결과와 함께)를 잘 포장해 다른 기관에 판매하는 것이다. 두 번째는 자신의 상품이나 서비스에 분석기법을 적용해 인텔리전트한 제품을 창출하는 것이다. 세 번째는 유용한 정보를 추천해 고객과의 관계를 긴밀히 하고 고객의 경험을 높은 수준으로 재구현하는 것이다. 맵마이런은 이 중 첫 번째와 세 번째 형태를 결합한 빅데이터 창출자형 비즈니스 모델 기업으로 사용자들에게는 더 좋은 경험(자신의 운동 과정과 결과 분석)이라는 고객가치를 제공하고, 회사로선 다른 곳에서는 찾을 수 없는 고유한 데이터(최적의 조깅 루트)를 만들어내 이익을 실현하고 있다.

그림 3-19 | 맵마이런 앱의 사용 화면

자료: appmagicbox.com. http://www.appmagicbox.com/android-apps/health-fitness-7-running-apps-for-android-for-2013.html

맵마이런의 스마트폰 앱을 다운로드하면 넓은 공원이나 동네에서 조깅을 즐기는 사람들은 자신이 달린 루트를 구글 지도에서 자동으로 확인할 수 있다. 사용자가 루트의 종류를 선택하면 등산로, 개 산책로, 자전거길, 산책로, 출퇴근길 등으로 표시할 수도 있다. 사용자들이 화면에 표시된 루트를 달리는 동안 맵마이런은 시간, 거리, 고도 등을 기록한다. 달리기가 끝나면 사용자들이 달린 루트를 지도상에 표시해 보여준다. 구간별 고도 변화도 함께 표시된다. 사람들은 자신이 발견한 새로운 코스가 표시된 지도를 페이스북으로 공유하기도 한다. 그뿐만 아니라 사용자들은 맵마이런으로 자기가 달린 루트, 거리, 시간, 페이스, 칼로리 소모량 등을 실시간으로 분석할 수도 있다.

| 누가 맵마이런의 데이터에 관심을 가질까? |

맵마이런은 사용자들이 제공한 데이터를 토대로 세계 각 지역의 조깅 코스, 등산로 등 여러 가지 달리기 코스를 소개한다. 〈그림 3-20〉은 사용자들이 올려놓은 서울 남산 주변의 조깅 코스다. 서울의 경우 약 50개 코스가 소개돼 있는데, 이 지도에 따르면 외국인들이 주로 남산 주변 코스를 이용하는 것으로 나타났다. 도시에서 달릴 수 있는 공간이 많지 않은 우리나라에서 맵마이런은 자신이 가본 등산로를 표시하는 데 주로 사용되기도 한다.

그렇다면 맵마이런의 비즈니스 모델은 어떻게 수익을 창출할까? 크게 2가지 수익원이 있다. 하나는 기업들에 데이터와 분석 자료를 판매하

그림 3-20 | 맵마이런 사용자들이 올린 서울의 조깅 코스(남산 주변)

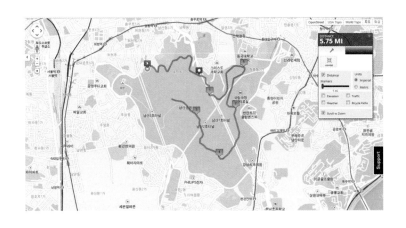

자료: http://www.mapmyrun.com/

는 것이고, 다른 하나는 개인 앱 이용자들에게 유료 앱을 판매하거나 무
료 앱에서 광고 수익을 얻는 것이다. 무료 앱의 경우, 사용 화면에 광고
가 뜨고 다른 기능의 화면으로 넘어갈 때마다 전체 화면에 스플래시 광
고가 등장한다. 광고가 없는 유료 앱은 골드, 실버, 브론즈 3가지 종류가
있는데, 브론즈는 연간 사용료가 40달러(혹은 한 달에 2.99달러)로 한 달에
지도 프린트를 5번, 훈련 계획 수립을 3번 할 수 있다. 연간 사용료가 60달
러인 실버는 한 달에 지도 프린트를 10번, 훈련 계획 수립을 5번 할 수
있다. 연간 사용료가 90달러인 골드는 2가지 모두 무제한으로 사용할
수 있다. 훈련 계획을 수립할 때는 어떤 코스로 조깅할지 지도에 설정해
놓으면 목표 거리를 달성하거나 일정 구간(예를 들어, 1km)을 지날 때마
다 음성으로 알려주는 기능이 제공된다.[39] 유사한 유료 앱으로는 에드

문도 스포츠 트래커(Endomondo Sports Tracker), 런키퍼(RunKeeper), 런테스틱(Runtastic) 등이 있다.

또다른 수익원인 데이터와 분석 자료의 외부 판매는 앱 사용자들의 데이터를 바탕으로 이뤄진다. 다시 말해, 앱 사용자들이 다닌 길을 지도에 표시한 데이터가 바로 맵마이런의 비즈니스를 이루는 빅데이터가 된다. 이렇게 축적된 코스의 수만 해도 2,500만 개에 달한다. 그렇다면 누가 맵마이런의 데이터에 관심을 가질까? 스포츠 의류, 신발, 용품, 음료 업체는 물론 제약회사, 보험회사, 병원들에도 유용한 정보가 된다. 예를 들어, 운동화를 생산 판매하는 브룩스러닝(Brooks Running Company)은 맵마이런 앱을 이용해 자사 고객용 온라인 커뮤니티를 만들고, 더 나아가 고객들의 자사 제품 사용 행태에 관한 데이터를 수집해 신제품 개발과 디자인에 반영하고 있다.

| 더 많은 사람이 달릴수록 가치가 높아진다 |

맵마이런과 웨이즈는 비즈니스 모델이 유사하나 데이터를 창출하려는 관심 대상이 다르다. 웨이즈가 차량이라는 사물을 인터넷으로 연결해 교통 문제에 대한 데이터를 모으려고 한다면, 맵마이런은 도로를 걷거나 뛰어다니는 사람들을 인터넷으로 연결해 휴식이나 여가를 즐기는 사람들의 행태에 관심을 보인다. 다시 말해, 웨이즈가 M2M(기계 대 기계) 형태의 안정적인 사물인터넷에서 데이터를 창출한다면 맵마이런은 H2M(인간 대 기계) 형태의 사물인터넷에서 데이터를 창출한다. 많은 사람이 사용할수록 가치가 높아지는 플랫폼의 전형적 특징을 보이는 것이다. 맵마이런의 경우, 앞서 말한 바와 같이 스포츠, 보험, 헬스케어 분야의 H2M 사업들과 긴밀한 연계가 기대된다. 최근 선보이고 있는 다른 H2M 사업들을 활성화하는 데도 맵마이런과의 연계는 효과적인 방법이 될 것이다. 현재 다양한 H2M 사업들(예를 들어, 운동량을 측정해 코치해주는 아디다스의 '마이코치(micoach)' 등)이 있는데 이런 서비스의 가치를 맵마이런이 제고시킬 것으로 보인다.

주목받는 토종 빅데이터 창출자형 기업, 캘커타커뮤니케이션

국내 기업인 캘커타커뮤니케이션(www.calcutta.co.kr)은 5년 전부터 구글 플러스와 애플 앱스토어에서 판매되는 앱들에 대한 통계를 수집하고 있다. 국내 앱스토어에서는 불가능하지만, 이들은 실시간으로 판매되는 거래 내역에 대해 외부의 접근을 허용하고 있다. 어떤 종류의 앱이 언제 얼마나 팔리고 있는지는 많은 기업이 알고 싶어 하는 중요한 정보다. 판매되는 앱의 유행 변화도 유용한 정보다. 이렇게 수집한 앱 판매 현황은 이제 관련된 국내 대기업들에 판매할 수 있는 유용한 정보로 주목받고 있다.

빅데이터 창출자형의 신흥강자, 아마존의 '프라이스 체크'

아마존 고객들은 아마존의 무료 모바일 앱인 프라이스 체크(Price Check)를 사용하면 가격 비교는 물론 상품당 5% 할인(최대 5달러)을 최대 3번까지 받을 수 있다. 사람들은 동네 가게에 가서 상품을 둘러보고 가격 데이터를 스캔한 후 이 앱을 통해 아마존에 데이터를 보낸 다음에 아무것도 사지 않고 가게를 나와 아마존에서 물건을 구입하면 할인 혜택을 받는다. 앱 사용자가 스마트폰으로 상품의 QR 코드를 스캔하거나 사진을 찍거나 음성으로 가격을 입력하면 프라이스 체크는 아마존의 판매 가격을 알려주는데, 간단한 조작으로 주문도 할 수 있다. 프라이스 체크는 가격 외에도 상품에 대한 설명과 사용자의 리뷰도 제공한다.

사용자들이 프라이스 체크를 선호하는 것은 광고 등 쇼핑을 방해하는 기능이 없기 때문이다. 프라이스 체크는 전자제품, 스포츠용품, 장난감, 음원 등 모든 제품에 사용 가능하다. 이를 통해 아마존은 돈 한 푼 안 들이고 고객의 자발적 고지에 의해 경쟁사의 상품 가격을 알아낸다. 이런 데이터는 디지털 형태이기에 쉽고 빠르게 처리 가능하다. 오프라인 상점들은 아마존의 프라이스 체크에 거세게 반발하고 있으나 아마존은 더 저렴한 가격을 찾는 고객을 위한 서비스일 뿐이라고 맞서고 있다. 미국 정부 역시 고객의 개인정보 보호 문제가 없으며 고객에게 이득이 되는 이러한 혁신에 대해서는 아직 관대하게 허용하고 있는 추세다.

그림 3-21 | 아마존 프라이스 체크의 카메라 가격 비교 정보

자료: "Ultimate Guide To Barcode Scanner Apps For Iphone & Android".
http://www.waspbarcode.com/buzz/tech-tools-5-smart-phone-barcode-scanner-apps/

: Chapter 4 :

빅데이터
대리인

스마트한
대리인이 되라!

| 문제는 데이터가 아니라 의사결정 |

빅데이터를 활용하려는 기업들에 가장 필요한 것은 데이터 자체라기보다 데이터에서 추출된 인사이트(통찰력), 더 나아가 그 인사이트를 바탕으로 한 적절한 의사결정 혹은 업무 완수다. 의사결정이나 업무 완수에 활용할 수 있는 데이터가 많아지고 다양해질수록 그 데이터를 분석하고 해석하는 도구나 환경의 가치 역시 점점 높아지고 있다.

네이버나 구글로 무언가를 검색할 때 검색 결과인 정보의 가치가 높다고 생각할 수도 있지만 검색 서비스 자체를 보다 높이 평가할 수도 있다. 어떤 사람은 검색 서비스가 모든 검색 결과를 보여주는 대신 수많은 결과 중 내가 필요로 하는 내용만 찾아서 정리해주거나 추가적인 해석을 해주길 바란다. 구글 검색 서비스의 진화 과정을 보더라도 외국어 사이트를 번역해주거나 사진을 검색해주는 등 검색 이용자의 의사결정을 효과적으로 돕는 방향으로 발전하고 있다.

마찬가지로 기업들이 의사결정을 하거나 업무를 해결할 때 도움이 되는 서비스를 제공하는 다양한 비즈니스가 빅데이터와 함께 새롭게 떠오르고 있다. 다시 말해, 세상에 어떤 빅데이터가 존재하는지와는 상관없이 자신의 문제를 해결하는 데 도움이 되는 서비스를 원하는 기업들을 주요 고객으로 하는 기업들이 점차 늘어나고 있는 것이다. 이들은 데이터를 기반으로 하지만 구글보다 더욱 전문화된 업체들로, 다른 기업들의 문제를 대신 해결해주는 일을 한다. 이런 기업들을 빅데이터 대리인이라고 부르고자 한다.

빅데이터 대리인은 고객의 문제를 해결하기 위해 빅데이터를 활용할 수 있는 종합적인 환경과 도구, 즉 플랫폼을 제공한다. 빅데이터를 분석해 자신의 업무에 활용하는 것이 아니라 다른 기업이 빅데이터를 활용할 수 있도록 제반 시스템을 제공하는 것이다. 이들은 빅데이터 분석 기술을 포함해 빅데이터를 다루는 기술이나 기법들을 보유한 기업들로, 다른 기업의 문제 해결이나 의사결정을 지원하는 플랫폼 비즈니스 모델을 갖추고 있다. 쉽게 말해, 기업의 문제 해결이나 의사결정을 위한 인프라를 제공하거나 문제 해결 시 의사결정을 아웃소싱 받는 비즈니스가 빅데이터 대리인형 모델이라고 할 수 있다.

이들은 단순히 무엇이 문제인지 파악하는 수준부터 어떻게 하면 문제를 해결할 수 있을지 지원하거나, 단순히 해결책을 제시하는 데서 한 발 더 나아가 자동화된 문제 해결을 지원하는 등 다양한 수준의 서비스를 제공한다. 고객과 1대1 관계로 문제 해결이나 의사결정을 지원하기도 하고, 특정 산업의 수요자와 공급자 사이에서 양쪽의 문제 해결을 동시에 지원하기도 한다. 빅데이터 대리인형 기업은 빅데이터를 활용하는 플랫폼을 제공하기 때문에 그동안 데이터가 의사결정에 적용되지 않았던 분야에서 두드러진 활약을 보이고 있다.

플랫폼 비즈니스 모델은 보통 기본 서비스는 무료로 제공하고 보다 복잡하고 고도화된 서비스는 유료로 제공하는 프리미엄형 비즈니스 모델이다.

빅데이터 대리인형 기업들도 기본적인 의사결정 지원은 무료로 제공하고 프리미엄 지원은 유로로 제공하는 것이 일반적이다.

| 빅데이터 대리인의 필수 요소, 플랫폼 |

모든 빅데이터 비즈니스 모델 기업에 플랫폼은 핵심 요소인데, 특히 빅데이터 대리인형 기업에는 필수적이다. 빅데이터 대리인 플랫폼에는 2가지 유형이 있는데, 하나는 범용 플랫폼(즉, 데이터 중심)을 제공하는 형태이고, 다른 하나는 특정 분야의 전문 플랫폼을 제공하는 형태(즉, 업무 중심)이다. 다시 말해, 여러 가지 문제를 해결하는 데 적용할 수 있는 범용 플랫폼과 한 분야에 초점을 맞춘 전문화된 플랫폼이 있다.

범용 플랫폼을 제공하는 기업으로는 IBM, EMC 등 전통적인 IT 기업들이 있다. 이런 플랫폼을 활용하는 기업들은 자체적인 빅데이터 기술 관련 역량이 축적되어 있거나 아니면 전적으로 플랫폼을 제공하는 IT 기업들에 의존하는 경향을 보인다. 보통 대기업들이 자신의 문제 해결에 적합하도록 추가적인 개발 과정을 거쳐 범용 플랫폼을 도입하고 있다.

특정 분야에 전문화된 플랫폼을 제공하는 기업들은 대개 신생 빅데이터 기업들로, 새로운 영역을 개척하고 있는 벤처기업들이다. 이들이 제공하는 서비스는 보통 중소기업들도 부담 없는 비용으로 쉽게 활용할 수 있는 서비스들이다. 대기업들도 전문 분야의 문제를 해결하기 위해 이들의 서비스를 이용한다. 이 책에서 다루는 빅데이터 대리인은 후자에 해당한다. 이들은 특정 분야에서 기존에 존재하지 않던 새로운 방식(즉, 빅데이터 활용 및 분석)으로 다른 기업의 문제를 해결해주는 새로운 형태의 기업들이다. 이들은 해당 산업 분야의 미래를 전망하는 데 중요한 시사점을 제공한다.

표 4-1 | 빅데이터 대리인형 비즈니스 모델의 특징

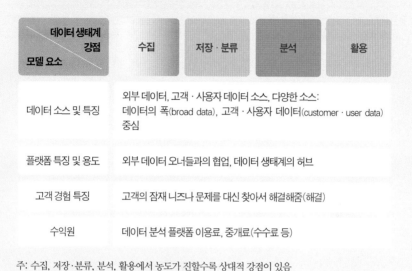

데이터 생태계 강점 / 모델 요소	수집	저장 · 분류	분석	활용
데이터 소스 및 특징	외부 데이터, 고객 · 사용자 데이터 소스, 다양한 소스: 데이터의 폭(broad data), 고객 · 사용자 데이터(customer · user data) 중심			
플랫폼 특징 및 용도	외부 데이터 오너들과의 협업, 데이터 생태계의 허브			
고객 경험 특징	고객의 잠재 니즈나 문제를 대신 찾아서 해결해줌(해결)			
수익원	데이터 분석 플랫폼 이용료, 중개료(수수료 등)			

주: 수집, 저장·분류, 분석, 활용에서 농도가 진할수록 상대적 강점이 있음

| 빅데이터 대리인의 유형과 강점 |

빅데이터 대리인형 기업들은 데이터를 제공하는 것보다는 데이터를 바탕으로 한 문제 해결 및 의사결정을 지원하는 데 초점을 두기 때문에 데이터 처리 과정 중 전문적인 분석기법을 활용하는 데 강점을 보인다. 이들은 플랫폼을 제공하는 데 중점을 두며, 이에 이용되는 데이터는 자체 데이터보다는 외부의 관련 데이터 혹은 고객의 데이터인 것이 일반적이다. 데이터의 특징 면에서 보면 문제 해결과 의사결정에 초점을 두기 때문에 이와 관련된 수집 가능한 모든 데이터가 활용된다.

빅데이터 대리인 중 데이터 중개형 기업들은 문제를 해결하기 위해 상세한 분석이 필요한 경우, 플랫폼을 이용하는 고객 기업이 이와 관련된 데이터를 제공하거나 관련 데이터 보유자와 제휴하기 때문에 데이터 수집에 강점을 보이지는 않는다. 반면 통합형 대리인의 경우, 데이터 수집에도 강점을 가지고 있다. 어느 경우든 다른 빅데이터 비즈니스 모델보다 외부 기관들과의 데이터 제휴가 중요하고 활발한 비즈니스 모델이 빅데이터 대리인형 모델이다. 플랫폼의 기능에도 이런 면(상호협업)이 반영된다. 수익은 고객들이 플랫폼을 사용하는 과정에서 지불하는 이용료나 중개료에서 주로 발생한다.

〈그림 4-1〉은 빅데이터를 이용해 기업의 문제를 스마트하게 해결해주거나 해결할 수 있는 인프라(플랫폼)를 제공하는 빅데이터 대리인형 기업의 사례를 분류해놓은 것이다. 앞서 설명한 바와 같이 플랫폼의 기능 면에서 보면 2가지가 있는데, 하나는 중개형 플랫폼이고, 다른 하나는 통합형 플랫폼이다. 전자와 후자는 각각 빅데이터를 보유한 곳과 이를 활용하는 고객 사이

그림 4-1 | 빅데이터 대리인형 사례 기업의 분류

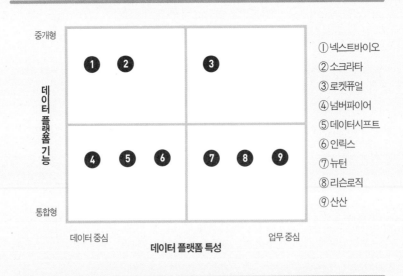

를 중개하거나, 주인이 따로 있는 여러 빅데이터를 고객의 니즈에 맞게 통합해서 제공하는 기능을 한다. 또한 플랫폼은 그 특성에 따라 데이터를 다루는 데 특화되거나(데이터 중심) 업무와 관련된 문제를 해결하는 데 특화되기도(업무 중심) 한다.

사례 기업들 중 넥스트바이오(유전체 데이터)와 소크라타(오픈 데이터)는 사용자들이 여러 데이터 소스에 쉽게 접근할 수 있도록 연결(즉, 중개)해주는 데 중점을 둔다. 빅데이터 창출자들도 데이터를 중개하지만 빅데이터 대리인은 데이터를 소유하지 않고 중개에 초점을 두는 데 차이가 있다. 로켓퓨얼은 특정 업무(광고)에 빅데이터를 활용해 여러 참여자를 연결(중개)시킨다.

고객들의 데이터 수요(데이터 중심)를 충족시키기 위해 플랫폼에서 데이터를 통합해 제공하는 기업으로는 넘버파이어(스포츠 경기 결과 예측 데이터), 데이터시프트(SNS 데이터), 인릭스(교통 데이터) 등이 있다. 문제 해결(업무 중심)을 위해 데이터를 통합하는 기업으로는 뉴턴(학습 관리), 리슨로직(위험관리), 산산(고객관계 관리)이 있다.

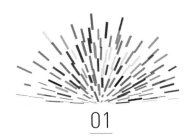

01

유전체* 연구의
대중화를 선도하다
·넥스트바이오·

| 데이터의 홍수를 겪고 있는 의학 및 바이오 분야 |

의학 및 바이오 분야의 연구개발에는 빅데이터 활용이 필수적이다. 그런데 관련 데이터가 너무 다양하고 많아서 제대로 된 데이터를 찾거나 파악하는 일조차 매우 어렵다. 막대한 데이터의 양뿐만 아니라 형태 자체도 지금까지와는 전혀 달라서 새로운 형태(예를 들어, 3차원 사진 등)의 데이터가 계속 등장하고 있기 때문에 기존 기술을 적용하기도 어렵다. 넥스트바이오(NextBio)는 이런 어려움을 해결하고 자기만의 가치를 창출하여 고객을 만족시키는 기업이다.

---

* '유전체(genome)'는 '유전자(gene)'의 전체 집합을 의미한다.

2013년 10월 미국의 유전자 분석(gene sequencing) 장비 제조사인 일루미나(Illumina)에 인수된 넥스트바이오는 유전자와 환경의 영향에 의해 형성된 생물의 형질(phenotypic), 유전체와 관련된 공공 오픈 데이터 및 기업들의 데이터를 취합, 분석해 생명과학 연구자, 임상 연구자, 제약회사 등이 적절한 지식을 쉽게 검색, 발견하고 공유할 수 있도록 플랫폼을 제공하는 기업이다. 이를 위해 넥스트바이오는 연구와 임상 애플리케이션을 위한 유전체학 및 생명과학 데이터를 통합하고 해석하는 플랫폼을 만들었다. 이 회사는 여러 공공 유전체 연구들, 환자들의 분자 프로파일(molecular profiles), 최신 참조 유전체들, 임상실험 결과 등 엄청난 양의 다양한 사설 및 공공 유전체 데이터들을 취합한 뒤 연관성에 따라 정리해 전 세계에서 가장 많은 데이터를 제공하고 있다고 자부한다.

기술적인 면에서 보면 넥스트바이오는 인텔과 제휴해 유전체 분야에서 하둡 스택(stack)의 최적화나 안정화 같은 빅데이터 기술을 발전시키고 있다. 이들 두 회사는 넥스트바이오가 터득한 바이오 분야에서의 빅데이터 활용 경험을 오픈소스로 개발된 빅데이터 기술인 HDFS(Hadoop distributed file system)* 및 HBase**의 개선에 적용하고 있다. 넥스트바이오가 취급하는 데이터는 대부분 반정형화된*** 빅데이터들이다. 개인의 유전체는 대략 400만 개의 변이(variants)가 있고 32억 쌍의 염기가 있는데, 이들을 기존 데이터베이스에 저장하려면 1,000만 개의 레코드가 필요하다. 뛰어난 연산 능력이 필요한 바이오 분야의 복잡한 데이터

---

* 하둡이라는 비정형 데이터의 저장 및 분류 프레임워크하에서 대형 파일을 몇 개의 블록으로 나누어 여러 서버에 분산해 중복 저장하는 파일 시스템으로 확장이 용이하다.
** 구글의 빅데이터를 모델로 한 오픈소스, 비관계형(non-relational) 분산 데이터베이스이다.
*** 로그 기록 등 기존 관계형 데이터베이스에 저장되기 어려운 형태의 데이터를 가리킨다.

는 오픈소스의 빅데이터 기술 외에도 데이터 규모를 감당하기 위해 하드웨어와 소프트웨어 관리 솔루션들의 최적화된 적용이 필요하다. 넥스트바이오는 하둡 및 HBase를 이용해 환자 데이터와 공공 데이터의 수백만 개에 이르는 상관관계를 수 초 만에 사전에 정의된 계산 방법에 따라 찾아낸다. 그렇게 함으로써 400만 개의 유전체 변이를 파악하는 데 드는 비용을 과거에 비해 800배나 절감했다.

| 유전체 연구의 다양한 데이터를 분석하는 플랫폼 |

넥스트바이오 논문 검색 플랫폼의 기본적인 기능은 펍메드(PubMed)[*]의 논문 초록 1,900만 건과 펍메드 센트럴(PubMed Central, 현 PMC)[**]의 논문 원본 13만 건에 대해 맞춤화된 최적 검색이다. 즉, 넥스트바이오의 생명공학 정보 검색 엔진은 엄청난 양의 생명과학에 대한 공공 데이터를 수집해 이를 연구자의 목적이나 관심에 따라 복합적으로 검색할 수 있게 해놓은 시스템이다. 아주 간단한 검색에서 얻은 정보부터 연구 내용, 질병 관련 정보, 패스웨이(pathway, 경로 지도)[***] 및 관련 화합물, 유

---

[*] 미국 국립보건원(NIH) 산하 미국 국립의학도서관(National Library of Medicine)에서 제공하는 최대 규모의 의학 관련 논문 초록 무료 검색 사이트이다.
[**] 미국 국립의학도서관에서 운영하는 바이오의학 및 생명공학 분야 디지털 아카이브로, 학술지 편집위원의 논문 심사를 통과한 최종본과 PMC 학술지 표준에 부합되는 논문을 무료로 제공한다.
[***] 인간 DNA를 이루는 30억 개의 염기서열은 해독됐지만 유전자와 RNA, 단백질 등으로 이어지는 생명활동의 무수한 숨은 고리를 푸는 것은 여전히 인류의 숙제로 남아 있다. 이런 가운데 지금까지 연구를 통해 밝혀진 인체 내 유전자, 전사체, 단백질, 대사체 등의 상호작동 경로를 나타내는 지도인 패스웨이는 유전체 연구의 중요한 연구 대상이다("인간 유전체 경로 지도 나오다" (2012. 1. 13). 《디지털타임스》).

그림 4-2 | 넥스트바이오의 검색 서비스

자료: Nextbio

전자 목록 같은 전문적인 키워드와 관련된 상세한 정보가 시각적인 인 터페이스에 표시된다. 이 모든 분석을 인터페이스의 아이콘 메뉴를 선 택하면 쉽게 실행할 수 있다.

논문 검색을 위해 넥스트바이오는 그동안 자사가 쌓아온 노하우(휴리 스틱스)를 적용하고 있다. 그 방법은 다음과 같다.

① 용어(terms)와 증상(symptoms), 용어 체계들 간의 관계에 대한 광범위한 관 계 지도

② 맞춤화된 특정 분야에서 키워드로 지정되지 않은 용어(stop word) 리스트 및

의학 분야를 개념화해놓은 용어들(ontology terms)에 대한 분석 기능

③ 논문이 게재된 학술지 발행 기관

④ 논문 게재 날짜

또한 넥스트바이오의 플랫폼 '게놈 브라우저(Genome Browser, 유전체 해독 기능)'에서는 기존 데이터뿐만 아니라 유전체 연구에서 새로이 생성되고 있는 데이터 유형인 칩 시퀀싱(Chip-Seq), 마이크로 RNA 등 차세대 시퀀싱(염기서열 정보 해독) 데이터를 분석할 수 있다. 〈그림 4-3〉은 게놈 브라우저로 공개된 공공 유전체 데이터(예를 들면, 미국 국립생물정보센터의 유전체 배열 데이터(GEO) 등)를 해독·처리하여 특이한 패턴을 보이는 유전자 형태(gene signatures)를 찾아내는 과정을 보여준다. 먼저 유전체와 관련된 기초 데이터(공공 데이터 등)를 수집해 넥스트바이오의

그림 4-3 | 넥스트바이오 플랫폼 게놈 브라우저의 유전체 해독 및 특이 유전자 형태 발견 과정

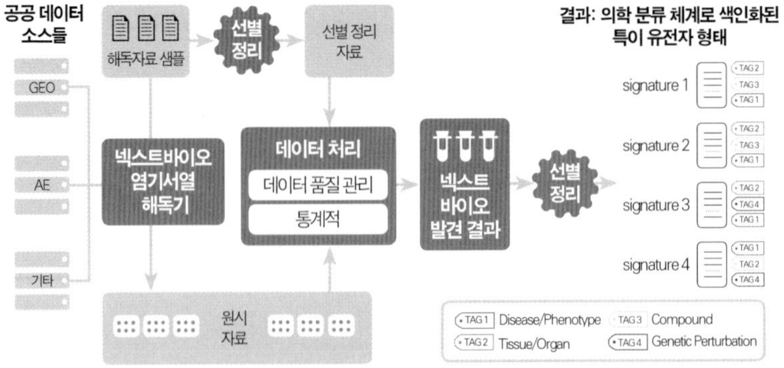

자료: http://www.plosone.org/article/info%3Adoi%2F10.1371%2Fjournal.pone.0013066

엔진으로 해독해 유전체 데이터 내의 유전자 위치와 기능 정보(sample annotations) 샘플을 찾고, 발견된 결과 중 핵심 해독 결과만을 선별해서 정리한다(curated annotations). 그리고 그 결과에 대해 오류나 누락된 데이터의 확인(data quality control) 및 통계적 분석(statistical analysis) 같은 데이터 처리 작업을 더한다. 이렇게 데이터 처리를 하면 의미 있는 유전자 (발현) 형태(gene expression signature)가 찾아진다. 이들을 의학 분류 체계(예를 들면, 표준화된 용어의 사용)에 따라 색인화해서(ontology-tagged) 결과를 보여준다.

| 전문적 분석으로 바이오 산업의 구조 재편을 촉진하다 |

인터넷상의 자료가 많아지면서 이들을 취합해 서비스하는 이른바 '데이터 취합자(Aggregator)'라는 비즈니스 모델 사업자들이 등장하고 있다. 넥스트바이오는 바이오 데이터와 관련, 이들의 빅데이터 버전이라고 할 수 있다. 넥스트바이오는 개인을 대상으로 하는 서비스가 아닌 기업을 대상으로 하는 B2B 업체로, 유전체 해독이 중심이 되는 다양한 기업들과의 제휴가 사업의 성공을 결정할 것이며, 그 과정에서 모기업인 일루미나의 시장 지배력이 큰 힘이 될 것으로 보인다. 특히 제약회사들이 주요 고객이 될 것으로 전망된다. 전문화, 세분화되는 현재의 바이오산업 발전 추세 속에서 신생 업체일수록 데이터를 분석하는 데 따르는 비용을 절감하기 위해 넥스트바이오와 같은 외부 대리인에 대한 수요가 높아질 것이다.

구글과 네이버 두 기업 모두는 수집, 저장·분류, 분석, 활용의 데이터 처리 전 과정에서 강점을 보이고 있는 빅데이터 기업이다. 그러나 구글이 데이터 처리의 모든 단계에서 네이버보다 상대적인 우위에 있다. 예를 들어, 두 기업 모두 검색어나 웹상의 텍스트들을 수집하고 저장하며 분석하고 있지만 구글은 텍스트 이외에 다양한 데이터 유형을 다루는 데 강점을 보인다.

구글은 네이버와 비교할 수 없을 정도로 수많은 서비스를 제공하고 있는데, 이들은 모두 데이터를 수집하는 도구로 활용되고 있다. 특히 구글은 이미지나 동영상 데이터를 수집하는 데 상당한 경쟁력을 가지고 있다. 소셜미디어 서비스인 구글 플러스(Google+), 이메일 서비스인 지메일(gmail), 동영상 공

표 4-2 | 구글 비즈니스 모델의 특징

데이터 생태계 강점 / 모델 요소	수집	저장·분류	분석	활용
데이터 소스 및 특징	글로벌 소스, 검색어, 동영상, 블로그, SNS, 이메일 등 다양한 자체 서비스들, 외부 사이트들: 데이터의 규모 및 다양성에서 오는 데이터의 폭(broad data), 깊이, 길이, 비즈니스 이슈 데이터(business subject data)			
플랫폼특징·용도	사용자 데이터 접근, 데이터 수집 및 검증, 서비스 제공			
고객 경험 특징	전 세계의 정보를 수집, 조직화하여 사용자들이 쉽게 접근해 자신의 관심, 문제를 스스로 충족하거나 해결할 수 있도록 도움			
수익원	맞춤 검색 광고			

주: 수집, 저장·분류, 분석, 활용에서 농도가 진할수록 상대적 강점이 있음

유 서비스인 유튜브(YouTube), 위치 데이터를 위한 구글 맵(Google Map) 등은 말할 것도 없고, 심지어 구글 지갑(Google Wallet)을 통해 결제 데이터까지 수집한다. 하루 동안 유튜브에서 동영상을 시청하는 사람은 40억 명으로, 이들이 남긴 흔적은 엄청난 양의 데이터가 된다.[1] 더 중요한 것은 구글이 이런 데이터를 유형별로 분석하는 기술을 보유하고 있다는 것이다. 구글 알고리즘은 유튜브 동영상 속의 등장인물 표정을 분석해 어떤 상황에서 사람들이 즐거워하는지 파악하기도 한다.

데이터 처리 과정의 기술적인 면에서 구글이 네이버에 비해 전반적으로 뛰어나지만, 네이버가 구글에 비해 강점을 보이는 부분도 있다. 바로 국내 데이터를 수집하는 부분이다. 한글 검색어 빈도가 어느 쪽이 더 많을지 생각해보면 네이버가 가진 데이터 수집 면의 강점을 쉽게 이해할 수 있다. 서비스 지원에

표 4-3 | 네이버 비즈니스 모델의 특징

데이터 생태계 강점 / 모델 요소	수집	저장·분류	분석	활용
데이터 소스 및 특징	주로 국내의 외부 소스 및 내부 소스(지식인 등), 네이버 블로그와 카페, 그리고 라인: 한글 데이터의 폭(broad data), 국내 연예인 및 문제 해결 데이터(domestic entertainment subject data)			
플랫폼 특징·용도	사용자 데이터 접근			
고객 경험 특징	국내 정보를 수집, 정리하여 일상적인 개인 관심사들을 충족시킴			
수익원	검색 광고, 제휴 광고 등			

주: 수집, 저장·분류, 분석, 활용에서 농도가 진할수록 상대적 강점이 있음

서 네이버가 구글에 뒤처지는 면도 있지만 기본적으로 한국어 키워드에 맞춰진 콘텐츠를 찾아주는 데는 최소한 네이버가 구글을 앞선다. 검색만 사용하기보다는 포털(다양한 정보) 서비스를 선호하는 국내 사용자의 취향도 국내 콘텐츠 수집 면에서 네이버가 강점을 보이는 데 한몫한다. 아직도 특정한 학술 주제에 대한 국내 문서 검색에서는 구글이 네이버를 앞서지만 국내 사용자들이 많이 찾는 연예인 관련 내용이나 생활의 관심 주제에 대한 글이나 기사들에서는 단연코 네이버가 앞선다. 지식인 서비스 등 국내에서 발생한 문제를 해결하는 데 필요한 정보를 제공하는 면에서도 네이버가 앞선다. 다시 말해, 이런 정보들은 네이버에 더 잘 수집되어 있다.

구글은 빅데이터 비즈니스 모델 중 빅데이터 창출자와 빅데이터 응용가 유형의 기업이다. 구글은 수많은 데이터를 수집하는 데 강점이 있는 기업으로 이를 바탕으로 다양한 고객가치를 창출한다. 이와 관련, 인공지능과 인터넷 검색의 1인자인 구글의 리서치 책임자 피터 노빅(Peter Norvig)은 "우리는 당신들보다 더 훌륭한 알고리즘을 가지고 있지 않다. 단지 더 많은 데이터를 가지고 있을 뿐이다(We don't have better algorithms than you; we just have more data)"라고 말했다.[2]

구글은 검색 광고라는 응용 서비스에서도 빅데이터를 이용한 가치 창출과 이익 실현에 성공했다. 빅데이터 창출자로서의 고객가치 창출이 여의치 않은 분야에서 구글은 빅데이터 대리인형 비즈니스 모델을 시도하고 있다. 이 책의 뒤에서 설명할 의료 분야 중 노화 예방 관련 '칼리코(Calico)' 사업에서 구글은 빅데이터 대리인형 비즈니스 모델을 선보일 것으로 예상된다.

반면에 네이버는 빅데이터 응용가형에 보다 편중된 비즈니스 모델 기업이다. 데이터를 창출하는 데 충분한 경쟁력을 가지지 못한 상황에서 검색 광고에 치중하는 빅데이터 응용가형 비즈니스 모델은 네이버에 아직까지 효과적이다. 물론 네이버는 국내 경쟁업체들에 비하면 데이터의 수집, 저장·분류, 분석에서 상대적인 경쟁력을 가지고 있다.

네이버는 서비스를 제공하는 방식에서 외부와의 개방된 협력보다는 내부에서 독자적으로 서비스하는 방식을 취하고 있다. "네이버는 모바일 시장에서도 '가두리 방식' 전략을 강하게 구사하고 있다. 카메라·지도·부동산 등 강점을 갖고 있는 서비스는 물론 알람·메모·가계부 등 단순 서비스까지 만들어 제공하고 있다."[3] 이런 설명에서 알 수 있듯, 네이버는 관련 분야의 생태계를 육성하는 것보다 자체적인 역량을 개발하는 것을 중시하는 모습을 보인다. 네이버의 전략은 네이버가 믿고 의존할 수 있는 관련 기술에 관한 국내 생태계의 취약성에 기인하는 부분도 있지만, 대기업으로서 중소기업 육성을 소홀히 하는 것은 국내 디지털 경제의 발전이라는 측면에서 볼 때 아쉬운 부분이다.

구글의 기본적인 생존 방식은 네이버와 다르다. 네이버는 자사 포털 사이트 안에서 시간을 보내도록 사용자들을 잡아두려고 하는 데 비해 구글은 사용자들이 보고 싶어 하는 콘텐츠가 있는 외부 사이트로 사용자들을 연결해준다. 사용자가 광고를 보더라도 그 사이트에서 보게끔 한다. 이에 따라 해당 사이트의 트래픽을 만들어준다. 구글은 해당 사이트에 광고 플랫폼을 제공한다.[4] 구글의 가치 창출 프로세스에는 생태계라는 구조가 반영되어 있는 것이다.

구글은 개방된 가치 창출 프로세스를 추구한다. 또한 구글 트렌드,* 구글 맵 등 내부 애플리케이션이나 데이터를 외부에 개방해 제휴에 의해 다양한 비즈니스를 파생시킨다. 이런 개방형 가치 창출 프로세스는 구글과 관련된 다양한 생태계를 육성하고, 결국 개인 및 기업 고객들이 자신이 필요로 하는 창의적인 서비스를 제공받을 수 있게 한다. 예를 들어, 포드자동차는 구글 트렌드를 내부 데이터와 결합해 자사 자동차들의 판매량을 예측하고 있다.[5]

구글은 자신의 비즈니스 모델을 신사업에 적용하더라도 기존 생태계를 유지하면서 이익을 실현할 수 있는 방안을 찾는다. 신사업이 기존 생태계 혹은 시장 구조를 해칠 경우, 기존 시장 참가자들의 반발을 살 수 있기 때문이다. 예를 들어, 구글은 신용카드 회사들이 지배하고 있는 신용카드 기반의 모바일 지급결제 사업인 구글 지갑을 선보이면서 가맹점에 결제 수수료를 부과하지 않았다. 대신 광고를 통한 이익 실현이라는 구글의 기존 비즈니스 모델을 모바일 지급결제 사업에도 적용했다. 수수료를 부과할 경우 발생하는 가맹점의

---

* 구글의 검색어 인기도 추세를 보여주는 애플리케이션으로 외부와 개방된 연계 서비스가 가능하다.

부담은 결국 신용카드사와의 마찰을 일으킬 수 있기 때문이었다.

구글에 비해 네이버는 차별성보다는 독점성에 근거한 이익 실현 방식을 취하고 있다. 이와 관련, 2013년 네이버의 독점적 지위를 이용한 과금 방식은 비판의 대상이 되기도 했다.[6] 네이버와 구글 모두 키워드를 온라인 경매 방식으로 판매하는 것은 같으나, 가령 '꽃가게 검색 1순위 광고'에 대해 1위 금액 입찰자와 2위 금액 입찰자가 있을 경우 네이버는 1위 금액 입찰자에게 입찰한 금액을 광고비로 받지만 구글은 '사회적 기준'을 중시해 1위 입찰자에게 2위 입찰자가 입찰한 금액보다 조금 많은 광고비를 받는다. 또 다른 점은 광고를 볼 선택권을 고객에게 준다는 것이다. 즉, 과금 대상을 사용자들이 명확히 판단할 수 있게 한다. 네이버가 검색 결과와 광고 사이의 모호한 정보를 사용자들에게 제공하는 반면 구글은 광고와 사용자의 검색 결과를 엄격히 구분해 사용자들이 과금 대상을 분명히 인식할 수 있게 한다.

구글의 문샷(Moonshot), 세상을 바꿀 파괴적 혁신을 꿈꾸다

구글에서는 세상을 바꿀 파괴적인 혁신을 "문샷"이라 부르는데 구글 글라스, 스스로 운전하는 자동차 등이 바로 구글 문샷에 해당된다. 구글의 창업자 래리 페이지(Larry Page)의 사업 모토는 '10x'다. 일반적으로 기업에서 생산성을 10% 향상시키는 것은 대단한 성과로 여겨지나 페이지는 그 정도로는 현상 유지에 급급하게 된다고 본다. 경쟁자들보다 10배 좋은 상품이나 서비스를 개발해야 경쟁에서 살아남을 수 있다는 그의 신념을 표현한 것이 바로 '10x'다. 1,000% 향상시키려면 문제를 기존 방식이 아닌 완전히 다른 차원에서 생각하고, 기술의 한계를 극복하며, 그 과정을 즐기지 않으면 안 된다고 페이지는 믿는다. 문샷의 최신 프로젝트 중 하나가 '칼리코'다. 2013년 9월 구글은 바이오 기술과 관련, 새로운 회사인 칼리코를 설립한다고 발표했다. 애플의 아서 레빈슨(Arthur Levinson) 회장이 최고경영자로 취임한 칼리코는 노화와 건강한 생활에 관한 연구를 한다. 특히 노화와 연관된 질병의 규명을 목표로 하고 있다.[7]

《포천》에 따르면, 칼리코는 구글 벤처스(Google Ventures) 대표 빌 마리스(Bill Maris)의 아이디어에서 비롯됐다. 마리스는 구글 벤처스에서 파괴적 기

그림 4-4 | 2013년 9월 30일자《타임》표지〈구글이 죽음을 해결할 수 있을까?〉

자료: "Can Google Solve Death?" (2013. 9. 30). *Time*

술을 중심으로 투자를 이끌고 있다. 그는 대부분의 바이오 기업이 암 등 질병 치료제 개발에 몰두하고 있는 등 노화의 원인을 규명하는 데는 소홀하다고 생각했다. 마리스는 죽음은 인생의 진리라기보다 하나의 질병일 뿐이라는 관점에서 사업을 시작했다. 노화는 유전자의 열화에 의한 세포 수준의 변이 결과로 알려져 있다. 마리스는 노화의 원인이 되는 유전자를 찾아내고, 그에 대처하는 약물을 개발하는 연구에 집중하고 있다. 이와 관련, 건강한 90세 노인들을 대상으로 이들의 유전자를 연구해 공통점을 찾고 있다.《타임》표지에도 등장한 구글의 미래사업에 대해 래리 페이지는 의료 문제를 데이터 분석과 통계학의 관점에서 보면 직관과 다른 사실이 보일 수도 있다고 했다. 단적인 예로 항암제를 개발하면 인간의 수명이 몇 년 정도밖에 연장되지 않지만 노화의 비밀이 밝혀지면 인간의 평균 수명은 150세가 될 수 있다고 페이지는 주장했다.[8]

구글의 바이오 사업 모델, 23andMe를 참고하라
페이지가 최고경영자로 취임한 이래, 구글은 검색 기업에서 바이오, 의료 등 다른 업종으로 활발히 진출하고 있다. 그렇다고 구글이 IT 기업에서 바이오 기업으로 변신하려는 것은 아니다. 데이터 분석 기술을 의료 개발에 응용하는 데 중점을 두는 IT 기업이 되고자 하는 것이다. 칼리코의 노화 탐구와 IT 간의 관계는 공개되지 않았지만, 그 힌트는 23andMe에서 엿볼 수 있다.[9] 23andMe는 미국 캘리포니아 주 마운틴 뷰에 본사를 둔 벤처 기업으로 개인의 유전체를 분석해주는 서비스를 제공하고 있다. 인간의 유전체가 23쌍의 염색체로 구성된 것에서 회사 이름이 유래되었는데, 구글의 공동 창립자인 세르게이 브린(Sergey Brin)의 전 부인이 이 회사의 사장이다.

이용자가 테스트 키트 안에 침을 넣어 우송하면 23andMe는 유전자 분석을 실시해 그 결과를 전용 웹사이트를 통해 알려준다. 〈그림 4-5〉는 전립선암 관련 유전자 변이 발생 확률을 분석한 예다. 23andMe는 2012년부터 비즈니스 모델을 빅데이터 창출자형에서 빅데이터 대리인형으로 바꾸었다. 기존

그림 4-5 | 23andMe의 전립선암 관련 유전자 분석 서비스 제공 과정

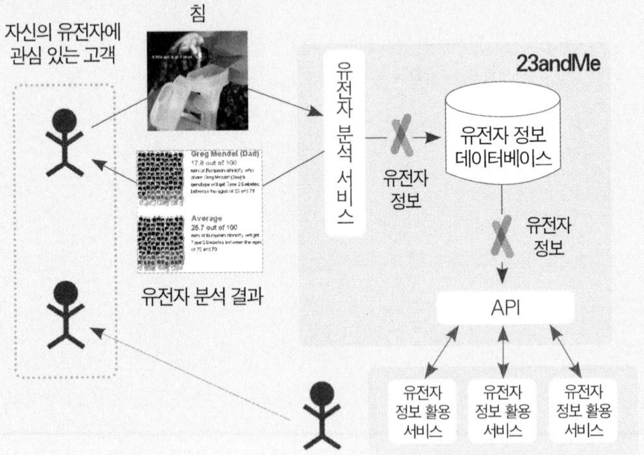

자료: 株式会社国際社会経済研究所, Open Knowledge Foundation Japan (2013. 5. 21). "オープンデータ活用事例と今後の動向"

에는 데이터 분석 결과를 판매하는, 즉 검사 결과에 대해 499달러의 비용을 청구하는 수익 사업을 구상했지만, 2012년부터는 검사 가격을 99.99달러로 인하해서 가능한 한 많은 고객을 유치해 세계 최대 규모의 유전자 데이터베이스를 만들어 유전체 분석 플랫폼을 구축하는 것을 목표로 하고 있다. 그 결과, 2006년부터 2013년 말까지 50만 명의 유전체 해독 데이터를 보유하게 되었다.[10] 처음에는 유전체 해독 데이터 판매에 중점을 둔 빅데이터 창출자형 비즈니스 모델을 추구했으나 분석 가격을 낮추고 대신 인간 유전체 데이터를 분석하고 접근하는 플랫폼 중심의 전형적인 빅데이터 대리인형으로 비즈니스 모델을 바꾼 사례라 할 수 있다.

23andMe는 2012년 9월부터 유전체 데이터베이스를 공개하고 "개인 유전체 API(Personal Genome API)"라는 플랫폼을 고객들에게 제공해 연구자들이 유전자 정보에 접근하고 혁신적인 애플리케이션을 개발할 수 있게 한 넥스트바이오와 비즈니스 모델이 유사하다. 의료기관들은 자체적으로 대규모 임상실험을 실시하는 대신에 23andMe의 유전자 데이터베이스를 이용해 질병과 유전자의 관계를 파악할 수 있다. 이렇게 본다면 23andMe는 전통적인 바이오 기업에서 질병과 유전자에 대한 빅데이터 기업으로 변신했다고 볼 수 있다.

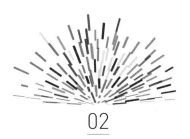

02
공공 데이터는
공개되어야 한다!
·소크라타·

| 공개된 데이터를 활용케 하라 |

　최근의 빅데이터 열풍에 따라 정부기관이나 공공기관들은 물론 기업들도 앞다퉈 자신이 보유하고 있는 데이터를 외부에 공개하고 있다. 이같은 데이터를 오픈 데이터(Open Data)라 하는데, 이렇듯 데이터를 많은 사람이 활용할 수 있도록 제공하는 것이 커다란 유행처럼 전 세계적으로 확산되고 있다. 우리나라에서도 2013년 말부터 공공기관의 데이터 공개가 법으로 제도화되었다. 오픈 데이터가 확산되는 가운데 이를 활용하기 위한 플랫폼을 제공하는 소크라타(Socrata)라는 기업이 각광받고 있다. 유사한 서비스를 제공하는 상업 기관으로는 영국의 스파이크스 카벨(Spikes Cavell), 프랑스의 오픈데이터소프트(OpenDataSoft) 등이

그림 4-6 | 소크라타의 오픈 데이터 플랫폼

자료: http://semanticcommunity.info/@api/deki/files/1396/=plugin-Socrata_GSA_Web_
Manager_University_07302010.pdf

있으며, 공공단체인 영국의 CKAN(Comprehensive Knowledge Archive Network) 및 미국의 OGPL(Open Government Platform)도 정부기관의 오픈 데이터 활용을 지원하고 있다.

소크라타는 윈도 애저(Windows Azure)*에서 돌아가는 오픈 데이터 플랫폼으로, 정부기관들이 오픈 데이터 관련 서비스를 제공하는 데 필요한 기능들을 종합해 제공한다. 즉, 정부기관 및 공공기관들이 오픈 데이터를 이용해 대국민·시민 서비스를 제공할 때 필요한 데이터 저장과 접근, 시스템 연결 인터페이스 개발 및 성능 관리를 위해 보안과 시스템의

---

* 마이크로소프트의 클라우드 서비스로 마이크로소프트 데이터 센터에서 응용 프로그램을 개발·배포하고 관리하는 유연한 개방형 클라우드 플랫폼이다. 사용자는 모든 언어, 도구 또는 프레임워크를 사용하여 응용 프로그램을 개발할 수 있다. 또한 공용 클라우드 응용 프로그램을 기존 IT 환경과 통합할 수 있다.

확장성을 갖춘 클라우드 기반의 안정적인 플랫폼을 제공하는 것이다. 이 플랫폼의 목표는 여러 정부기관의 오픈 데이터를 공유 가능하고, 비교 가능하며, 벤치마킹 가능하게 하는 것이다. 오픈 데이터 플랫폼의 핵심 기능은 테이블 형태, 문서, 시각화된 데이터, 시공간 데이터 파일 등 형태에 상관없이 모든 데이터 소스를 쉽게 검색해서 그 결과를 시각적으로 나타내는 부분에 있다. 이를 위해 벤처기업이나 기업, 공공기관, 정부 기관이 오픈 데이터를 이용해 쉽게 앱을 개발하는 것도 지원한다. 예를 들어, 오픈 데이터를 이용한 앱 개발 플랫폼(SODA, Socrata Open Data API)에서는 오픈 데이터를 검색해서 그 결과를 보거나 가져올 수 있으며, 이들 데이터 중 서비스하려는 데이터만 골라서(필터링) 시각적으로 (앱에서) 나타낼 수도 있고, 다른 데이터 소스(예를 들어, 구글 맵)와 결합해 데이터를 보여줄 수도 있다. 뉴욕 시는 이를 이용해 민원신고(예를 들

그림 4-7 | 소크라타의 '정부기관 찾기(GovFinder)' 앱

자료: Patrick Hasseries (2013. 10. 8). "GovFinder App Offers Open Data on the Go"

어, 소음, 불법주차 등) 앱인 'NYC 311'를 개발했다.

소크라타는 공공기관을 위한 빅데이터 플랫폼 외에도 시민들을 위한 빅데이터 플랫폼도 제공한다. 윈도8에서 돌아가는 '정부기관 찾기(GovFinder)'라는 앱은 시민들의 위치를 참고해 사전에 설정된 기준에 따라 걸러진 정부 데이터 서비스들을 보다 쉽게 찾아 사용자의 지도에 표시해준다. 예를 들어, 특정 공공기관을 검색하면 정부의 오픈 데이터를 이용해 해당 건물의 사진과 장소, 현재 위치에서의 최단 거리, 그리고 전화번호를 제공한다. 사용자들은 이 서비스에 대해 평가하고 의견을 제시할 수 있다. 이 같은 정보는 다시 공공 서비스 관리자나 다른 사용자들에게 제공된다.

| 소크라타, 기업 업무용 플랫폼으로 변신할 것인가? |

지금까지 소크라타의 플랫폼은 오픈 데이터 활용을 촉진하는 데 목적이 있으며 상업 기관보다는 시민들에게 서비스하려는 공공기관이나 자방자치단체가 주요 고객이었다. 그런데 최근 들어 기업들에 유용한 정부·공공기관의 데이터 공개가 늘어나면서 오픈 데이터를 활용해 기업 업무를 지원하려는 사업자들이 등장하고 있다. 더욱이 기업 자체적으로도 오픈 데이터 활용 플랫폼을 구축하려는 시도가 증가할 것으로 예상된다. 기업 시장 진출과 관련, 소크라타는 결국 데이터보다는 업무 중심의 중개형이나 통합형 플랫폼을 제공하는 비즈니스 모델로 변신할 것으로 예상된다. 통합형 플랫폼을 구축하기 위해서는 특정 산업 분야에 대한 전문지식이 필요하기 때문에 기업용 중개형 플랫폼 구축이 보다 현실성 있을 것으로 보인다.

오픈 데이터와 함께 부상하는 빅데이터 대리인 모델

소크라타는 시민들이 쉽게 오픈 데이터를 활용할 수 있게 해주는 데이터 중심 중개형 플랫폼 사업의 사례다. 그런데 오픈 데이터(공공 데이터)를 기업들이 업무에 활용하도록 돕는 업무 중심의 중개형이나 통합형 빅데이터 대리인들도 등장하고 있다. 즉, 오픈 데이터 활용을 보다 전문화해서 개인이나 기업의 문제 해결에 도움을 주는 플랫폼들이 나타나고 있는 것이다. 이와 관련, 브라이트스코프(BrightScope)는 중개형 플랫폼, 퍼스트퓨얼(FirstFuel)은 통합형 플랫폼 제공자의 대표적인 사례다.

브라이트스코프는 개인퇴직연금(401(k)) 심사를 위해 고용주들이 미국 노동부에 제출하는 데이터를 활용한다. 4만 5,000건 연금들을 검토 분석해 연금별로 점수를 계산해 제공한다. 또한 펀드들의 순위를 제공해 (연금을 운용하는) 자산관리자, 기업(고용주), 피고용인들이 자신의 연금을 다른 연금과 비교할 수 있게 해준다.

퍼스트퓨얼은 기업 소유주들의 에너지 이용 효율 향상을 돕는 그린버튼법(Green Button Initiative)의 일환으로 미국 전력 회사들이 제출하는 에너지 소비 데이터를 분석한다. 연간 시간당 에너지 소비 데이터를 분석해 벤치마킹하고 에너지 절약 방안을 제시하는 것이다. 2013년 퍼스트퓨얼은 미국 국방부 소유 30만 개 건물의 에너지 절약을 위한 벤치마킹과 개선 방안 도출 업무를 담당해 화제가 되기도 했다.[11]

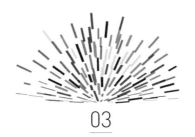

03

광고 산업의
미래로 날아가다
·로켓퓨얼·

| 컴퓨터가 지배하는 광고시장 |

주식보다 일일 거래량이 많은 것이 무엇일까? 바로 디지털 광고다. 미국에서는 하루에만 수십억 건의 온라인 광고가 자동으로 거래되는데, 이는 나스닥(NASDAQ)과 뉴욕 증시의 주식 거래량을 합친 것보다 수천 배 이상 큰 규모다. 이렇듯 광고 산업 역시 빅데이터로 인해 패러다임이 바뀌고 있다. 주식 거래에서도 브로커의 자리를 점차 컴퓨터가 대신하고 있는데 광고 시장에서도 이 같은 추세가 나타나고 있다. 어느 곳에 누구의 어떤 광고를 어떻게 실을지 이제는 컴퓨터가 결정하는 시대가 된 것이다.[12]

새롭게 나타난 디지털 광고는 기존 광고업체들에는 악몽 같은 존재다. 광고 기획자의 아이디어에서 출발하는 순차적인 광고 계획 수립 및 실행도 중요하지만 이제는 지금 이 순간 소비자가 원하는 바를 찾아서 바로 그에 맞춘 광고 캠페인을 해야 한다. 이런 광고에는 광고 전문가가 필요치 않다. 사람의 개입 없이 컴퓨터가 모든 것을 대신하기 때문이다. 광고 전문가가 대중을 사로잡을 참신한 기획을 하기 위해 오랫동안 고민하기보다는 컴퓨터가 실시간으로 개별 소비자의 생각과 의도를 빠르고 정확하게 파악해 이에 맞춰 대응하는 광고가 광고 시장의 대부분을 차지하게 된 것이다. 오프라인 광고에서는 불가능했지만, 온라인 광고에서는 가능하다. 이런 추세에 따라 모바일 광고 규모는 2013년 96억 달러였으나 2017년에는 356억 달러가 될 것으로 전망된다.[13]

| 당신이 볼 광고는 아직 결정되지 않았다! |

디지털 광고 세상에서는 요즘 어떤 일들이 일어나고 있을까? 어떤 사람이 오늘 뉴스를 보기 위해 《뉴욕 타임스》 웹사이트에 접속하려고 한다. 이때까지 첫 페이지에 실릴 광고는 아직 결정되지 않았다. 다시 말해, 광고가 아직 판매되지 않은 것이다. 첫 페이지 뉴스가 모니터 화면에 올라오는 동안 무대 뒤에서는 소비자에게 적절한 광고를 내보내기 위해 수십 개의 컴퓨터가 실시간 광고 입찰에 참여해 치열한 경쟁을 벌인다.

〈그림 4-8〉을 보면 그 과정을 알 수 있다. 소비자(Web Browser)가 인터넷에 접속해 신문사(Publishers)의 뉴스를 보고자 한다(❶). 이를 인지한 콘텐츠 제공자(신문사)는 첫 페이지가 뜨기 전에 그 소비자가 볼 수 있

도록 지금 당장 신문기사 내용에 맞춤화된 광고를 내보낼 의향이 있는지 온라인 광고 중개업체들(Exchange Partners)에 의사를 타진한다(❷). 즉, 해당 뉴스 페이지의 특정 광고는 사전에 정해져 있지 않고 그때그때 실시간으로 온라인 광고 대행사들의 경쟁 입찰에 의해 결정되는 것이다. 중개업체는 로켓퓨얼(Rocket Fuel) 등 온라인 광고 대행사들에 광고 입찰 의향을 문의한다(❸). 로켓퓨얼은 입찰 여부를 결정하기 위해 데이터 분석에 들어간다. 먼저 어느 광고주의 어떤 광고가 그 소비자에게 적합한지 분석하고(❹), 반응을 예측한다(❺). 입찰 여부가 결정되면 로켓퓨얼은 입찰 조건과 광고 내용을 광고 중개업체에 알려서 입찰에 참여한다(❻). 만약 로켓퓨얼의 광고가 낙찰되면(❼), 신문사는 그 광고를 해

그림 4-8 | 빅데이터를 이용한 로켓퓨얼의 실시간 광고 매칭 과정

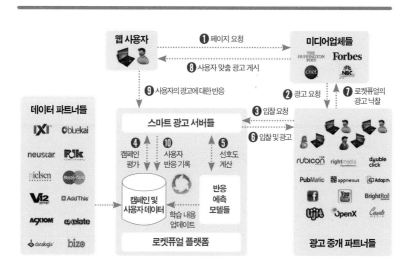

자료: Rocket Fuel Advertising That Learns™ (2013. 10)

당 소비자가 보는 뉴스 페이지에 내보낸다(❽). 그리고 소비자가 광고에 반응을 보이면(예를 들어, 광고 클릭 등) 이에 대한 데이터가 로켓퓨얼로 수집되고(❾) 저장되어 향후 광고 입찰을 위한 소비자의 광고 반응 예측 모델 개발에 반영된다(❿). 이 모든 과정이 거의 실시간으로 사람의 개입 없이 컴퓨터에 의해 자동으로 행해진다. 이러한 방식의 장점은 광고 캠페인의 대상과 내용을 실시간으로 학습하고 최적화하며 변경할 수 있다는 것이다. 빅데이터의 의사결정 효과에서 가장 상위 단계의 자동화된 최적화가 가능한 것이다.

이런 과정에서 로켓퓨얼은 데이터를 분석하는 데 이용되는 데이터의 상당 부분을 데이터 파트너들로부터 제공받는다. 이런 데이터로는 신용카드 거래정보(MasterCard), 쇼핑객 정보(Blue Kai), 자동차 소유주 데이터(PJK), 시청률 데이터(Nilsen), 고객 신용정보(IXI), 실시간 이동통신 데이터(Neustar), 소셜미디어 데이터(AddThis), 고객 개인정보(Acxiom), 온라인 고객 데이터(Exelate),[14] 기업인 정보(Bizo), 오프라인 고객 구매 데이터(Datalogix), 고객 채널 이용 데이터(V12 Group) 등이 있다.

| 마이크로 맞춤 광고의 시대 |

앞서 소개한 프로그래매틱 구매(programmatic buying, 데이터를 기반으로 한 자동 매입)를 활용하는 대표적인 기업이 로켓퓨얼이다. 로켓퓨얼은 광고주와 광고 대행업체를 대신해 온라인상에서 실시간으로 소비자와 광고를 연결시켜준다. 기술적으로 보면 인공지능 및 예측 모델과 자동화된 의사결정 플랫폼을 개발하는 기업이라고 할 수 있다. 이런 플랫폼을 수요 측면의 플랫폼(DSP, demand−side platform)이라고도 한다. 쉽게 말해, 마케터들을 위한 광고 공간을 구매한 뒤 빅데이터 기술을 적용해서 가장 적절한 대상자에게 실시간으로 타깃 광고를 하는 플랫폼이다.[15] 비즈니스 모델 측면에서 보면 로켓퓨얼은 기업 고객들이 광고 관련 빅데이터를 활용해 적절한 광고를 할 수 있는 플랫폼을 제공하는 빅데이터 대리인형 모델 기업이다. 디지털 광고 시장에서는 소비자들이 생산하는 데이터는 물론 이와 관련된 데이터들이 급속도로 쌓이기 때문에 이런 데이터를 기존 정보 시스템이나 사람이 직접 분석하는 것은 불가능하다. 로켓퓨얼은 바로 이런 문제를 해결하려고 나선 것이다.

로켓퓨얼은 인공지능 시스템을 이용해 자동적으로 광고가 게재될 위치나 시점, 노출 횟수(impressions) 등에 대한 데이터를 여기저기에서 수집해 매출 증가, 브랜드 인지도 향상, 고객 획득 비용 절감 등 광고주들의 목표를 최적화할 수 있는 광고 노출 포트폴리오를 구성한다. 기존 광고대행사들은 여러 광고주의 다양한 요구에 부응하기 위해 고심했으나, 그 성과가 그다지 좋지 않았다. 광고주 간의 경쟁 관계나 상대적인 이미지도 고려해야 했다. 로켓퓨얼 플랫폼의 장점은 사람의 개입 없이 한 번에 한 가지 문제를 해결하는 것이 아니라 여러 문제를 동시에 자동적으로 해결할 수 있다는 것이다. 로켓퓨얼의 플랫폼은 목표가 각기 다른 광고주들의 1,000여 가지가 넘는 광고 게재 문제를 한꺼번에 해결하면서 자동으로 적응하고 학습해서 예측 모델을 개선한다.

미국 자동차 회사 GM의 뷰익(Buick) 사업부는 로켓퓨얼의 광고 방식을 이용해 잠재 고객 및 젊은 운전자들에게 뷰익 브랜드 이미지를 높이

는 실시간 광고를 실시해 구매 고려 수준을 4.5배 향상시키기도 했다.[16]
로켓퓨얼에 따르면 광고에 긍정적 반응을 보이는 것과 관련된 변수로는
고객에 대한 시간적 기록, 웹 브라우징 행태, 라이프스타일, 주로 접속
하는 URL, 검색어, 인종(Ethnicity) 등이 있다(〈그림 4-9〉).

광고주들은 자신들이 구매하기 원하는 광고 노출에 대한 구체적인 사
항을 명시하고 실행할 수 있다. 즉, 특정 개인에게 특정 장소에서 특정 기
기와 특정 시간, 원하는 상황에 맞는 광고를 보여줄 수 있다. 예를 들어,
신발 제조업체가 삼성 갤럭시 노트4를 소유하고 있는 사람이 금요일 저
녁에 특정 사이트의 스포츠 섹션을 찾을 때 특정 광고를 노출시키라고 요
구할 경우 이의 수용이 가능하다.

프로그래매틱 구매는 자신이 보유한 고객 데이터뿐만 아니라 다양한

그림 4-9 | 광고에 대한 긍정적 반응과 관련된 변수들

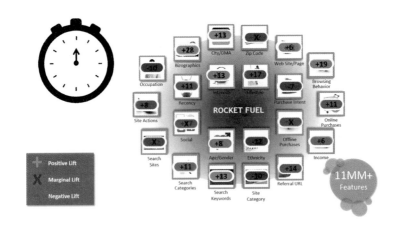

자료: Rocket Fuel Advertising That Learns™ (2013. 10)

제3자의 데이터들을 결합해 마케터가 광고 구매 결정을 할 수 있다는 점에서 검색 광고와는 다르다. 제3자가 보유한 여러 상황 데이터(예를 들어, 고객 채널 이용 데이터(V12 Group))를 이용해 고객에게 광고를 보여줄 가장 적절한 상황을 찾거나, 제3자의 고객 행태 데이터(예를 들어, 쇼핑객 정보 (Blue Kai))로 특정 상품을 위한 시장의 잠재 고객을 찾을 수 있다.

광고 시장의 디지털화에 따라 로켓퓨얼의 비즈니스 모델은 혁신성으로 주목받고 있다. 로켓퓨얼은 빅데이터를 이용한 마이크로 맞춤 광고 시대를 앞당길 것으로 전망된다. 단순히 고객들에 대한 광고의 맞춤화를 넘어서서 광고주, 광고 대행사, 미디어랩사, 매체사, 채널사 등 광고 시장의 다양한 주체들을 위한 실시간 맞춤 광고의 최적화 시대가 도래하는 데 한몫할 것으로 예상된다. 현재 로켓퓨얼은 동시에 100여 개 기관을 연계해 실시간 광고를 하고 있다. 점점 많은 사람이 스마트폰을 이용해 콘텐츠를 즐기고, 미디어 콘텐츠의 스트리밍화가 증가하면서 인터랙티브 광고 시장이 커지고 있어 로켓퓨얼의 비즈니스 모델은 앞으로도 더욱 주목받을 것으로 전망된다.

광고 효과의 최적화를 지원하는 빅데이터 대리인 비즈니스

디지털 마케팅 시대에 들어서면서 로켓퓨얼처럼 광고주와 광고 매체 사이에서 광고를 최적화하여 중개해주는 기업들은 물론 광고 효과를 분석해주는 빅데이터 기업들이 등장하고 있다. 기업들은 보통 자사 제품의 광고를 다양한 매체(신문, 잡지, TV, 라디오 등)와 다양한 채널(영업사원, 인터넷, 모바일 등)을 통해 집행한다. 그런데 마케팅 담당자들은 광고의 효과를 매체와 채널별로만 파악한다. 모든 매체와 채널에 걸쳐 광고의 전체적이고 유기적인 관계와 효과를 파악하는 것은 매우 어려운 작업이기 때문이다. 그런데 이 같은 문제를 해결하는 데 빅데이터가 적극 활용되고 있다. 미국의 마켓셰어(MarketShare)는 이런 문제를 해결해주는 플랫폼을 제공하는 빅데이터 대리인형 기업이다. 이 외에도 비바키(VivaKi), 옴니추어(Omniture), 더블클릭(DoubleClick) 등도 유사한 사업을 하고 있다.

판매 데이터로 단지 몇 가지 변수 사이의 상관관계를 분석하는 시대는 지났다. 글로벌 기업들은 수 테라바이트의 데이터나 수백 가지 변수들을 실시간으로 분석하고 있다. 그 결과, 마케팅 성과가 10%에서 30%로 향상되었다.[17] 과거 수년간 고객의 행태를 분석하는 기술이 발달하면서 고객의 온라인상 선택들을 매우 자세히 파악할 수 있게 되었다. 예를 들어, 사람들이 집에서 케이블TV로 영화를 시청하는 과정에서도 디지털 셋톱박스에 수많은 데이터가 생성되는데, 이 데이터에 상품 구매 데이터, 신용카드 거래 데이터, 콜센터 로그 데이터 등을 더하면 마케팅 담당자들은 고객이 보고 행동하는 것과 관련, 과거에는 상상할 수도 없었던 규모의 데이터에 접근할 수 있다.

고객 행태(구매)와 사업 성과(매출)에 대한 광고의 영향을 보여주는 통계학적 모델들은 시장 상황(예를 들어, 실업률), 마케팅 활동(예를 들어, TV 광고), 경쟁 요인(예를 들어, 가격) 등과 관련된 수백 개의 변수들로 구성된다. 이러한 모델을 이용한 분석은 3가지 단계를 거치는데, 먼저 광고의 각 요소가 기여하는바(예를 들어, TV 광고가 구매로 연결)를 계량화한다. 즉, 상세한 데이터로 상품 매출 및 광고 지표를 매체와 채널별로 분석하고, 자체적인 분석기법으로 여러 매체와 채널의 종합적 마케팅 효과를 파악한다(예를 들어, TV 광고+소셜미디어 광

그림 4-10 │ 광고 효과의 최적화를 위한 분석 과정

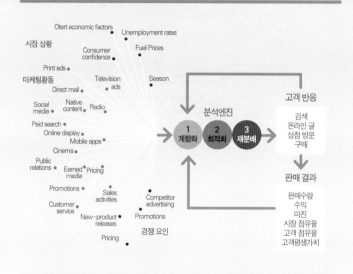

자료: Nichols, W. (2013. 3). "Advertising Analytics 2.0". Harvard Business Review. pp. 60-68

고가 매출에 미친 영향). 그다음으로 사업 계획에 따라 시나리오별로 예측 분석 기법을 적용하고 경제 상황(시나리오)별로 최적의 광고비를 산정한다. 마지막으로 마케팅 자원들을 실시간으로 재분배한다. 고객의 반응과 결과(매출)에 대한 데이터는 분석 엔진으로 다시 피드백되어 기존 분석 과정의 문제점들이 보완된다(〈그림 4-10〉).

04
판타지 스포츠 경기의
승리자
· 넘버파이어 ·

| 빅데이터가 가져온 판타지 스포츠 산업의 변화 |

기술은 스포츠 산업도 바꾸고 있다. 직접 경기장에 가거나 집에서 TV로 경기를 관람하는 것이 스포츠 산업의 전부는 아니다. IT 기술의 발달로 보다 다양하고 넓은 영역으로 스포츠 산업의 범위가 확대되고 있다. 대표적으로 다음과 같은 8가지 분야를 꼽을 수 있다.[18]

① 경기장 관중의 즐거운 경험

② 스포츠 장비 및 의류 디자인

② 티켓 구매

④ 판타지 스포츠(일종의 가상 경기)

⑤ 감독 및 훈련 도구

⑥ 뉴스 및 미디어 커버

⑦ 시각적 기록

⑧ 선수와 팬들 간의 관계 관리

경기장에서 스마트폰으로 좌석에 앉아 음식을 주문하거나, 실제 선수들의 움직임을 감지해 스포츠 장비를 디자인하고, 여러 가지 장비로 선수들의 훈련 스케줄을 짜며, 전자상거래를 통해 티켓을 구매한다. 디지털 카메라로 수집된 경기 데이터들이 경기 분석의 깊이를 더하고, SNS로 선수와 팬 간의 사이가 더욱 가까워지는 등 스포츠 산업에서 IT 기술의 영향은 날로 확대되고 있다. 여기에 더해 가상의 현실 속에서 나만의 드림 팀을 만들어 시합을 하는 판타지 스포츠의 인기도 높아지고 있다.

판타지 스포츠는 실제 선수들의 경기 데이터를 토대로 만든 가상 시합으로, 자신이 팀의 구단주나 감독이 되어 친구들이나 아는 사람들과 상대하는 게임이다. 게임자는 마치 구단주같이 선수를 트레이드하거나 방출하고 다른 선수를 영입하며 감독같이 선수 구성을 정할 수 있다(〈그림 4-11〉 참고). 판타지 스포츠를 즐기는 사람들이 늘고 있는 이유는 사람들이 이를 통해 점점 더 실제 게임에 몰입하게 되기 때문이다. 실제 프로 팀들이 사용하는 데이터를 이용해 자신이 팀의 구단주나 감독이 되어보는 것이다(이런 데이터의 소유권은 공개되어 있다). 스포츠 경기 데이터를 이용해 감독이나 코치처럼 판단함으로써 몰입도가 높아진다. 미국의 경우 프로 풋볼 팬의 70%가 실시간 통계 자료 때문에 판타지 스포츠 앱이나 사이트를 이용한다고 말했다.[19]

그렇다면 판타지 스포츠 중에서도 어느 분야의 잠재시장 규모가 가장 크고 빅데이터의 영향을 가장 크게 받을까? 전문가들마다 판단이 다를 수 있지만, 아마도 판타지 스포츠 베팅 분야일 것이다. 실제로 판타지 스포츠에 걸린 합법적 베팅 규모는 상상 이상이다. 일례로 미국 풋볼 경기에 관한 합법적인 베팅 시장의 규모만 연간 700억 달러(약 72조 6,000억 원)에 이른다고 한다.[20] 미국에서는 온라인 도박이 불법으로 금지되어 있지만 판타지 스포츠에 돈을 거는 행위는 2006년 제정된 연방법에 의해 합법화되었다. 그 배경에는 판타지 스포츠를 요행으로 돈을 버는 일반 도박이 아닌, 축적된 통계학적인 결과를 활용해 논리적인 판단으

그림 4-11 | 최대 판타지 스포츠업체인 팬두얼(FanDuel)의 앱에서 선수를 선택하는 화면

자료: "Fantasy Sports and Gambling: Line Is Blurred" (2013 . 3. 11). *The New York Times.*
http://www.nytimes.com/imagepages/2013/03/12/sports/jpGAMBLING.html

로 이득을 보는 행위로 시각이 자리하고 있다. 물론 이런 주장마저도 논란이 있어 판타지 스포츠 베팅에 대한 불법성 논쟁이 계속되고 있지만 아무튼 현재는 주식 투자 같은 하나의 산업으로 간주되어 번창하고 있다.[21] 미국 내 전체 3,000만 명 이상의 판타지 스포츠 이용자 중 26% 정도가 경기에 돈을 거는 것으로 알려져 있다.

판타지 스포츠를 제공하는 사이트나 앱들의 광고 수입 등 수익도 매우 크다. 미국에서만 약 11억 달러(약 1조 2,000억 원) 규모다.[22] 사실 판타지 스포츠 자체도 어떻게 보면 하나의 빅데이터 산업이라고 할 수 있는데, 이런 대규모 시장을 놓고 관련된 빅데이터 기업들이 주목을 받고 있다. 대표적인 회사가 넘버파이어(NumberFire)이다.

넘버파이어는 표면적으로 자사를 '차세대 스포츠 분석기법 플랫폼'이라고 칭한다. 이 회사는 스포츠 경기와 관련되어 존재하는 모든 비정형 및 오류가 있는 데이터들 속에서 핵심 통찰력을 도출해 선수와 팀의 경기력을 예측하고 분석하는 서비스를 제공한다. 이런 정보들을 스포츠 팀은 물론 개인이나 미디어업체, 리그 등에 판매한다. 다른 유사 업체들과 넘버파이어의 차이점은 경기 결과를 예측하는 방식에서 넘버파이어는 특정 선수의 개인적 기록을 살피기보다 유사한 기록을 가진 선수들이 유사한 상황에서 어떻게 경기를 했는지에 초점을 맞춘다는 데 있다. 즉, 넘버파이어는 어떤 상대들과 경기를 했느냐에 중점을 둔다. 예를 들어, 다음 주 건국대학교가 한양대학교와 농구 시합을 해서 이길 수 있을지를 분석한다면, 건국대학교와 전력이 비슷한 모든 팀(건국대학교를 포함해)이 이전에 한양대학교와 어떻게 상대했는지를 중점적으로 분석한다. 그렇게 하면 건국대학교와 한양대학교의 경기만을 두고 분석하는

것보다 더 큰 그림 속에서 두 대학의 경기 결과를 예측할 수 있다.[23]

물론 이런 예측의 목적은 판타지 스포츠 경기와 관련이 깊다. 넘버파이어는 2012년 미국 아마추어 농구의 최대 축제인 대학농구리그 결승전 우승팀(켄터키대학)을 정확히 예측해서 유명해졌다. 넘버파이어의 적중률은 평균적으로 미국 프로 풋볼 68%, 프로 농구 66%, 대학 농구 66%, 대학 풋볼 78%라고 한다.[24] 2013년 현재 넘버파이어의 개인 고객 수만 해도 15만 명에 이른다.

| 숫자가 스포츠를 지배한다! |

카네기멜론대학에서 정보 시스템과 커뮤니케이션 디자인을 공부한 닉 보다니오(Nik Bonaddio)는 스포츠 시장의 성장성을 밝게 보고 넘버파이어를 설립, 스포츠 데이터 전쟁에 뛰어들었다. 그가 볼 때(특히 판타지 스포츠 경기에 베팅하는 관점에서) 스포츠 경기는 거의 모두 숫자에 관한 것이었다. 그는 스포츠 분야를 복잡한 모델이나 계량화, 알고리즘을 적용할 최적의 대상으로 생각했다. 2010년 설립된 넘버파이어는 주로 풋볼 경기 예측에 치중해왔다. 스포츠 전문 케이블 방송사인 ESPN이나 인터넷 포털인 야후도 스포츠 경기 결과에 대한 예측을 내놓는데, 넘버파이어는 자사가 이들에 비해 70% 이상 높은 적중률을 보인다고 자부한다. 최근 들어 예측 대상 스포츠 분야를 프로 농구와 프로 야구로 확대했는데, 예측력은 여전히 미국 주요 TV 미디어들보다 높다. 수익도 2011년 1만 달러에서 2012년 25만 달러로 급증했다. 주 수익원은 프리미엄 구독료(기본 분석 정보는 무료)로, 주요 방송사는 넘버파이어의 데이터를 이용해 자사 사이트에서 경기 결과 예측을 내놓고 있다. 방송사가 넘버파이어의 플랫폼을 통해 스포츠 경기 결과를 예측하고 있는 것이다.

| 확대되는 글로벌 판타지 스포츠 경기 |

이런 기업의 장래를 결정하는 요소는 지극히 단순하다. 바로 예측의 정확성이다. 그런 면에서 넘버파이어는 판타지프로(FantasyPros), 야후 등 경쟁자들을 차근차근 물리치고 있다. 검색 시장이 형성된 초기에 검색 서비스 회사들 간의 검색 알고리즘 경쟁이 치열했듯, 스포츠 경기 결과 예측 회사들 간에도 당분간 알고리즘 개발 경쟁이 계속될 것으로 보인다. 모바일 플랫폼의 편리성이나 유용성 경쟁도 계속될 것이다.

현재 넘버파이어는 가장 큰 스포츠 시장인 미국에 집중하고 있다. 그러나 판타지 스포츠 경기에는 국경이 없다. 더욱더 많은 사람이 온라인으로 스포츠 경기를 즐기면서 글로벌 판타지 스포츠 베팅 시장은 폭발적으로 성장하고 있다.[25] 국내에서도 영국 EPL(English Premier League) 축구경기를 즐기는 팬들이 많다. 이에 많은 기업들이 판타지 스포츠 베팅과 판타지 스포츠 경기 광고의 잠재성에 주목하기 시작했다. 이 시장에 관심을 기울이고 있는 기업 중 하나가 바로 구글이다. 2014년 월드컵에서 8강 후보를 정확히 예측한 구글은 넘버파이어의 시장에 관심을 보이고 있다. 판타지 스포츠 경기와 관련된 시장의 세계화는 이런 기업들 간의 경쟁을 부추기고 있는데, 판타지 스포츠 베팅 시장의 경우 규모 면에서 아시아 지역이 북미 지역을 앞지른 지 오래다. 성장률은 더 차이가 난다. 결론적으로 넘버파이어가 글로벌 시장을 겨냥할 경우 미국 외의 시장에서 경기 관련 데이터를 수집하고 저장하는 역량이 중요한 변수로 작용할 것으로 보인다.

월드컵과 빅데이터

2014 브라질 월드컵 기간 중 빅데이터에 관한 2가지 뉴스가 화제가 되었다. 첫 번째는 마이크로소프트가 검색엔진 빙(Bing)과 음성인식 솔루션 콘타나(Contana)를 통해 16강전부터 결승전까지 16경기 중 15경기의 결과를 맞혔다는 것이고, 두 번째는 독일의 소프트웨어업체인 SAP의 빅데이터 프로그램이 독일의 우승을 도왔다는 것이다.

월드컵 때만 되면 우승팀을 예측하기 위한 여러 가지 기발한 방식이 등장하여 화제가 된다. 점치는 문어가 등장하기도 했다. 그런데 점차 이런 역할을 빅데이터가 대신하고 있다. 구글도 경기 결과를 예측했는데 16강전 8경기의 결과를 정확히 맞추어 주목을 받았으나 8강전에서는 4경기 중 3경기만 맞추었다. 구글은 선수들의 직전 경기 데이터를 토대로 다음 경기를 예측했는데, 이 외에도 현지에 직접 응원하러 온 자국 관중의 숫자, 응원에서 열광하는 정도를 반영했다(그런데 구글의 예측과 달리 독일이 프랑스에 이기는 바람에 구글 방식은 신뢰성을 잃었다). 반면 마이크로소프트는 이전 경기 결과 데이터와 함께 홈 어드밴티지를 반영하기 위해 경기장의 위치 및 자국과의 거리, 잔디 조건, 경기 시간 등을 추가로 반영하였다.

한편, 경제학자들도 22개 스포츠 베팅 사이트의 예측 데이터를 토대로 각 팀의 우승 확률을 계산했다. 이들의 예측으로는 2014년 브라질 월드컵의 우승 후보는 브라질이었으며, 대한민국은 출전국 32개국 중 26위였다.

그런데 사실 잘 알려지지 않았지만 이런 IT 거물들을 제치고 전 경기에서 더

그림 4-12 | 경제학자들이 예측한 2014년 브라질 월드컵 참가국들의 우승 확률

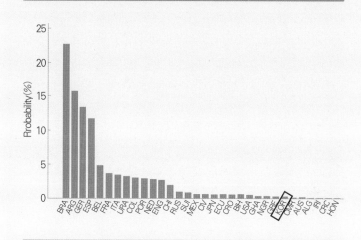

자료: Achim Zeileis, Christoph Leitner, Kurt Hornik (2014). "Home victory for Brazil in the 2014 FIFA World Cup". Working Papers in Economics and Statistics 2014-17. http://eeecon.uibk.ac.at/wopec2/repec/inn/wpaper/2014-17.pdf

정확한 예측을 한 기업은 중국의 최대 SNS업체인 바이두였다. 바이두는 구글, 마이크로소프트, 골드만삭스 같은 주요 경쟁자들을 누르고 전 경기의 58.3%에서 승자를 맞추어 더 높은 적중률을 보여주었다(2등은 마이크로소프트로 56.2%). 재미있는 사실은 바이두가 사용한 방법이 위에서 언급한 기관, 연구자들이 사용한 방식의 주요 변수들을 종합했다는 것이다. 즉, 바이두는 각 팀의 강점, 홈 어드밴티지, 최근 경기 결과, 모든 월드컵 경기 결과, 스포츠 베팅 사이트 확률을 반영해 결과를 예측하였다.[26]

결과적으로 빅데이터로 독일의 우승을 예측하지는 못했지만, 월드컵 시작 전부터 빅데이터가 독일의 우승을 돕고 있다는 사실이 알려졌다. 독일은 브라질 월드컵 아르헨티나와의 결승전에 앞서 2013년 10월부터 독일 소프트웨어 업체인 SAP의 도움으로 빅데이터를 이용해 경기에 대비하는 전략을 수립해 '매치 인사이트(Match Insights)'라는 프로그램을 개발했다. 이를 이용해 월드

컵 경기 동안 경기장에 설치된 8대의 디지털 카메라로 선수의 움직임이나 볼 터치 횟수, 이동거리, 위치, 스피드를 포함해 초당 수천 데이터 포인트의 동영상 데이터를 수집했다. 그리고 이 데이터를 SAP 데이터베이스에 정리하고 각종 분석기법을 적용하여 특정 선수가 목표 수치에 비해 얼마나 차이가 나는지를 분석해서 그 결과를 선수의 태블릿이나 스마트폰으로 제공했다. 예를 들어 〈그림 4-13〉은 안드레 쉬를레(Andre Schürrle) 선수의 볼 다루는 능력(볼 빼앗기, 볼 터치, 볼 소유 시간, 볼 소유 횟수, 볼 소유 수준 등)과 경기력(평균 스피드, 이동거리 등)을 점수화하고 시각적으로 보여준 결과다.

독일팀 경기력 향상의 초점은 경기 운영 스피드에 있었다. 이를 위해 매치 인사이트로 선수들의 평균 볼 소유 시간을 분석해 이를 3.4초에서 1.1초로 낮추었다. 이런 전술이 빛을 발한 대표적인 경우가 브라질과의 준결승전이다. 7대 1로 독일이 승리한 그 경기에서 브라질은 골 점유율 52%를 기록했으나 결과는 좋지 않았다. 반면 독일은 빠른 침투 패스로 상대 수비 진영에서 공간을 확보한 뒤 이를 유기적으로 공략하는 데 성공했다.[27] 계량화된 데이터의 분석뿐 아니라 비디오 그림을 코치들이 시각적으로 분석하는 방법도 많은 정보를 제공했다. 독일 팀의 미들필더인 제롬 보아텡(Jerome Boateng)은 이런 도움으

그림 4-13 | 안드레 쉬를레 선수의 볼 다루는 능력 및 경기력 점수표

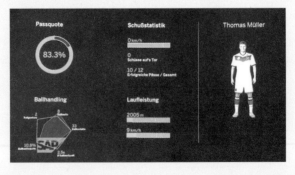

자료: https://www.youtube.com/watch?v=RcqA3qqBaPc

로 페널티 박스 안에서 포르투갈팀의 크리스티아누 호날두(Cristiano Ronaldo)의 움직임을 파악했다. 또한 독일팀은 프랑스팀의 움직임이 중앙에 집중돼서 수비수의 공격 가담 시 양쪽 측면에 많은 공간이 생긴다는 사실도 파악했다.[28] 이외에도 다양한 곳에서 경기력을 높이기 위해 빅데이터가 사용되고 있다. 빅데이터 분석기술이 접목된 골라인 및 볼 추적 기술로 특정 상황에서 선수들의 습성을 파악할 수 있다. 또한 빅데이터 비디오 분석 기술은 특정 키워드를 사용해 경기 중 특정 음향이나 그림을 찾아내 심도 있는 경기 상황 분석을 위한 하이라이트 필름을 만들기도 한다. 독일의 한 프로팀은 선수의 유니폼과 보호대, 심지어 공에 센서를 장착해 연습 때의 평균 스피드, 볼 소유, 기타 선수의 습성 등에 대해 한 경기당 6,000만 개의 위치 데이터를 수집한다. 이런 데이터를 분석해 선수별로 장단점을 보완하여 효율적이고 부상 위험이 적게 맞춤화된 훈련 계획을 수립한다.[29]

이 2가지 사례(경기 결과 예측과 경기력 향상)를 보면 현재의 기술 수준에서 결과를 예측하는 데 빅데이터를 활용하는 것은 아직도 많은 과제가 남아 있으나, 문제의 내용과 원인을 분석하는 분야에서 빅데이터가 유용하게 활용될 수 있음을 보여준다. 스포츠 경기 결과 예측에 영향을 미치는 변수들과 이들 간의 관계를 찾는 것은 아직 쉬운 일이 아니다. 하지만 문제의 범위를 좁혀 반복되는 특정 문제(예를 들어, 경기 속도 향상)에 대한 해답을 찾는 데는 빅데이터가 효과적임이 이미 증명되었다. 아무튼 예측이 되었건, 문제 원인 분석이 되었건 최근 들어 컴퓨터가 스스로 학습하는 딥 러닝(deep learning) 기술의 발달로, 과거의 실수로부터 배우고 또 더 많은 데이터로 이전의 약점을 보완하여 이들의 정확도를 높일 것으로 기대된다. 데이터가 축적되고 많아질수록 빅데이터가 스포츠에 더욱 효과적으로 활용될 전망이다.

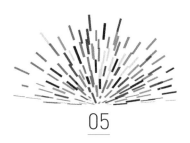

05

SNS 데이터 속에
모든 답이 있다!

·데이터시프트·

| 130여 개국 SNS 데이터를 내 손 안에 |

수많은 사람이 소셜미디어를 사용한다. 사용 시간이 점점 길어지고 그 용도 또한 더욱 다양해지고 있다. 서울 시민 10명 중 7명이 소셜미디어를 이용하며, 10~20대의 사용 기간은 보통 하루에 2시간 이상이다.[30] 소셜미디어 데이터에는 일상을 이야기하는 풍성함이 있다. 기업들이 SNS가 각광받는 이유를 이해하기 시작하면서 이들 데이터의 가치는 점점 더 높아지고 있다.

영국의 데이터시프트(DataSift)는 SNS나 웹 등 공개된 온라인상의 데이터를 고객의 목적이나 선호도에 따라 취합하고 정리, 분석해서 제공하는 플랫폼업체다. 이 회사는 소셜미디어 데이터와 이를 이용하려는 이용자를 이어주는 이른바 데이터 큐레이션 플랫폼을 제공한다. 특히 데이터시프트는 트위터의 모든 트윗을 재사용할 수 있는 지구상의 오직 4개의 공식기관 중 하나다(다른 3개 기관은 트위터의 자회사인 그닙(Gnip)과 애플의 톱시(Topsy), 그리고 일본의 NTT데이터(NTT Data)*이다). 데이터시프트는 2010년 서비스를 시작해 트위터 이외에도 페이스북, 구글 플러스, 유튜브, 인스타그램, 링크드인, 심지어 중국의 최대 SNS인 웨이보 (Weibo, 영문명 WeChat) 등 수십 개의 소셜미디어 데이터들로부터 의미 있는 정보를 추출해 수요자의 목적에 맞게 분석해준다. 즉, 데이터를 직접 소유하지는 않지만 시장에서 필요로 하는 데이터에 접근할 수 있는 권한을 가지고 고객들에게 이를 가공해 전달하는 전형적인 빅데이터 대리인형 비즈니스 모델을 가지고 있다.

미국 서부 지역의 하이테크 기업들이 주요 고객이기 때문에 샌프란시스코에 본사를 두고 24시간 서비스를 제공하는 데이터시프트는 비정형 소셜미디어 데이터를 필터링하고 분석해 고객들에게 필요한 인사이트를 만들어낸다. 기업 브랜드 및 이미지, 정치적 이슈 등 특정 주제에 관한 고객들의 감정(sentiment)도 분석 가능하다. 국내에도 소셜미디어 데이터로 고객 감성 분석을 제공하는 여러 기업이 있지만 글로벌한 데이터 분석의 규모나 범위, 그리고 분석 능력 면에서 데이터시프트는 독보적인 위치를 차지한다. 더욱이 데이터시프트는 고객을 대신해 문제를 해결해주는 부분에서 고객가치를 창출한다. 그냥 SNS 데이터를

---

* 일본 NTT데이터도 공식 트위터 데이터 재판매업체이지만 일본 트위터 데이터에 국한되어 있다 ("Twitter buys Gnip, one of only four companies with 'firehose' access" (2014. 4. 16). The Guardian).

표 4-4 | 데이터시프트가 사용 가능한 정보 탐지 · 분석 기술(경쟁사 비교)

정보 탐지 · 분석 기술	데이터시프트	그닙(경쟁사)
언어 탐지	○	○
URL 확장(탐지)	○	○
감성 분석	○	×
성별 탐지	○	×
토픽 탐지	○	×
주체 탐지	○	×
링크 분석	○	×
자동화된 데이터 유형 분류	○	×

자료: "Two Great Social Data Platforms: How DataSift and Gnip Stack Up" (2014). www.
programmableweb.com

수집해 제공하면 빅데이터 창출자에 머물 것이나, 그 자체로는 고객가
치 창출이 쉽지 않다는 것을 간파한 데이터시프트는 빅데이터 대리인
을 추구한다.

〈표 4-4〉는 데이터시프트가 보유한 소셜미디어 데이터 속에서 의미
있는 정보를 찾아내는 기술들을 경쟁사와 비교한 것이다. 데이터시프
트는 언어 탐지, URL 탐지, 감성 분석, 성별 탐지, 토픽 탐지, 주체 탐
지, 링크 분석, 자동화된 데이터 유형 분류 등이 가능하다. 자동으로 다
룰 수 있는 언어 수도 경쟁사가 20여 개국 언어에 그치는 반면 데이터
시프트는 130여 개국 언어의 소셜미디어 데이터를 자동으로 다룰 수
있다.

수익 구조를 보면 소셜미디어의 업데이트 내용에서 키워드를 분석하는 기본 서비스의 한 달 사용료는 3,000달러 정도다. 한 달에 1만 5,000달러를 내면 기본 서비스보다 10배나 많은 실시간 데이터를 분석해주고 그 결과를 계속 업데이트해주며 위치 기반 정보, 텍스트 패턴 매칭 및 자연어 처리 등으로 사용자에게 더 적합한 정보를 필터링해준다.[31]

데이터시프트 플랫폼에서는 고객이 검색하고 싶어 하는 단어와 기간을 구체적으로 설정할 수 있다. 고객이 원하는 내용과 기간이 정해지면 트위터, 페이스북, 블로그, 포럼 등에 올라온 글들을 대상으로 검색을 행한다. 요금은 어떤 데이터 소스를 검색하느냐에 따라 달라진다. 회사 사이트에 들어 있는 데이터 소스 탭을 클릭하면 접근 가능한 모든 데이터 소스 리스트가 나타난다(〈그림 4-14〉). 이처럼 데이터시프트는 사용자가 플랫폼을 통해 자신이 원하는 정보를 얻을 수 있도록 서비스하는 빅데이터 대리인형 비즈니스 모델 기업이다. 다시 말해, 자신이 직접

그림 4-14 | 데이터시프트의 데이터 소스 선택 화면

자료: http://datasift.com/platform/data-filtering/

데이터를 보유하지 않고 그 대신 고객들이 외부 소셜미디어 빅데이터를 쉽게 분석할 수 있고 여러 가지 필터를 적용해 원하는 정보만 정제해서 볼 수 있도록 지원한다.

| 데이터 소스와의 전략적 관계가 미래를 좌우한다 |

데이터시프트의 강점은 다양한 소셜미디어의 데이터 소스들을 취합하고 점과 이들 속에서 의미 있는 내용을 분석하는 기술에 있다. 이러한 특징은 소셜미디어 데이터 분석을 원하는 기업들의 시간과 노력을 크게 줄여주는 데 그치지 않고 의사결정을 돕는 서비스를 제공할 수도 있다. 이를 '서비스화된 데이터(DaaS, Data as s Service)'라고 부른다.

데이터시프트 같은 데이터 중개형 비즈니스 모델들은 외부 데이터를 기업의 의사결정에 얼마나 유용하게 활용할 수 있게 정리해 제공하느냐에 따라 사업의 승패가 갈린다. 효율성을 높이기 위해 데이터 소스들과의 관계도 중요하다. 데이터시프트는 트위터 데이터의 독점 사용자 중 하나인데, 트위터가 유사한 서비스를 하는 그닙이라는 자회사를 보유하고 있기에 트위터와의 관계도 이 회사의 비즈니스에 영향을 미칠 것으로 보인다. 아직까지 데이터시프트와 트위터 양사는 서로를 전략적 동반자로 간주하고 있다.

실시간 기계 데이터 수집의 지존, 스프렁크

데이터시프트는 소셜미디어 데이터(즉, SNS상의 글이나 사진 등) 외에도 소셜미디어 로그 데이터(즉, SNS 사용 시간과 시점에 대한 기계적인 기록들)를 실시간으로 수집하고 분석하기 위해 기계 데이터(machine data) 수집 분야의 대표적인 기업인 스프렁크(Splunk)와 전략적 제휴 관계를 맺었다. 데이터시프트는 스프렁크와의 제휴를 통해 소셜미디어상의 내용에 관한 데이터와 이의 이용에 관한 데이터(로그 데이터 등) 간의 상관관계를 분석하면 어떤 고객들이 어떤 회사의 어떤 서비스에 대해 (소셜미디어에서) 이야기하는지 보다 쉽고 종합적으로 파악할 수 있을 것으로 기대했다. 해당 기업은 이를 바탕으로 고객 관계나 브랜드 이미지를 개선할 수 있다.

2004년 미국 샌프란시스코에서 설립된 스프렁크가 개발한 스프렁크 시스템은 많은 글로벌 기업은 물론 국내 기업들도 애용하고 있는 솔루션이다. 스프렁크는 왜 이렇게 인기가 많은 걸까? 스프렁크가 제공하는 기능을 자체 개발하려고 시도한 국내 업체들도 있지만 성공하지 못하고 결국 스프렁크를 이용하게 된 경우도 있다. 기계 데이터 문제에 관한 한 스프렁크는 누구보다 확실한 해답을 제공한다.

스프렁크의 원천기술은 데이터 분석 기술이라기보다는 기계 데이터(웹 로그, 지표, 거래 pos 데이터 등)의 수집(data collection), 통합(combination), 인덱싱(indexing) 및 분석(analysis) 3가지다(〈그림 4-15〉).

첫 번째 기능은 데이터 수집이다. 이미 어딘가 저장되어 있는 데이터뿐만 아니라 실시간으로 발생하는 변화나 추가된 데이터, 네트워크 포트나 컴퓨터 프로그램 및 기계의 사용 현황(script)에서 실시간으로 데이터를 수집한다. 여기에 더해 기존 정형 데이터를 다루는 관계형 데이터베이스와 연결해 데이터를 수집, 추가, 업데이트할 수도 있다. 스프렁크가 강점을 보이는 기계 데이터는 기계나 센서의 사용 기록(즉, 데이터)으로, 로그 파일(log file)이라고도 불린다. 문제는 이런 기계 데이터들의 포맷이 기기나 제조사별로 전혀 다르다는 것이다. 그래서 이전에는 제조사별로만 처리할 수 있었다. 100개의 제조사가 있을 경우, 포맷의 종류는 1,000여 가지가 넘는다. 기기별로 다른 포맷을 사용하기

그림 4-15 | 스프렁크의 데이터 수집 및 분석 과정

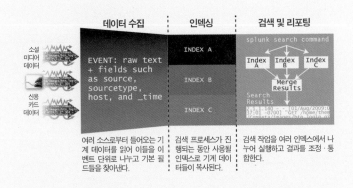

데이터 수집	인덱싱	검색 및 리포팅
여러 소스로부터 들어오는 기계 데이터를 읽어 이들을 이벤트 단위로 나누고 기본 필드들을 찾아낸다.	검색 프로세스가 진행되는 동안 사용될 인덱스로 기계 데이터들이 복사된다.	검색 작업을 여러 인덱스에서 나누어 실행하고 결과를 조정·통합한다.

자료: David Carasso (2012). "Exploring Splunk". *CITO Research*

때문에 스프렁크 이전에는 여러 소스로부터 기계 데이터들을 수집하고 통합하는 작업이 쉽지 않았다. 스프렁크의 독자적인 시스템으로 이런 문제의 해결이 가능해진 것이다.

두 번째 작업은 인덱싱이다. 나중에 찾기 쉽도록 데이터에 꼬리표를 다는 작업인 데이터 인덱싱(data indexing)은 먼저 데이터를 이벤트(event) 단위로 나누는 것으로 출발한다. 이벤트는 데이터베이스의 레코드(record)나 일련의 데이터 집합에 해당된다. 데이터가 이벤트별로 나뉘고 꼬리표가 달리면(인덱싱) 데이터의 저장된 위치가 정리된 기존 인덱스(꼬리표 집합)가 업데이트된다. 그다음 작업으로 스프렁크의 자체 프로그램을 사용해 데이터를 검색하고 원하는 결과를 보고서나 대시보드 형태로 나타내기 위한 분석이 이루어진다. 특히 스프렁크는 이런 결과를 보다 쉽게 이해할 수 있는 다양한 시각화 도구들을 제공한다.

스프렁크는 원시 기계 데이터를 개별 이벤트 단위로 나눈다. 각각의 이벤트는 보통 14개의 필드로 구성된다. 하나의 이벤트에 소스(데이터 출처), 소스 유형(데이터 종류), 호스트(데이터를 발생시키는 호스트 혹은 기계 이름), 시간 등 4가지 필드가 기본적으로 포함된다. 예를 들어, 시계에서 발생하는 로그파일로부터

그림 4-16 │ 시계에서 발생하는 기계 데이터(로그 파일)의 예

```
Action: ticked s:57, m:05, h:10, d:23, mo:03, y:2011
Action: ticked s:58, m:05, h:10, d:23, mo:03, y:2011
Action: ticked s:59, m:05, h:10, d:23, mo:03, y:2011
Action: ticked s:00, m:06, h:10, d:23, mo:03, y:2011
```

자료: David Carasso (2012). "Exploring Splunk". *CITO Research*

그림 4-17 │ 스프렁크에서의 자동화된 이벤트 구분과 필드 파악

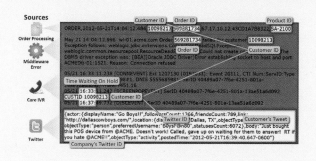

자료: Sogeti & Splunk (2012). "Gaining Critical Business Insights from Machine-
generated Big Data"

얻어지는 초(s), 분(m), 시(h), 일(d), 월(mo), 연(y) 등의 필드와 4가지 기본 필
드가 하나의 이벤트를 이룬다(〈그림 4-16〉). 여기에 더해 알람이 작동되고, 소리
가 울리고, 알람이 꺼지고, 배터리가 소모되는 것 등등의 데이터도 하나의 이벤
트 내 필드가 될 수 있다. 이러한 이벤트들이 모여 하나의 테이블을 이룬다.

〈그림 4-17〉은 스프렁크가 여러 소스로부터 자동으로 얻어진 기계 데이터에
서 이벤트를 구분하고 이를 구성하는 필드들(고객 ID, 주문 ID, 상품 ID, 시각)을
찾아내는 모습이다. 특히 각각의 이벤트 속에 공통적으로 나타나는 트위터 아

이디(Customer ID)라는 필드를 찾아낸 예다. 스프렁크는 여러 소스(주문 처리, 미들웨어 에러, ARS, 트위터)에서 보내오는 로그 파일의 텍스트들을 이벤트 단위로 나누고 그중에서 (사전에 정의된) 의미 있는 필드들을 찾아낸다. 스프렁크는 파일(예를 들어, 로그 파일), 네트워크 포트, 스크립화된 인풋(input) 등 텍스트 데이터만 읽을 수 있다.

스프렁크가 제공하는 세 번째 기능은 분석이다. 이런 과정을 통해 기업들은 일상적인 활동에서 발생하는 (그러나 원인과 해결책을 몰랐던) 문제를 해결할 수 있다. 이에 대해 스프렁크는 통상적인 업무를 위한 인텔리전스(operational intelligence)를 얻을 수 있다고 강조한다. 다음의 예를 통해 그 의미를 살펴보자.

할인 증권사인 미국 찰스슈와프는 스프렁크로 하루에 500기가바이트의 기계 데이터를 수집, 분석해 이전에는 파악하지 못했던 다음과 같은 일상적인 문제들의 답을 찾을 수 있었다. 이 회사가 직면한 문제는 휴대전화로 수표를 스캔해 입력하는 앱에 대한 고객의 불만이 높다는 것이었다. 찰스슈와프는 먼저 고객들이 모바일로 수표를 스캔해 입금하는 작업의 성공률을 정확히 알아야 했다. 스프렁크를 통해 분석한 결과, 85%의 고객이 첫 번째 시도에 성공하는 것으로 나타났으며, 첫 10일 이내에 98% 이상의 고객들이 성공했다. 그다음으로 고객들이 왜 입금에 성공하지 못하는가를 분석했는데, 이미지를 스캔하는 것이 생각보다 쉽지 않은 것으로 나타났다. 이미지가 흐리거나 읽히지 않았다. 고객들이 이 같은 문제를 어떻게 해결했는지에 관해서는 짐작만 할 뿐 정확히 알지 못했는데 분석 결과, 고객들은 회사 고객 서비스센터의 도움을 받거나 여러 번의 시행착오를 거쳐 해결했다. 고객에게 어떤 도움을 주는 것이 효과적일지도 스프렁크를 통한 분석으로 해결됐다. 이후 찰스슈와프는 문제가 발생하는 즉시 고객이 도움을 받을 수 있는 기능을 추가했고, 전화로 문의하는 경우 해당 고객의 계좌를 즉시 살펴보도록 조치했다.[32]

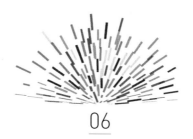

06

데이터로
교통을 지배하다
·인릭스·

| 첨단 분석기법으로 32개국의 교통 문제를 해결하다 |

교통 체증으로 인한 경제적 손실은 엄청나다. 미국에서만 한 해 1,212억 달러에 달한다고 한다.[33] 국내의 경우, 2012년 도로교통안전공단이 추정한 교통사고의 사회적 비용은 총 23조 5,900억 원으로, 우리나라 연간 GDP의 1.9%, 국가 총예산의 10.6% 수준에 달했다.[34] 차량이 늘어나고 길이 복잡해지면서 교통 문제는 환경오염 같은 중요한 사회 문제로 떠오르고 있다.

교통 정체나 교통사고로 인한 피해는 고스란히 금전적 손해로 이어진다. 이런 까닭에 적시에 정확하고 종합적인 교통 정보를 제공받기 원하는 수요자가 늘어나고 있다. 교통 정보의 가치가 높아지고 있는 것이다.

교통 정보가 좋은 사업 재료가 될 것임은 누구나 예측할 수 있지만, 교통 정보를 가지고 구체적으로 어떤 사업을 해야 될지는 알기 어려운 문제다. 누구를 대상으로 어떤 사업을 하느냐는 비즈니스 모델이 잘 구축되어야 적절한 답이 나온다. 인릭스(INRIX)는 바로 이런 문제에 답을 제시한다.

2004년 전직 마이크로소프트 직원이 설립한 인릭스는 중국, 러시아를 포함해 32개국에서 스마트 데이터와 고도의 분석기법으로 교통에 관한 문제의 해결책을 제시하는 B2B 교통 정보 플랫폼 공급업체다. 인릭스는 기본적으로 문제 해결을 위한 플랫폼을 제공하는 빅데이터 대리인형 비즈니스 모델 기업이지만, 교통 데이터를 판매하는 빅데이터 창출자형 비즈니스 모델도 함께 운영하고 있다. 인릭스는 일반적인 도로 센서, 공식적인 사고·사건 신고, 그리고 시민들의 자발적 신고 및 기기 등 수백 개의 소스로부터 실시간으로 수집한 데이터를 첨단 분석 도구들로 분석해 교통 및 운전과 관련된 정보를 제공한다. 포드, BMW, 아우디 등 8개 자동차 제조업체의 내비게이션에도 인릭스의 교통 데이터가 사용되고 있다. 해외에서 가장 많이 사용되는 교통 정보 앱 12개 중 8개가 인릭스의 정보를 바탕으로 한다. 이들 앱이 다른 앱과 차별화되는 부분은 기본 차량 흐름 데이터 외에도 사용자 등 많은 외부 파트너로부터 수집한 데이터를 활용한다는 점이다.[35]

2012년 9월 25일 영국에서는 갑작스러운 집중 폭우로 도시 곳곳에서 인명 피해가 빚어진 것은 물론 교통이 마비되는 사태가 발생했다. BBC는 이 사실을 생방송 뉴스로 알렸다. 방송 화면에는 침수로 뉴캐슬과 에딘버러 간 철도 운행이 중단되었다는 긴급 속보가 자막으로 시청자들에

그림 4-18 | 인릭스의 활용 사례

영국 BBC 방송은 인릭스의 실시간 데이터를 바탕으로 폭우로 기차가 끊겼다는 속보를 내보냈다.

자료: BBC (2012)

게 전해졌다(〈그림 〈4-18〉). 그런데 이 뉴스는 BBC방송사에서 취재한 것이 아니라 인릭스의 교통 속보 서비스를 자막으로 내보낸 것이었다. 교통과 관련된 뉴스 콘텐츠를 외부의 빅데이터업체가 직접 실시간으로 제공하는 상황이 된 것이다. TV 뉴스를 방송사에서 모두 취재해서 제작하기보다는 뉴스 주제별로 전문 빅데이터업체들이 맡아서 깊이 있는 뉴스를 제공할 날도 머지않은 것 같다.

| 단순 교통 정보를 넘어 다양한 서비스로 |

인릭스의 경쟁력은 빅데이터로 시간과 내용 면에서 차별화된 교통 및 관련 파생 정보를 제공하는 데 있다. 공공 교통 정보는 물론 상업적 소스들로부터 수집한 다양한 정보를 실시간으로 통합, 분석해서 미래 교통 상황에 대한 예측을 제공한다. BBC의 예처럼 실시간 정보를 제공하기 위해서는 실시간 차량 흐름 및 교통 지도 데이터뿐 아니라 아래와 같은 다양한 데이터가 활용된다.

- 날씨 데이터
- 자동차와 모바일 기기에 장착된 1억 개의 센서 데이터
- 상세 사고 내용, 공사, 도로 폐쇄 정보 및 이벤트(예를 들어, 스포츠 경기 일정)나 시위에 따른 교통 정보
- 주요 도로 지체 상황
- 교통 카메라 화면
- 트위터에 의한 현장 리포트

이러한 다양한 정보를 통해 지역 정보와 차량 대수, 인명 피해 데이터 등을 결합하여 사고로 인해 특정 지역의 교통 체증이 얼마나 오래 지속될지 예측할 수 있다. 그뿐만 아니라 병목 구간이나 운전 시간, 교통 체증이 유발되는 도로 등을 1년 앞서 예측할 수도 있다(〈그림 4-19〉).

인릭스의 발전에 긍정적인 의미만 있는 것은 아니다. 인릭스는 교통 데이터를 수집하고 보고하는 기자나 통신원을 모두 실업자로 만들 수도 있다. 교통 통신원들이 하던 역할을 각종 센서와 카메라, 그리고 트위터의 교통과 관련된 글들이 대신할 수도 있기 때문이다. 개인들도 인릭스 서비스를 직접 이용할 수 있다. 인릭스가 개발한 앱 '인릭스 TV'는 정부기관, 거리 센서, 차량 센서, 크라우드 방식의 모바일 기기 등으로부터 공공 및

그림 4-19 | 인릭스의 교통 관련 예측 흐름도

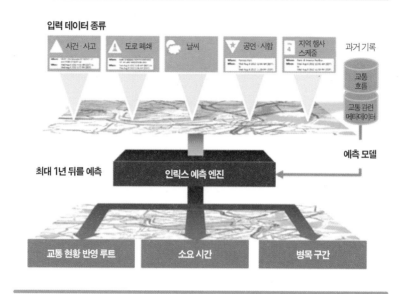

입력 데이터 종류

| 사건·사고 | 도로 폐쇄 | 날씨 | 공연·시합 | 지역 행사 스케줄 |

과거 기록

교통 흐름

교통 관련 메타데이터

예측 모델

최대 1년 뒤를 예측

인릭스 예측 엔진

교통 현황 반영 루트 / 소요 시간 / 병목 구간

자료: "If there's no such thing as anonymous data, does privacy just mean security?" (2013. 3. 28). Gigaom. https://gigaom.com/2013/03/28/when-theres-no-such-thing-as-anonymous-data-does-privacy-just-mean-security/

사설 교통 데이터를 실시간으로 제공받아 분석한다.

인릭스의 서비스를 이용하는 분야는 다양하며 적용 범위가 갈수록 넓어지고 있다. 최근에는 긴급 속보 같은 단순한 교통 정보를 제공하는 것을 넘어서서 다양한 정보를 방송사에 제공하고 있다. 예를 들어, 교통 흐름뿐만 아니라 대형 폭풍이나 사건·사고, 스포츠 경기 등이 교통에 미치는 영향을 사전에 분석한 정보를 제공한다. 이에 따라 내비게이션을 장착하는 자동차 제조업체와 교통 관련 뉴스를 제공하는 미디어업체 외에 정부기관과 부동산 개발자, 금융회사들도 인릭스의 주요 고객이 되고 있다. 정부기관은 교통 흐름과 도로 개선 및 운영에 인릭스 데이터를 사용한다. 부동산업체는 인릭스의 서비스를 이용해 주택 구매자들이 새 집에서의 출근 시간을 가늠할 수 있도록 한다. 한 투자회사는 인릭스가 제공한 신규 쇼핑몰 주변의 교통 체증 정보를 바탕으로 그곳의 수익을 예상하기도 했다. 바로 이러한 부분들이 인릭스의 빅데이터 대리인형 모델이 적용되는 비즈니스들이다.

| 문제 해결을 위한 데이터 깊이의 경쟁 |

교통 정보가 교통체증 해소와 목적지 도착 시간을 줄이는 데만 사용될 것이라고 생각하는 사람은 교통 정보의 중요성을 제대로 파악하지 못한 것이다. 교통 정보를 응용할 수 있는 분야는 무궁무진하다. 예를 들어, 서울 같은 대도시에서 골치 아픈 주차 문제를 해결하는 데도 교통 정보는 필수적이다. 운전자가 목적지 근처의 가장 저렴하고 편리한 주차 장소를 재빠르게 찾는 데 인릭스의 교통 정보가 이용될 수 있다. 이런 서비스는 사용자의 문제를 제대로 해결해주느냐가 관건이다. 인릭스의 비즈니스 모델에서 데이터의 상세 수준을 의미하는 데이터의 깊이는 경쟁의 결정적인 요소다. 교통 정보를 이용한 문제 해결 서비스를 개발하기 위해서도 이런 정보는 필수적이다. 예를 들어, 무인자동차 등이 그러하다. 특정 지역과 시점에 얼마나 상세하고 정교한 교통 정보를 확보해 실시간으로 사용자들에게 제공하느냐에 따라 인릭스와 다양한 빅데이터 응용가형 비즈니스 모델 기업이 제휴할 것으로 전망된다.

인릭스와 웨이즈, 무엇이 같고 무엇이 다를까?

인릭스는 구글에 인수된 교통 정보 회사인 웨이즈와 유사한 서비스를 제공하는 것처럼 보이지만 두 회사는 매우 다른 빅데이터 비즈니스 모델을 가지고 있다. 인릭스는 빅데이터 대리인과 창출자 2가지 모델을 모두 보유하고 있지만 웨이즈는 빅데이터 창출자 모델에 한정된 기업이다.

인릭스는 누구나 수집할 수 있지만 너무 많고 다양해 엄두가 나지 않는 데이터를 수집해 소비자들이 이를 잘 활용할 수 있도록 정리해 플랫폼 형태로 제공한다. 반면 웨이즈는 없던 데이터를 만들어내 분석한 결과로 가치를 창출한다. 인릭스와 달리 웨이즈는 실시간으로 보내오는 웨이즈 내비게이션 앱 사용자들의 차량 이동 정보를 바탕으로 한다. 인릭스도 일반 시민들의 제보 등 크라우드 소싱 데이터를 사용하지만 웨이즈가 웨이즈 내비게이션 사용자들을 위해 독창적인 교통 정보를 만들어내 활용하는 것과는 차이가 있다.[36] 다시 말해, 웨이즈는 보다 능동적인 데이터 창출 및 활용을 추구하는 빅데이터 창출자형 비즈니스 모델을 추구한다.

인릭스의 강점은 차별화된 데이터를 만들어내지는 않지만 보다 다양한 소스에서 데이터를 수집해 종합적으로 제시하고 사용자들이 자신의 니즈에 따라 간편하게 필요한 부분만 이용할 수 있는 유연한 플랫폼을 제공하는 능력에 있다. 교통 관련 이슈들을 다루는 부문에서는 인릭스가 압도적으로 유리하다. 웨이즈가 자신이 창출한 데이터로 차별성을 유지한다면 인릭스는 데이터를 플랫폼에서 종합하고 정리해 편리하게 제공하는 능력으로 차별성을 만들어낸다.

07

디지털 맞춤 교육의 시대는
이미 시작되었다!

· 뉴턴 ·

| 눈높이 스마트 맞춤 교육의 대리인 |

빅데이터 교육 사업자 뉴턴(Knewton)에 따르면, 전 세계적으로 디지털 교육 시장은 7조 달러 규모로 온라인 광고 시장의 570배, 모바일 산업의 7배에 이르는 어마어마한 크기라고 한다.[37] 이는 이탈리아, 프랑스, 영국의 국내총생산을 합친 것보다 더 큰 규모다. 인터넷이 오프라인 방식의 기존 교육 시장을 대체하고 있다는 얘기다. 무슨 근거로 이런 주장을 하는 것일까?

디지털 교육은 교육과 관련된 빅데이터를 분석해 교육의 질과 결과를 높이는 데 활용할 수 있도록 하는 플랫폼 비즈니스다. 뉴턴 같은 스마트 맞춤 교육 플랫폼의 등장으로 디지털화와 빅데이터가 결합된 산업의 파괴적 혁신이 이미 진행 중인 음악 산업, 광고 산업, 비디오 산업, 상거래 등에 이어 교육 산업에서도 나타날 것으로 예상된다.

중고등학교 때 수학 시간에 나의 눈높이에 맞춘 나만을 위한 수업을 받을 수 있으면 얼마나 좋을까 생각해본 사람이 많을 것이다. 학원에 다니거나 과외 수업을 받을 수도 있지만 모든 정규 수업이 각 학생의 수준에 맞춰 개별적으로 진행된다면 학생과 교육자 모두 크게 만족할 것이다. 빅데이터로 인해 그런 세상이 조금씩 가까워지고 있다. IBM 연구조직에서는 매년 시장과 사회 변화 및 새롭게 등장하는 기술들을 반영해 '5 in 5'라고 불리는 5가지 분야의 5가지 미래 예측 리스트를 제시한다. 2013년 리스트 중 교육 분야의 예측은 바로 "교실이 당신을 학습할 것이다(The classroom will learn you)"였다.[38] 실제로 '맞춤 교육을 위학 빅데이터 플랫폼'이 개발되어 교육 현장에 적용되고 있다. 이러한 혁신을 주도하는 기업으로 미국의 뉴턴, 드림박스(DreamBox) 등이 있다.

| 취약점을 찾아내 학습 성과를 높여라! |

"학습 과정의 취약점을 찾아내 학습 성과를 높인다." 교육학 연구 주제가 아니다. 2008년 미국에서 설립된 빅데이터 교육 플랫폼업체인 뉴턴이 빅데이터를 통해 제공하려는 고객가치다. 그것도 학습 과정이 끝난 뒤가 아닌 학습하는 과정에 실시간으로 진행된다. 이런 플랫폼을 적용할 경우, 어떤 학생이 과학 과목을 이해하는 데 문제가 있는 것은 수학 실력이 부족하기 때문이라는 것을 심증이 아닌 구체적 증거를 통해 밝

혀낼 수도 있다. 어떤 수업은 세 번째 강의를 진행할 때 어려움이 있을 것이라는 예측도 가능하다.

교육 콘텐츠 제공업체들은 이런 가치를 매우 높이 평가한다. 그리고 이런 가치를 제공하는 것은 교육 전문가가 아니라 바로 빅데이터 교육 플랫폼이다. 빅데이터 교육 플랫폼은 온라인으로 교육 콘텐츠를 제공하는 기업이나 교육기관들이 학생의 학습 과정, 성과 및 태도에 대한 빅데이터 분석으로 학생들의 학습을 실시간으로 돕는 시스템을 가리킨다. 실제로 세계적인 디지털 교육 콘텐츠 기업 및 기관들이 뉴턴의 빅데이터 플랫폼을 이용해 사용자들의 학습 경험을 향상시키고 있다. 빅데이터 플랫폼은 학생이 많을수록 그 효과가 커진다. 특정 학생을 분석하기 위해서는 그 학생뿐만 아니라 학습 수준이 유사한 학생들로부터 취합되는 경험이 중요한 자료가 되는 것은 물론 이를 바탕으로 그 학생의 학습 행태에 대한 사전 예측과 준비가 가능해지기 때문이다. 교육 관련 빅데이터 플랫폼은 2014년까지 700만 명의 학생이 사용한 것으로 추정된다.

뉴턴의 CEO 조세 페레이라(Jose Ferreira)에 따르면 교육 관련 빅데이터에는 5가지가 있다. 이 중 3가지는 개인에 관한 데이터(개인정보), 시스템 관련 데이터(예를 들어, 전체 학생 수, 출석 여부 등), 사용자와의 상호작용(온라인 프로그램의 경우) 등으로 그 내용이 매우 명료하다. 나머지 2가지는 각기 다른 그룹의 학생들에 대한 학습 자료의 효과성을 평가한 '콘텐츠 평가 데이터'와 학생들의 이해 수준과 이해에 영향을 미치는 요인들을 평가한 '학생 평가 데이터'다. 일반적인 교육학에서는 주로 처음 3가지 데이터에만 의존한다는 것이 페레이라의 주장이다.[39]

| 뉴턴은 당신이 왜 공부를 못하는지 알고 있다! |

뉴턴의 플랫폼은 학생들의 학습 경험을 높이기 위해 개별 학생의 학업 성과 및 유사한 그룹 학생들의 학업 성과뿐만 아니라 교육 콘텐츠의 적절성을 실시간으로 비교 분석한다. 뉴턴은 자사가 개발한 도구를 대학뿐만 아니라 기업이나 다른 교육 콘텐츠 기관들에 제공해서 개인에게 최적화된 맞춤 교육이 가능하도록 하고 있다. 뉴턴은 2012년 《패스트 컴퍼니(Fast Company)》가 선정한 전 세계에서 가장 혁신적인 기업 50곳 중 하나로 꼽히기도 했다.

뉴턴의 빅데이터 교육 방식은 개인별 맞춤형 학습법(adaptive learning)으로, 특정 과목이나 주제를 온라인으로 가르치면서 학생들이 강의를 시청하다가 중간에 몇 번이나 정지시키며, 몇 번 만에 질문에 답하고, 질문을 몇 번이나 하며, 힌트에 대한 의존도는 어느 정도인지 등을 실시간으로 모니터링해 학생들의 학습 행태와 진도를 파악한다. 이렇게 수집한 다양하고 풍부한 데이터로 학생들이 이해하고 넘어간 개념이 무엇이고, 어느 부분의 학습이 더 필요하며, 개념을 더 잘 이해하는 데 필요한 지원 방법이 무엇인지 등에 대한 통찰력을 얻는다. 교사들은 이를 토대로 학생들과의 소통을 더욱 맞춤화하고 효과적으로 행할 수 있다.

개인별 맞춤형 학습법 플랫폼은 교육과 훈련 모든 영역에서 사용되고 있다. 미국 애리조나 주립대학에서는 수학 보충 과목을 이해하는 데 어려움이 있는 학생들에게 이 프로그램을 제공했다. 그 결과 학생들의 통과율이 64%에서 75%로 높아졌으며 포기율은 7%포인트 떨어졌다. 미국 군 당국에서는 개인별 맞춤형 학습 소프트웨어로 신병인 잠수함 기술자들을 교육했는데, 그 결과 학습 성과와 업무수행 능력이 7년 이상 된 고참 병사들보다 높아졌다.

뉴턴은 학생들의 학습 과정에서 수집한 데이터를 이용해 학생별로 학습을 지속할 가능성이 높은 학습 내용들의 순서를 제시한다. 이전의 반응을 참고해 같은 학습 주제를 각기 다른 방식으로 배울 수도 있다. 예를 들어, 학생들이 1차 방정식을 배울 때 'ax+b=c'란 공식을 먼저 설명하고, 그다음에 그래프로 어떤 선이 되는지 가르칠 수 있다. 다른 학생에게는 이 문제를 기하학적(geometric)인 문제로 먼저 설명할 수도 있다. 시각적인 표현에 즉각적인 반응을 보였던 학생들에게는 먼저 그래프를 보여준 다음에 공식을 알려줄 수도 있다. 심지어 뉴턴은 학생들이 배운 것을 얼마나 빨리 잊어버리는지 측정하는 모델을 사용해 복습 시간이 필요한지도 판단한다.[40]

뉴턴이 빅데이터를 활용해 개인별 맞춤 교육에 사용하는 기법 중 하나는 '지식 지도(knowledge graph)'다. 앞서 애리조나 주립대학의 사례에서 이 방법이 사용됐다. 학생이 학습할 모든 주제 간의 관계를 나타내는 뉴턴의 지식 지도는 주제들 간의 상호 관계, 다시 말해 학생이 학습하는 주제들의 순서를 나타낸다(예를 들어, 선행 과목이나 관련 과목들). 학생별로 가장 적절한 학습 순서와 이들 간의 관계를 표시한 것이 지식 지도다. 학생별로 현재 무엇을 알고 있는지(what they know), 어떻게 학습해야 하는지(how they learn)에 맞춰 궁극적인 학습 목표를 달성하기 위해 학습해야 할 학습 주제들과 학습 순서를 지식 지도로 표시한다. 〈그림 4-20〉를 보자. 뉴턴은 지식 지도를 통해 윌리엄(William)이라는 학생이 수학 과목을 학습하는 데 있어서 기본 통계학과 확률에 대해 학습한

그림 4-20 │ 학생별로 관련 과목을 학습하는 최적의 순서를 제시하는 뉴턴의 지식 지도

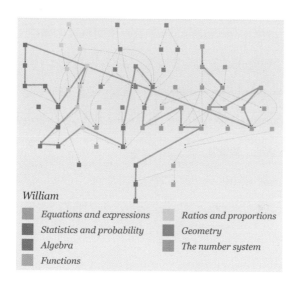

자료: Knewton Adaptive Learning. Building the world's most powerful education recommendation engine

후 숫자 시스템, 기하학의 몇 가지 주제, 대수학, 비율, 중급 통계 및 확률, 그리고 마지막으로 공식 및 표현 순으로 학습하는 것이 최적의 방법이라고 제시했다. 이처럼 지식 지도는 학생별로 맞춤화되어 작성된다. 관계(즉, 주제와 과목들 간의 선)의 종류도 학습용(instructional)과 평가용(assessment)으로 구분된다.

뉴턴 같은 빅데이터 교육 플랫폼업체들이 부상하면서 교육 환경의 중심이 점차 온라인으로 옮겨가고 있다. 대학에서도 교실에서 하는 수업보다 온라인 수업이 늘어나고 있으며, 기업들도 온라인을 통해 다양한 교육을 실시하고 있다. 스마트폰용 교육 콘텐츠 시장도 점차 커지고 있

다. 그만큼 사람들의 학습 과정에서 데이터가 쉽게, 많이 생성되고 있다. 학습에 영향을 미치는 요인은 학습 방식만이 아니다. 이를 감안할 때 얼마나 다양한 데이터를 수용해 학습 효과를 증진시키느냐가 뉴턴 비즈니스 모델의 성패를 좌우할 것으로 보인다. 개인의 취미나 습관, 인생의 고민거리들이 학습 성과와 관련 깊다는 것은 모든 사람이 알고 있는 상식이다. 따라서 학습 활동 이외에도 이 같은 개인 데이터와의 결합이 중요할 것으로 보인다.

교육 관련 빅데이터 시스템이 일반화되면 우리나라에서 대학 진학을 위해 실시하고 있는 수능시험(수학능력고사)이 사라질지도 모른다. 뉴턴의 플랫폼이 고등학교 수업에서 활용된다면 학생들의 진정한 학습 능력을 다른 어느 방법보다 정확하고 포괄적으로 파악할 수 있을 것이기 때문이다. 일생에 한 번 치르는 시험이 아니라 고등학교 모든 과목의 학습 과정에 대한 평가로 대학 진학이 결정된다면 보다 합리적인 결과가 나오지 않을까.

08

기업을 대신해
위험에 대처하라!

· 리슨로직 ·

| 미래의 유망 비즈니스, 위험관리 |

사람들마다 가치 있다고 생각하는 물건은 다르다. 기업들도 가치 있다고 보는 데이터가 다르다. 소셜미디어에 등장하는 데이터에 대해서도 마찬가지다. 그중에서도 기업 고객이 높은 가치를 두는 데이터를 정확하고 신속하게 파악하고 분석해주는 것은 의미 있는 사업이 되고 있다. 이와 관련, 매우 효과적인 빅데이터 대리인 유형의 비즈니스 모델이 가능하다. 이런 유형의 사업이 창출하는 고객가치 중 하나는 외부 환경의 변화로 기업들에 위협이 될 수 있는 대상(예를 들어, 고객 취향의 변화나 수출국의 정치적 불안정 등)을 탐지하고 그에 대응하는 것이다.

경영 컨설팅 기관인 딜로이트(Deloitte)의 설문조사에 따르면 기업들이

표 4-5 | 기업들이 느끼는 전략적 위협 대상

북미	유럽 · 중동 · 아프리카	아시아 · 태평양
데이터 마이닝 및 분석기법 (56%)	소셜미디어(50%)	소셜미디어(51%)
소셜미디어(40%)	사이버 공격(39%)	모바일 앱(51%)
클라우드 컴퓨팅(39%)	클라우드 컴퓨팅(34%)	데이터 마이닝 및 분석기법 (51%)
모바일 앱(37%)	모바일 앱(27%)	클라우드 컴퓨팅(39%)
사이버 공격(33%)	데이터 마이닝 및 분석기법 (25%)	사이버 공격(36%)

자료: Deloitte (2013). "Exploring Strategic Risk"

느끼는 전략적 위협 대상은 소셜미디어, 데이터 마이닝 및 분석기법, 모바일 앱 순으로 나타났다.[41] 기업들은 현재 산업의 경쟁 방식을 완전히 바꿀 수 있는 위협의 출처로 이들을 주목하고 있다. 이들이 현재 자신의 사업에 어떤 영향을 미치고 있으며 앞으로 어떤 영향을 미칠 것인가를 알아내는 것은 기업들이 전략적 위험을 관리하는 데 있어서 매우 중요한 일이다.

리슨로직(ListenLogic)은 소셜미디어 데이터로 기업의 위험을 대신 파악해 사전에 경고해주는 사업을 한다. 통제할 수 없는 외부의 위험은 물론 고객에게 피해를 주는 직원의 잘못된 언행 등 내부의 위험을 파악하고 대응하는 것은 기업의 생존과 밀접히 관련돼 있는 문제다.[42] 새로운 기술이 출현하거나, 고객의 취향이 바뀌거나, 직원이 부정행위를 하

그림 4-21 | 리슨로직의 위험관리 서비스

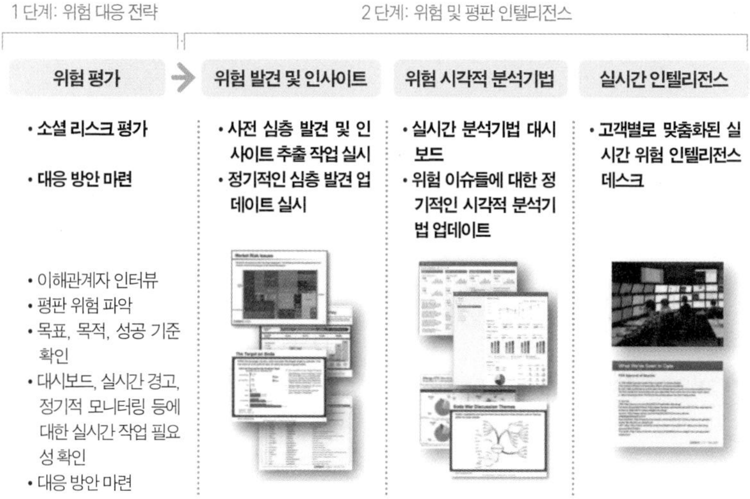

1단계: 위험 대응 전략	2단계: 위험 및 평판 인텔리전스		
위험 평가 →	**위험 발견 및 인사이트**	**위험 시각적 분석기법**	**실시간 인텔리전스**
• 소셜 리스크 평가 • 대응 방안 마련	• 사전 심층 발견 및 인 사이트 추출 작업 실시 • 정기적인 심층 발견 업 데이트 실시	• 실시간 분석기법 대시 보드 • 위험 이슈들에 대한 정 기적인 시각적 분석기 법 업데이트	• 고객별로 맞춤화된 실 시간 위험 인텔리전스 데스크
• 이해관계자 인터뷰 • 평판 위험 파악 • 목표, 목적, 성공 기준 확인 • 대시보드, 실시간 경고, 정기적 모니터링 등에 대한 실시간 작업 필요 성확인 • 대응 방안 마련			

자료: http://www.slideshare.net/kglacken/listen-logic-capabilities-presentation-0613

는 것은 기업에 커다란 위험이 되는데, 소셜미디어 데이터만 잘 모니터 링해도 그 징후를 포착할 수 있다고 리슨로직은 주장한다. 이런 이유 로 전 세계 미디어, 엔터테인먼트, 식품, 소비재 용기, 기술, 금융 회사 1,000여 곳이 리슨로직의 서비스를 이용하고 있다. 특히 약물 오용이 나 부작용이 커다란 위험 요인인 대형 제약회사가 리슨로직의 주요 고 객이다. 리슨로직의 경쟁력은 기업을 대신해서 경영 환경 변화의 위험 을 전 세계 소셜미디어의 데이터 속에서 모니터링해 찾아내 분석하는 능력에 있다.

리슨로직은 기업이 직면한 여러 가지 위험관리 문제에 대한 해결책도

그림 4-22 | 초바니의 요구르트

제시한다. 리슨로직이 제공하는 위험관리 서비스들을 보면 〈그림 4-21〉
같이 위험 대응 전략 수립과 관련된 부분과 위험 및 기업의 이미지(평판)
와 관련된 문제를 해결해주는 부분으로 나눌 수 있다. 먼저 위험 대응 전
략 수립과 관련해서는 기업이 현재 처한 위험 상황을 평가하고 이에 대한
대응 방안을 마련한다. 앞으로 발생할 위험에 대응하는 서비스는 위험관
리의 2단계다. 이는 위험을 찾고 분석해 위험의 수준과 범위를 파악하여
시각적으로 전달하는 과정이다. 마지막으로 실시간으로 각각의 위험을
해결하거나 그 영향을 완화하는 방안을 찾도록 돕는다.

  실제로, 2013년 9월 요구르트 생산업체인 초바니(Chobani)는 자사 제
품(〈그림 4-22〉)에 곰팡이가 있다는 소문이 소셜미디어와 기타 인터넷
매체에 퍼지고 있는 것을 초기 단계에 파악해 알려준 리슨로직 덕분에
고객들의 불만을 잠재울 수 있었다. 초바니는 리슨로직이 통보한 후 바
로 자발적으로 제품들을 리콜했다(여기서 리콜은 제품을 수거하는 것과 달리

그림 4-23 | 리슨로직의 위험감시 프로세스

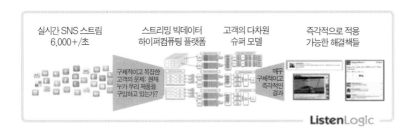

자료: ListenLogic

이 사실을 언론에 공식적으로 발표하는 것을 포함한다). 곰팡이 이외에 다른 문제에 관해서도 평소보다 많은 불만의 글(38건)을 발견했다는 리슨로직의 지적에 따라 초바니는 단지 물건을 상점 선반에서 치우는 데 그치지 않고 모든 직원과 외부 인력을 동원해 고객의 불만과 문의에 적극적으로 대응한 결과 고객의 신뢰를 회복할 수 있었다.[43]

이 같은 위험관리 서비스를 제공하기 위해 리슨로직 감시 센터에서는 고객 기업의 위험을 모니터링을 하고 있다. 2013년 리슨로직은 기존보다 3배 규모인 전 세계에서 가장 큰 상업적인 중앙통제센터 중 하나를 건립했는데, 이곳에서 직원들은 100개의 스크린을 통해 위험 증후를 모니터링한다. 모니터링 대상은 앞서 언급한 직원들의 이상 행동과 강요로 인한 정보 유출, 그리고 고객들의 제품 보이콧과 영향력 있는 사람의 관찰 등이다. 초당 10억 건의 스트리밍 데이터를 분류 작업해 기업에 대한 위험을 찾아내고 있다(〈그림 4-23〉).[44]

| 실시간 위험관리, 골든아워를 잡아라 |

전쟁터에서 부상자가 발생할 경우 생존 확률이 급격히 떨어지기 전인, 부상 직후 1시간을 '골든아워(Golden Hour)'라고 한다. 경쟁이 치열한 기업의 비즈니스 현장도 전쟁터나 마찬가지로, 위기가 발생할 경우 피해를 줄일 수 있는 골든아워가 있다. 기업에 관한 부정적인 이야기가 소셜미디어 등에 급속도로 퍼져 특정 기업이 회생 불능의 어려움에 빠진 사례는 무수히 많다. 실제로 모 국내 기업의 경우, 해외 공장의 현지인 근로자들을 차별한다는 소문이 소셜미디어에 퍼져 기업 이미지에 큰 타격을 받기도 했다. 고객과 시장의 반감에 얼마나 효과적으로 대응하느냐는 속도(velocity)에 달려 있다.

수많은 SNS의 글 가운데 어떤 글을 읽고 수 초 만에 그 내용이 특정 기업에 위협이 되는지 그렇지 않은지를 파악하기란 쉽지 않은 일이다. 리슨로직 플랫폼의 강점은 거의 모든 SNS 데이터를 스트리밍 빅데이터 형태로 수집하고 필터링 및 분류하여 해당 기업에 대한 위협을 실시간으로 찾아내고 SNS 데이터의 폭증에 지속적으로 대응한다는 데 있다. 리슨로직은 어떤 스트리밍 빅데이터 시스템보다 스트리밍 데이터 분류 작업(SCOPS, Streaming Classification Operations Per Second)을 더 빠르게 처리할 수 있는 기술을 가지고 있다. 키워드 중심의 분석 도구로 샘플 데이터만 분석하는 기존 방식과는 다르다. 리슨로직은 공개된 모든 SNS 데이터를 실시간으로 분석해 해당 기업의 특정한 구체적인 문제에 대해 종합적인 답변 및 통찰력을 제공한다.

〈그림 4-24〉의 예는 월가의 금융회사들을 위해 리슨로직이 2008년

그림 4-24 │ 리슨로직의 "월가를 점거하라" 데모 감지 사례

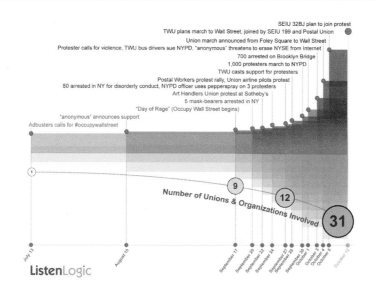

자료: http://facebookjustice.wordpress.com/2011/10/14/trying-to-predict-the-next-threat-occupywallstreet-social-media-monitoring/

금융위기 이후 2011년 9월부터 시작된 "월가를 점거하라(Occupy Wall Street)"라는 데모에 참여한 노조 및 단체와 그 수를 실시간으로 파악해 제공한 정보의 흐름을 보여주는 그래프다. 리슨로직은 소셜미디어상에서 각종 노조와 단체가 올린 글 중 "월가를 점거하라"와 관련된 내용을 찾아 데모의 심각성 정도와 구체적인 타깃을 파악하고, 어떤 단체들이 이들에게 금전적 지원을 하는지, 어떤 지역 단체나 조직들이 이들에게 동조하는지 등도 파악했다.

| 불필요한 정보를 걸러내는 것도 경쟁력이다 |

   소셜미디어 데이터를 분석하는 데 있어서 문제점은 데이터의 90%가 쓸모없는(noise) 내용이고 10%만이 유용한(signal) 상황에서 분석은 전체 100%의 데이터에 대해 이루어진다는 데 있다. 그만큼 문제 파악이나 예측에 있어서 오류나 잘못된 판단이 이뤄질 가능성이 높다. 리슨로직의 다차원 필터링 방식은 알고리즘(Multi-Dimensional Networks of Filters and Classifiers)으로 분석 대상 데이터의 90%를 유용한 데이터로, 그리고 10%를 쓸모없는 데이터로 걸러내 분석한다. 리슨로직은 8만 개의 스트리밍 소스들로부터 초당 6,000개의 글을 실시간으로 동시에 분석한다(80,000×6,000=초당 약 5억 개의 메시지). 이렇게 필터링해 분류한 데이터를 분석함으로써 더욱 정확하고 적절하게 위험을 예측할 수 있다.

   리슨로직은 수많은 SNS 데이터 중 기업의 위험에 관한 데이터를 누구보다도 빠르고 정확하게 찾아내 문제를 파악하는 능력을 바탕으로 한 빅데이터 대리인형 비즈니스 모델 기업이다. 데이터 자체의 차별성보다는 누구나 접근할 수 있는 공개된 데이터를 기업들이 위험관리에 활용할 수 있도록 제반 도구를 제공하는 데 차별성을 갖고 있다. 어떤 데이터를 가지고 있느냐 혹은 수집하느냐도 중요하지만 너무 많고 다양한 데이터가 시시각각 쏟아지는 빅데이터 시대에는 그중에서 고객에게 필요한 데이터를 잘 추려서 정리해주고, 더 나아가 문제를 찾아주고 답을 제시하는 빅데이터 대리인형 비즈니스 모델도 충분한 고객가치를 창출할 수 있다는 사실을 리슨로직은 보여준다.

| 기업의 위험 관리, 개방형 혁신이 필요하다 |

기업은 규모가 크든 작든 항상 위험에 노출되어 있다. 스마트한 위험관리를 원하는 기업들에 빅데이터는 필수적이다. 문제는 위험관리를 위해 다루어야 할 데이터의 규모나 종류가 너무 많으며, 이들이 대부분 기업 외부에 존재한다는 사실이다. 모든 기업이 위험을 다루는 데 능숙한 것은 아니다. 그래서 기업의 위험관리에는 개방형 혁신이 필요하다. 리슨로직 같은 빅데이터 대리인은 위험관리를 위한 개방형 혁신의 협력자로서 빅데이터를 스마트 데이터화하는 데 집중할 것으로 전망된다. 앞서 살펴본 바와 같이 위험의 평가와 측정, 위험의 통제와 모니터링, 위험의 통지와 거버넌스, 위험을 고려한 업무 운영 등의 분야로 사업이 확장될 것으로 보인다. 다만 위험관리 시장이 전 세계적으로 커지고 있어 산업별(예를 들어, 금융업)로 전문화된 경쟁자들이 출현할 것으로 예상된다.

09

잘 관리된 명함은
고객관리의 원천이다

· 산산 ·

| 명함 1장을 찾는 데 평균 3.6분? |

고객들이 자신의 분야에 필요한 빅데이터를 활용하는 종합적이고 편리한 환경이나 시스템을 제공하는 빅데이터 대리인 비즈니스 모델을 갖추기 위해 반드시 첨단 IT 기술과 데이터 분석 능력이 필요한 것은 아니다. 누누이 강조하지만 고객의 가치를 어떻게 창출하느냐가 중요하다. 빅데이터 대리인 비즈니스 모델에서는 플랫폼이 중심이 된다. 고객이 데이터를 쉽게 다루고 그 과정에서 부가가치를 만들어내는 것이 이 비즈니스 모델의 핵심이기 때문에 IT와 관련된 첨단 역량보다는 아이디어가 더 중요하게 작용할 수도 있다.

이런 관점에서 보면 유용한데도 방치돼 있는 데이터가 많다. 그중 하나가 바로 명함이다. 당신은 지금 몇 장의 명함을 가지고 있는가? 일본에서 세일즈맨 한 명이 평균적으로 관리하는 명함의 수는 1,173장이며, 명함 상자 속의 명함 1장을 찾는 데 평균 3.6분이 걸린다고 한다.[45]

| 명함으로 하는 고객관리, 인맥관리 |

일본의 산산(Sansan)은 세계 최초의 기업용 클라우드 명함 관리 서비스 제공 회사로 2007년 서비스를 시작했다. 2013년 10월 현재 고객 기업 수가 1,500개사에 달하는 등 시장점유율 70%로 부동의 일본 1위 기업이다.[46] 일본의 기업용 명함 관리 서비스 시장 규모는 2015년 30억 엔을 넘어설 것으로 예측된다.

명함 관리와 관련, 2006년에 설립됐으며 영어·중국어·프랑스어·독일어·일본어·한국어 등으로 서비스하는 중국 인트시그(INTSIG)의 '캠카드(CamCard)', 2012년에 설립된 국내 벤처기업인 드라마앤컴퍼니(D&C)에 의해 2014년 서비스를 시작한 '리멤버(Remember)' 같은 모바일 앱과 일본의 '프리 비즈니스(フリービジネス)' 등 많은 기업이 있다. 그런데 이들 기업은 어떤 서비스로 고객들의 수요를 창출하는 것일까? 스마트폰 앱 등으로 스캔하는 명함 데이터는 정확도 면에서 100% 신뢰하기 어렵기 때문에 사람이 직접 확인하는 작업이 필요하다. 명함의 정보를 수작업으로 입력하는 것은 단순하지만 끈기가 필요한 일이다. 일본의 벤처기업 산산은 바로 이 같은 점을 파고들었다. 산산은 명함을 스캔하는 대신 여러 가지 다양한 방법을 시도해보았다. 여러 가지 OCR(광학 문자 판독기)를 사

용해봤지만 입력 정확도는 91~92%가 한계였다. 100여 개 정도의 명함 내 글자 중 10%(즉, 글자 10개 정도)만 잘못 입력돼도 제대로 된 명함 관리가 불가능하다. 국내의 D&C는 2014년부터 산산과 유사하게 수작업에 의한 명함 정보 입력 관리 사업을 하고 있다.

〈그림 4-25〉에서 보듯 산산의 스마트폰 앱인 '에이트(Eight)'에 저장된 명함의 정보 중 근무처 부분을 손으로 터치하면(왼쪽), 해당 기업에 관한 정보들이 나타난다(오른쪽). 산산은 2012년부터 스마트폰 앱 서비스를 시작하였는데 2014년 현재 약 60만 명의 사용자가 이용하고 있으며, 관리하는 명함 정보는 2,000만 장이 넘는다고 한다.[47]

산산의 앱으로 사용자들은 단순히 명함의 내용만 저장하는 것이 아니라 고객과 만났을 때 받은 인상이나 특징도 함께 저장할 수 있다. 예를

그림 4-25 | 산산의 스마트폰 앱 '에이트'의 사용화면

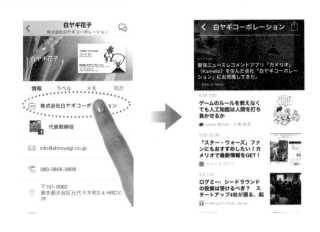

자료: http://shiroyagi.co.jp/wp-content/uploads/2014/05/50ae14c50ad6c610f98ff2a780
　　158ed9.pdf

들어, 마지막 회식을 한 식당과 좋아하는 술의 종류, 취미 등을 명함 정보와 함께 저장하는 것이다. 명함의 주인에게 쉽게 접근할 수 있는 '전화 걸기', '지도 열기' 등의 기능도 있다. 앞으로 해야 할 일도 메모해둘 수 있는데 "○○일 전화", "△△일까지 견적서 쓰기" 등 지시 사항을 작성해 넣으면 원하는 날짜에 고객정보와 해당 내용을 함께 앱에서 알려주거나 이메일로 보내준다.

이런 서비스를 주로 이용하는 곳은 기업이나 기관 고객을 대상으로 영업을 하는 기관으로, 명함 관리가 무엇보다 중요한 조직들이다. 입력된 명함 정보들은 사용자가 한눈에 파악할 수 있게 잘 정리돼 있다. 화면을 보고 언제, 누가, 상대회사의 어떤 담당자를 만났는지 금세 알 수 있다. 자신이 만나려는 상대를 이전에 회사 내 다른 사람이 만났는지 여부도 알 수 있어 미팅에 앞서 상대가 어떤 사람이고 이전에 어떤 이야기를 했는지 사전 정보를 모으기도 편하다. 명함 정보가 변경될 경우(명함 당사자가 부서를 옮기거나 승진할 경우), 자동으로 통지되어 담당자는 '인사 갈 기회'를 놓치지 않고 포착할 수도 있다. 미국의 클라우드 컴퓨팅을 통한 최대 고객관계관리(CRM) 기업인 세일즈포스닷컴(salesforce.com)은 이 같은 장점에 주목, 2013년 10월 산산과 제휴했다.[48]

산산에 따르면 스마트폰을 업무에 활용하는 영업사원과 활용하지 않는 영업사원을 비교하면 스마트폰을 활용하는 영업 담당자가 "회사의 매출에 기여하고 있다"고 답한 비율이 6.6%포인트 높다고 한다. 스마트폰을 활용하는 영업 담당자는 일의 성과에 대한 의식이 높은 것으로 나타났다. 또한 명함을 10장 이상 교환하는 비율을 비교하면 스마트폰을 업무에 활용하는 영업사원은 47.4%, 스마트폰을 업무에 활용하지 않는 영업사원은 37.8%에 그쳐 9.6%포인트나 차이가 났다. 스마트폰을 업무에 활용하는 영업사원은 스마트폰을 업무에 사용하지 않는 영업사원보다 10%포인트 정도 많은 명함을 교환한 것이다.[49]

| 명함 공유로 업무의 연속성을 확보하다 |

도쿠시마 현은 일본 지방자치단체 가운데 처음으로 2013년 9월 현청에서 일하는 직원이 쌓은 인맥을 가시화하고 PR 활동 등에 활용하기 위해 클라우드형 명함 관리 서비스 '프리 비즈니스'를 도입했다. 사용료는 사용자당 3,500엔이다. 과거 도쿠시마 현에서는 직원 개개인이 직접 명함 정보를 관리했는데 직원들이 재임 중 쌓은 인맥이 몇 년 간격으로 실시되는 인사이동 때마다 단절되어 제대로 활용할 수 없었다. 예를 들어, 도쿠시마 현 도쿄 본부에서는 농림수산물 홍보나 기업 유치 등을 실시하고 있는데 도쿄 본부 담당자가 2~3년 간격으로 전근을 가는 데다 명함을 직원이 개인적으로 관리하기 때문에 이들이 도쿄에서 쌓은 인맥이 잘 이어지지 않고 업무 효율도 떨어졌다. 이에 도쿄 본부는 2013년 9월부터 2014년 3월까지 명함 관리 서비스 '프리 비즈니스'를 시험 도입했다. 도쿠시마 현은 명함 정보 공유의 효과를 확인한 뒤 관련 서비스를 본격 도입할 계획이다.[50]

| 빅데이터 활용에 정해진 분야는 없다 |

산산의 사례는 빅데이터 활용에 첨단 IT 기술만 적용되는 것이 아님을 보여준다. 단순한 명함 교환이 전략적인 고객관계관리의 일부분이 될 수도 있다. 비정형 데이터를 분석하기 위해서는 아직도 사람의 손이 필요한 분야가 넘쳐난다. 이런 분야에서도 플랫폼을 중심으로 한 정보 서비스형 비즈니스 모델은 다양한 가능성을 제시한다.

산산의 비즈니스 모델을 이용한 고객관계관리는 일본 국내는 물론 해외에서도 주목받고 있다. 산산의 '셰어 더 콘택트(Share the contacts, 연락처 정보 공유)'라는 슬로건은 사실 문화적으로 일본보다는 미국에 적합한 내용이다. 경쟁이 치열한 명함 관리 시장에서는 얼마나 많은 데이터를 얼마나 오랫동안 축적하느냐(즉, 데이터의 규모와 길이)에 따라 승패가 갈릴 것으로 예상된다. 그런 이유에서 모든 기능이 무료로 제공되는 산산의 클라우드 명함 관리 모바일앱 '에이트'는 미래의 산산을 책임질 것으로 보인다.

Chapter 5

빅데이터
연구자

연구 자체를
사업화하라!

| 빅데이터를 중심으로 한 연구개발 기능의 사업화 |

빅데이터 연구자형 비즈니스 모델은 연구기관이나 대학교처럼 학술적 연구 능력을 바탕으로 다른 기업들에 빅데이터 연구 성과를 판매하거나 개발된 연구 방법을 바탕으로 컨설팅을 해주는 기업이다. 겉으로 보기에는 연구소나 학술기관 같은 인상을 풍기지만 본바탕을 살펴보면 심층적인 연구를 통해 수익을 창출하는 상업기관이다. 이런 비즈니스 모델이 유효하기 위해서는 말할 것도 없이 연구개발 역량이 최우선 조건이지만 이것만으로는 사업화에 성공할 수 없다. 빅데이터 연구자형 비즈니스 모델을 완성하기 위해서는 최소한 하나의 산업 분야에 대한 전문 지식과 노하우를 갖춰야 한다. 즉, 해당 산업 분야에 관한 지식과 연구 능력을 결합할 수 있는 시스템을 갖추기 전에는 이러한 비즈니스 모델을 완성하기가 쉽지 않다. 그러기 위해서는 보통 해당 산업 분야와 긴밀히 협력하는 것이 일반적이다.

빅데이터 연구자형 기업은 자체적으로도 빅데이터를 보유하고 있지만 대부분 외부에서 다양한 형태의 빅데이터를 제공받거나 의뢰받아 데이터를 분석하는 데 특화돼 있다. 이들이 단순한 빅데이터 분석기술 제공 회사와 다른

표 5-1 | 빅데이터 연구자형 비즈니스 모델의 특징

모델 요소 ＼ 데이터 생태계 강점	수집	저장·분류	분석	활용
데이터 소스 및 특징	내부 및 외부 연구 데이터: 데이터의 폭(broad data), 데이터의 깊이(deep data), 연구 주제 데이터 (research subject data)			
플랫폼 특징 및 용도	데이터 및 정보 전달 통로, 연구 협력 도구			
고객 경험 특징	고객이 그동안 고민하고 해결하지 못했던 문제 해결을 지원함			
수익 소스	특허료, 로열티 형태의 연구 결과 판매(데이터 분석 결과의 해석), 컨설팅 서비스 등			

주: 수집, 저장·분류, 분석, 활용에서 농도가 진할수록 상대적 강점이 있음

점은 관련 산업 분야의 전문지식을 가지고 있다는 점이다. 기업 활동도 학술적인 연구기관과 유사하다. 다만, 이들은 단순히 연구만 하는 지원 조직이 아니라 연구 결과를 사업화해서 수익을 창출하는 상업기관이라는 점이 다르다. 다시 말해 고유의 비즈니스 모델, 즉 빅데이터 연구자라는 모델을 갖춘 엄연한 사업 조직으로 상업적 연구 성과를 목표로 한다.

데이터 처리 역량 면에서 보면 수집, 저장·분류, 분석 등 활용을 제외한 모든 과정을 잘 알아야 성공적인 모델을 구축할 수 있기 때문에 빅데이터 연구자형은 구현하기가 쉽지 않은 비즈니스 모델이다. 이런 난해함 때문에 이 부문의 기업은 많지 않지만 차별화된 경쟁력을 갖추기 위해서는 고려해볼 만한 비즈니스 모델이다. 특정 주제에 대한 데이터를 수집한다는 측면에서는

255

빅데이터 창출자형과 유사하나 데이터 형태가 다양하고 심층적이라는 면에서는 차이가 있다. 다시 말해, 빅데이터의 3V 중 다양성에서 큰 차이를 보인다. 데이터의 특징 면에서는 깊이에 강점을 보인다. 이 유형의 기업에 플랫폼은 데이터 및 정보를 고객에게 전달하는 통로이자 이들과 협력해 연구를 하는 협업 도구이기도 하다.

| 빅데이터 연구자형 기업의 분류 |

빅데이터 연구자형 기업은 연구 대상과 연구 중심 2가지 측면에서 분류된다. 연구의 대상은 크게 유전체 등의 자연 현상과 비즈니스 이슈 등의 비즈니스 현상으로 나눌 수 있다. 기본적으로 연구의 중심은 수요자가 원하는 가치 있는 연구 결과를 도출하는 것이지만 그 외에 연구 방법이나 기술 개발도

그림 5-1 | 빅데이터 연구자형 사례 기업의 분류

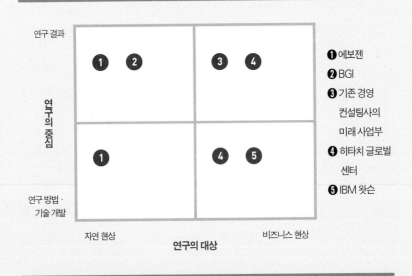

중요한 목표다.

관련 기업들 중 이스라엘의 에보젠은 농식물의 유전체 연구에 특화된 기업으로, 이를 위한 연구 방법 개발에 경쟁력을 갖추고 있다. 중국의 BGI는 인간과 동물의 유전체 해독에 주력하는 기관이다. 빅데이터를 이용해 비즈니스 현상을 연구하는 것을 주목표로 하는 기관들은 대개 기존 경영 컨설팅이나 경영 연구소들이다. 특히 기존 경영 컨설팅사들은 빅데이터를 이용한 컨설팅을 위해 다양한 연구를 하고 있는 것으로 알려져 있다. 반면에 IBM의 왓슨 같은 기존 대형 IT 서비스 회사들은 빅데이터를 이용한 비즈니스 문제를 해결하는 솔루션을 개발하는 데 힘쓰고 있다.

01
농식물 빅데이터에
전문지식을 더하다
·에보젠·

| 농식물 빅데이터 연구의 선구자 |

빅데이터 사업은 데이터가 많고 다양할수록 높은 가치를 창출한다. 기업 내 기능으로 볼 때 가장 많은 데이터를 다루는 곳은 연구개발 분야이다. 학술연구 분야 중에서 유전체 연구는 데이터 종류의 다양성과 규모면에서 빅데이터 그 자체라고 할 수 있다. 따라서 이윤을 목적으로 유전체를 연구해 상품을 개발하는 분야는 빅데이터 분야의 첨단 중 첨단이라고 할 수 있다. 세계적인 바이오그룹 컴퓨젠(Compugen)이 2002년 설립한 자회사 에보젠(Evogene)은 빅데이터 바이오 농업 연구 분야의 선두주자다.

에보젠은 농식물의 유전자를 조작해 부작용을 최소화하면서 생산을 최대화하는 방안을 연구한다. 또한 농식물의 유전자를 발견하고 발달시키는 것은 물론, 농식물에서 에너지 자원을 확보하는 기술도 개발 중이다. 현재 에보젠이 보유한 지적재산권(IP, Intellectual Property right)은 1,500개 이상이다.[1]

에보젠의 직원 수는 160명 수준으로 이 중 85%가 연구개발 분야에 종사한다. 국내에서도 삼성그룹의 연구 대상으로 화제가 되었던 이스라엘 벤처기업 에보젠의 경쟁력은 농식물 바이오 산업과 관련된 빅데이터를 심층적으로 분석하는 능력에 있다. 에보젠은 자사의 핵심 역량을 (1) 농식물 유전체학에 대한 근본적인 이해와 신뢰할 수 있는 지금까지의 성과, (2) 독자적이고 차별화된 데이터 분석 플랫폼 및 유전체 발견(genomic discoveries)에 대한 과학적 전문지식, (3) 넘쳐나는 유전체 관련 데이터들을 통합하고 분석하는 데 따르는 산업 내 병목 현상을 해결하는 능력 3가지로 보고 있다.

에보젠은 이른바 식물 유전체학(plant genomics)을 이용해 핵심 농식물의 생산성과 내구성을 높이는 분야에서 세계적인 선두 기업이다. 에보젠이 보유한 기술은 식물 유전체 지도를 작성하고 이를 분석하는 것으로, 농식물의 유전체 개선에 대한 바이오테크놀로지(biotechnology) 및 고도의 배양 방법(advanced breeding methods)이 결합된 종합적인 솔루션을 보유하고 있다. 특히 전 세계 거대 농식물 종자 공급 회사들과의 협업으로 고유의 특성을 개선한 농식물을 개발하고 있다. 전 세계 농식물 종자 공급 시장은 몬산토(Monsanto), 다우(Dow), 바이엘(Bayer), 신젠타(Syngenta), 리마그래인(Limagrain), 듀폰(DuPont), KWS 등 에보젠과 협력 관계에 있는 7개 기업이 65%를 점유하고 있다.

그림 5-2 | 에보젠과 몬산토의 사업상 협력 관계

자료: Evogene (2013)

에보젠은 투자자 중 하나인 몬산토와 2008년부터 6년간 협력 계약을 체결하고 옥수수, 콩, 면화, 카놀라(cnola) 같은 농식물의 수확률, 내건성(drought tolerance), 가뭄 저항력 및 비료 사용법을 개발하는 데 4,700만 달러를 지원받았다. 주 수입원은 특허 라이선스 사용료와 매출에 따른 로열티 수입이다. 에보젠과 몬산토의 협력 관계를 보면 〈그림 5-2〉와 같이 농식물의 특성을 강화하는 유전자를 찾고 최적화하는 것은 에보젠의 역할이며, 이를 대량 생산하고 상업화하는 것은 몬산토가 담당한다.

에보젠의 농식물 산업 내 전략적 위치는 가치사슬의 업스트림(up-Stream, 연구개발)에서 빅데이터를 통한 혁신적인 공정에 있으며, 다운스트림(down-Stream, 상업화)과 관련되어서는 해당 분야의 파트너들을 긴밀히 지원한다. 에보젠이 발견한 유전체를 라이선스 형태로 제공받는 기업들로는 몬산토, 바이엘, 듀폰, 신젠타 등 세계적 기업들이 있다.

| 독보적 분석 능력으로 농식물 유전체의 특성을 밝히다 |

에보젠의 경쟁력은 빅데이터를 분석하는 계산 기술 및 연구 능력에 있는데, 이 회사는 농식물 유전체 및 농업과 관련된 노하우와 차별화된 분석 도구를 통해 농작물의 유전체 특징을 밝히는, 누구도 할 수 없는 일을 하고 있다. 에보젠은 바이오테크놀로지와 고도의 배양 방법을 결합해 자체적인 유전체 분석 기술로 농식물 개선에 필요한 종합적인 솔루션을 제공한다. 이런 유전체 분석을 연간 1,000여 건 수행할 수 있는 생산성도 갖추고 있다. 에보젠은 독보적인 농식물 유전체 분석 능력으로 인해 남들이 찾아내지 못한 농식물의 새로운 특성을 발견하고 있는데 지금까

그림 5-3 | 에보젠의 빅데이터 분석 과정 및 결과물

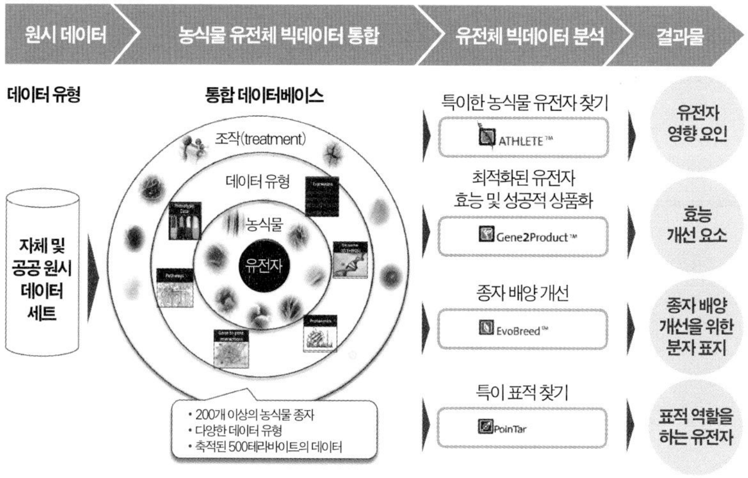

자료: Evogene (2013)

지 에보젠이 수확량, 면역력, 저항력 등과 관련해 발견한 새로운 성질의 농식물 유전자는 3,000여 가지에 이른다.

특히 에보젠은 데이터를 생산, 수집, 분석하는 부분에 많은 노력을 기울이고 있다. 밭에서 재배된 농식물에서 자동으로 실시간 데이터를 수집하는 부분에도 많은 투자를 하고 있다. 2005년에는 하나의 실험 현장에서 247기가바이트의 데이터를 수집해 분석했으나 2012년에는 44개의 실험 현장에서 18만 7,400기가바이트의 데이터를 분석해 데이터 분석 규모가 8년 사이에 760배나 증가했다.

분석 대상 데이터의 종류도 유전체 데이터는 물론, 식물 세포 내 존재하는 전체 대사물질(생체 내 물질 변화의 결과로 생성되는 물질의 총칭)에 대한 데이터(metabolome), 유전자와 환경의 영향에 의해 형성된 생물의 형질(모양이나 속성)에 대한 데이터, 세포나 조직에서 어느 순간에 발현된 단백질(RNA)의 총합에 대한 데이터(transcriptome), 유전자들 간의 상호작용 관계에 대한 데이터(gene to gene interaction), 유전자의 작용에 의해서 나타나는 형질에 대한 데이터(expression), 유전체 중 정상 그룹과 비정상 그룹의 차이에 대한 데이터(GWAS), 숫자를 사용해 양적(量的)으로 표시할 수 있는 유전형질을 지배하는 유전자가 놓여 있는 자리에 대한 데이터(QTL), 유전자에서 형질이 발현되는 경로에 대한 데이터(pathway) 등 매우 다양하다.

에보젠에서는 분자생물학자, 로봇공학자, 컴퓨터 프로그래머, 정보처리 전문가 등 다양한 분야의 인력이 함께 일하고 있다. 식물에 대해 질문(즉, 무엇을 찾아야 하는지)할 수 있는 사람(생명과학 분야 전문가들)과 그 질문을 수치로 변환시켜 해결할 줄 아는 사람(컴퓨터 전문가들)이 함께 일하고

있는 구조다.[2]

| 농작물 다음 연구대상은 벌레? |

사실 에보젠은 바스프(BASF)나 다우 같은 경쟁사들에 비해 자금력이나 인력 면에서 작은 중소기업에 불과하다. 에보젠의 경쟁력은 데이터 처리 위주의 단순한 바이오인포메틱스 기업에서 벗어나 여러 학술 분야의 전문 지식을 결합해 자신만의 데이터 분석 알고리즘과 계산 능력을 갖춘 빅데이터 기업이라는 데 있다.

현재의 강점을 적용할 수 있는 연구 대상을 확대할 경우 에보젠의 성장 가능성은 높다. 그런 측면에서 각종 벌레와 농식물 간의 관계는 에보젠의 또 다른 사업 분야로 떠오르고 있다. 에보젠은 주요 곡물 회사들과의 전략적 협력 관계 속에서 농식물의 생산성, 품질, 저항력 등의 개선에 힘쓰고 있어 농식물에 피해를 주는 벌레들에 대한 연구로 사업이 확장되는 것은 자연스러운 과정이다. 다만 농작물에 대해 나라마다 서로 다른 많은 규제가 시행되고 있는 것은 하나의 취약점이다. 또한 시장지배력이 있는 대기업과의 관계는 강점이자 약점으로 작용할 수 있다.

02
인간 유전체의
비밀을 해독하라
· BGI ·

| 전형적인 빅데이터 산업, 유전체 해독 |

《MIT 테크놀로지 리뷰(MIT Technology Review)》가 2013년 발표한 '가장 혁신적인 기술 기업 50곳(50 Disruptive Companies)' 중 국내 기업으로는 삼성전자가 유일하게 포함되었는데, 중국 기업으로는 세계 온라인게임 1위 및 세계 최대 포털사이트인 텐센트(Tencent)와 함께 세계 최고의 상업용 유전체 분석기관인 BGI(Beijing Genome Institute)가 포함되었다.[3]

중국 정부의 직간접적인 지원을 받고 있는 BGI는 세계 최대 유전체 해독 능력(sequencing power)을 보유하고 있다. 기존에 5일 가까이 소요되던 유전체 해독 시간을 5시간으로 대폭 단축했으며, 하루 2,000개 이상의 유전체를 해독하고(10테라바이트 규모의 데이터), 유전체당 분석 비용을 2014년 현재 샘플당 599달러 정도로 낮추었다.[4]

유전체 해독은 전형적인 빅데이터 산업이다. 수많은 데이터를 저장하고 분석하는 능력이 큰 비중을 차지하기 때문이다. 선진국 기업들의 치열한 경쟁 속에서 국내 기업들도 틈새시장을 노리며 고군분투하고 있는데, 관련 산업 전체에 필수적인 유전체 해독 데이터를 제공함으로써 BGI는 바이오 산업의 가치사슬에서 독보적인 위치를 차지하고 있다. 중국 선전에 본사를 둔 BGI의 가장 큰 연구소는 예전에 신발 공장이었던 자리에 지어졌는데 직원 수가 거의 5,000명(이 중 데이터 과학자만 1,000명 수준이다)에 이른다. BGI 직원의 평균 연령은 26세, 평균 월급여는 1,500 달러, 하루 근무 시간은 12시간으로 알려져 있다. 대부분의 직원은 근무 후 기숙사로 퇴근하며, 박사학위 소지자도 많다.

2013년 BGI는 세계 최고의 DNA 분석 기술을 보유한 미국의 컴플리트 지노믹스(Complete Genomics)를 1억 1,760만 달러에 인수해 양과 질 모든 면에서 세계 최고의 기업으로 자리 매김했다.[5] 미국 바이오업계가 크게 반발했지만 컴플리트 지노믹스 인수로 BGI는 고객 기반과 해독 능력을 높일 수 있었으며 데이터 저장 기술도 향상시켰다. 컴플리트 지노믹스는 BGI가 시도하고 있는 엄청난 양의 유전체 데이터를 다루는 클라우드 기반 컴퓨팅 플랫폼 개발을 도울 수 있는 자체 유전체 데이터베이스를 보유하고 있다.

그런데 과연 세계 최대 DNA 분석업체라는 것에 무슨 의미가 있을까? 이해를 돕기 위해 먼저 유전체 연구에 대해 살펴볼 필요가 있다. 〈그림 5-4〉와 같이 인간의 몸은 수조 개의 세포로 구성되어 있다. 세포를 이루는 조직 가운데는 세포핵이 있고, 세포핵 속에는 유전자 정보를 담고 있는 23쌍(22XX+1XY)의 염색체(chromosome)가 있다. 이 염색체를 이루는 것이 바로 이중나선 구조의 DNA다. DNA 구성 물질 중 하나가 염기로, DNA 염기에는 아데닌(A), 티민(T), 구아닌(G), 시토신(C) 4종류가 있다. 유전자(염기서열)는 31억 쌍의 염기(A, T, G, C 들의 짝) 순서를 말한다. 다시 말해, 염기서열(DNA Sequence)이 바로 '유전 정보'를 나타낸다. 디지털 정보가 0과 1의 2가지 부호에 의해 표현된다면 유전 정보는 A, T, G, C 4가지 염기서열 부호에 의해 표현된다. 인간을 포함해 포유류의 유전자는 바로 이런 염기 쌍(pair) 31억 개가 연속해 있는 형태로 이루어져 있다. 보통 말하는 게놈(Genome)은 유전자와 염색체의 합성어로

그림 5-4 | 세포, 염색체, DNA, 염기 쌍

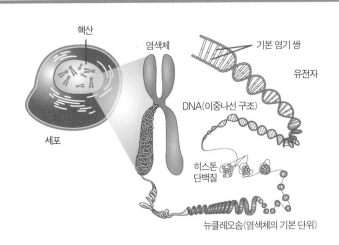

ⓒ 2007-2011 The University of Waikato

자료: http://sciencelearn.org.nz/

유전자 전체, 즉 유전체를 뜻한다.

1990년 인간의 DNA에 담긴 유전 정보를 밝히는 인간 게놈 프로젝트 (HGP, Human Genome Project)가 미국, 영국, 프랑스, 독일, 일본, 중국 6개국으로 구성된 컨소시엄에 의해 시작됐다. 그 결과, 1995년 인플루엔자, 1996년 효모, 1998년 선충, 2000년 애기장대(mouseear cress) 등의 게놈 해독이 완료됐으며 2001년에는 99%가 밝혀진 인간 게놈 지도가 공개됐다. 2002년 4월 인간 게놈 프로젝트는 인간 게놈 지도(유전자 지도)가 99.9% 완성됐다고 발표했다.

인간의 99.9%는 동일한 유전자를 가지고 있지만 31억 개의 염기쌍 중 단 140만 개의 차이로 사람들마다 그 모습이 제각기 다르고 질병에 대한 면역 체계도 달라진다. 개인 사이에 존재하는 이런 DNA 염기서열의 차이를 '단일염기변이(SNP, single nucleotide polymorphism)'라고 한다. 게놈 프로젝트를 완성할 당시만 해도 인간의 염기서열은 서로 최대 0.1% 정도밖에 차이나지 않는다고 알려져 있었지만, 더 많은 사람의 게놈 지도가 만들어진 지금은 그 차이가 점점 더 벌어지고 있다. "퍼스널 게놈 시대의 경쟁에서 가장 중요한 것은 10만 명의 게놈 정보를 어느 나라가 먼저 확보하느냐. 10만 명 정도의 정보가 모여야 유전병의 정확한 규명과 맞춤형 의약 개발 등에 활용할 데이터가 생긴다."[6] 140만 개에 달하는 단일염기변이가 사람의 몸에서 실제로 어떤 차이를 유발하는지 밝혀내는 것이 '포스트 게놈 연구'의 과제다.

| 우수한 인적 자원이 만드는 비용 경쟁력 |

포스트 게놈 연구로 유전자 치료, 난치병 신약 개발, 유전자 조작 농산물 생산, 그리고 인간 게놈 프로젝트와 생명공학 산업으로 이어지는 흐름이 생기고 있다. 최근 밝혀진 사실이지만, 헌팅턴병이나 알츠하이머병은 공통 유전자 변이(mutation)로 발생하기 때문에 찾아내기가 쉬우나 대부분의 질병은 희귀한 변이로 발생한다. 예컨대 당뇨병은 하나하나 볼 때는 큰 위험이 안 되는 여러 유전자 변이의 결합으로 발생한다. 현재 과학자들이 밝혀낸 유전자 변이에 의한 희귀 질병은 5,000여 가지에 불과하다.[7] 인간의 게놈으로 해독해낸 생명 정보에는 특정인의 유전적 특성뿐만 아니라 그 사람이 앞으로 걸릴 수 있는 질병에 대한 정보가 다 들어 있다. 게놈 지도를 보면 그 사람이 어떤 암에 걸릴지, 치매에 걸릴 확률이 어느 정도인지 알 수 있다는 의미다. 일단 병에 걸린 사람도 게놈 지도를 활용하면 그 사람에게 맞는 맞춤형 약을 만들어낼 수 있다.

유전체를 해독하는 상업기관은 미국, 유럽, 심지어 국내에도 있다. 이들에 비해 BGI가 지닌 강점은 무엇일까? 인간 유전체 배열에 관한 데이터는 어마어마한 규모로 한 사람의 유전자 코드를 모두 저장하려면 1테라바이트의 공간이 필요하다. 인간의 유전체는 31억 라인의 코드로 구성되어 있기에 그 속에서 오류를 발견하기 위해서는 고도의 알고리즘과 엄청난 컴퓨팅 파워가 필요하다. 더욱 복잡한 것은 여러 개의 변이(코드의 변형)로 질병이 발생한다는 점이다. 이런 부분은 컴퓨터나 소프트웨어로 해결할 수 없고, 사람의 수작업에 의한 분석이 필요하다. 바로 이런 점에 BGI는 경쟁사들에 비해 독보적인 경쟁력을 가지고 있다. 다시 말해, 기계나 컴퓨터로 할 수 없는, 사람이 직접 해독해야 하는 데이터 분석 업무를 저렴하게 할 수 있는 능력이 BGI의 경쟁력이다. 그것도 단순한 데이터 분석 능력이 아니라 《네이처(Nature)》나 《사이언스(Science)》에 논문을 실을 정도의 학술적인 깊이를 요하는 수준이다. 실제로 BGI는 이들 학술지에 많은 논문을 게재하고 있다.[8] 전 세계 많은 연구기관이 경험 많고 믿을 만한 바이오 데이터 분석 전문가 혹은 과학자(즉, 바이오 생물정보학 전문가)를 필요로 하는 이유도 바로 유전체 연구의 빅데이터화로 사람이 직접 해야 하는 데이터 분석 능력의 수요가 공급보다 항상 넘쳐나기 때문이다. BGI는 자사의 데이터 분석 능력을 제고하기 위해 저렴하지만 잘 교육된 중국의 젊은 인재들을 적극 활용하고 있다. 베이징대학 생물학과를 졸업한 후 BGI에 입사해 3년 정도 경력을 쌓으면 유전자 분석에서 중추적인 역할을 할 수 있을 정도다.[9]

BGI는 다른 유전체 해독업체와 마찬가지로 일루미나(Illumina) 유전체 해독기로 유전체를 해독하는데,* 현재 160여 대를 보유하고 있다(선전에는 10여 대가 있다). 일루미나 유전체 해독기는 인간의 유전체 전체를 해독하는 것이 아니라 부분부분 해독한 뒤 나중에 이들을 모아 바탕그림(축적된 유전자 지도)를 참고해 조합한다(염색체 수준의 염기서열 조합을 얻어낸다). 다시 말해, 엄청난 양의 염기서열 단편(斷片)들로부터 유전체를 조합한다. 유전체를 하나로 조합해도(즉, 유전체 해독 데이터 조각들(차세대 시퀀싱** 데이터)로부터 완성된 염색체 염기서열을 조합해도) 특이성이나 질병을 나타내는 소

---

* 최근 기계의 유전체 해독 수준이 향상되면서 일루미나가 BGI의 최대 분석장비 공급업체이자 유전체 분석 분야의 경쟁자로 떠오르고 있다("인체 '게놈 분석 1,000달러 시대' 왔다" (2014. 2. 27). 《조선일보》).
** 차세대 유전체 해독 기술은 DNA 물질로부터 다량의 아주 짧은 염기서열 단편들을 만들어낸다.

스를 찾기 위해서는 먼저 이들을 해석해야 한다. 물론 참조할 데이터가 있지만 컴퓨터 소프트웨어로 이 모든 작업을 하는 것은 현재로선 불가능하다. BGI 연구소에서도 유전체 해독 과정은 층별로 구분된 다양한 연구 단계를 거쳐 진행된다.

특히 이전에 발견된 적이 없는 변이는 컴퓨터 프로그램으로는 알아내기가 거의 불가능하다. 앞서 설명했듯 하나의 유전체는 엄청난 데이터를 담고 있는데, 기계가 아닌 데이터 분석 전문가들이 하는 일이 바로 여러 유전체들을 들여다보면서 옮기고 비교하며 정보를 테스팅하는 작업이다. 유전체를 해독하는 비용이 줄어들었다고는 하지만 이 부분은 10년 전처럼 아직도 자동화되지 않아 수작업으로 이루어지고 있어 비용 면에서도 만만치 않은 과정이다.

앞서 구글의 비즈니스 모델과 함께 소개한 개인에게 맞춤화된 유전체 검사를 제공하는 '23andMe'는 단지 100가지 정도의 특성과 질병(예를 들어, 위암에 걸릴 가능성이 있는 유전자 변이가 있는지 등)에 대한 검사만 실시한다. 가능한 유전체 검사의 3,000분의 1 정도만 제공하는 셈이다. 이에 비해 BGI는 엄청난 규모의 연구 인력을 통해 비슷한 수준(1,000달러)의 검사 비용만 들이면 가능한 모든 검사 결과를 제공한다.

유사한 유전체 분석 사업을 하고 있지만 BGI, 넥스트바이오, 23andMe의 비즈니스 모델은 전혀 다르다. BGI가 연구 능력을 바탕으로 고객가치를 만들어낸다면, 넥스트바이오는 공개된 바이오 빅데이터를 분석하는 플랫폼을 제공해 수익을 창출한다. 23andMe는 자체적으로 수집한 유전체 데이터를 활용하는 플랫폼을 제공하는 데 사업의 초점을 맞추고 있다. 다시 말해, BGI는 전형적인 빅데이터 연구자형 비즈니스 모델이고, 넥스트바이오는 전형적인 빅데이터 대리인형 비즈니스 모델이며, 23andMe는 그 중간 형태의 비즈니스 모델로 분석 기술 중심의 넥스트바이오보다는 데이터와 단순한 기술을 플랫폼으로 제공하는 빅데이터 대리인형 비즈니스 모델 기업이다.

빅데이터 연구자형 비즈니스 모델은 빅데이터 창출자나 빅데이터 대리인의 특수한 형태라고도 할 수 있다. 어떻게 보면 에보젠은 농작물 유전체 데이터 창출에, 그리고 BGI는 인간 유전체 데이터 창출에 특출한 역량을 가진 빅데이터 창출자형 비즈니스 모델 기업이다. 그러나 이들이 창출한 데이터는 연구 결과에 가까운 학술적인 깊이가 있다. 현재까지 BGI는 대규모 저비용 연구인력을 통해 빅데이터 연구 결과의 비용 측면에서 경쟁력을 보여왔는데, 앞으로 연구 방법이나 기술 면에서 경쟁력을 얼마나 키울 수 있을 것인가가 관건이다. 중국의 인건비 상승과 다른 선진국의 기술 향상이 비용 경쟁력을 약화시킬 것으로 보이기 때문이다.

빅데이터가 천재의 비밀을 밝혀낼 수 있을까?[10]

부모가 자식을 낳는 것이 아니라 선택하는 시대가 올까? 부모가 천재가 될 가능성이 높은 배아를 택해서 자식으로 낳을지 결정할 수 있다면 어떻게 될까? BGI는 2012년 8월부터 천재를 만드는 유전적 요소를 찾는 프로젝트를 진행하고 있다. 이를 위해 IQ 160 이상인 사람들의 유전체를 추출해 모두 2,200명의 유전체 표본을 해독해냈다. 참고로 인간의 평균 IQ는 100이며, 노벨상 수상자의 평균 IQ는 145 전후다. BGI는 이런 DNA 표본을 어떻게 모았으며, 천재들의 유전자에서 무엇을 찾으려는 것일까?

2,200개의 유전체 중 1,600개는 1970년대 미국에서 실시된 수학 및 언어 추

론 능력 검사에서 상위 1%에 뽑힌 수학영재 연구에 등록된 청소년들의 DNA다. BGI는 유사한 연구를 진행하고 있는 영국 킹스 칼리지의 플로민(Plomin) 박사에게 이들의 유전체를 제공받았다. 나머지 표본은 BGI가 웹사이트를 통해 기증받은 영재들의 DNA다. 선발 기준은 국제 과학 및 수학 올림피아드 입상자, 명문대의 수학·물리학 박사학위 취득자 등이다. 이들과 일반인들의 DNA를 비교해 천재들만이 가진 공통적인 단일염기변이를 찾는 것이 BGI의 1차 연구 목표다. 단일염기변이는 30억 개의 염기서열 중 개인의 편차를 나타내는 1개 또는 수십 개의 염기변이를 가리킨다. 인간의 유전자는 99.9% 일치하는데, 0.1%의 차이 때문에 생김새와 질병의 발병 유형 등이 모두 다르게 나타난다.

아직까지 BGI가 천재의 비밀을 풀었다는 소식은 없다. 인간의 지능은 실체가 있지만 미스터리한 면이 많은 유전적 요인이다. 연구자들은 IQ의 50~80%는 유전적 요인에 따라 결정된다고 본다. 지능 수준은 학문적 성취나 소득 수준과 밀접한 상관관계를 갖는다. 학자들은 변이가 발생할 경우 인간의 인지 능력에 영향을 주는 수백 개의 유전자를 찾아냈지만, 어떤 유전자(혹은 유전자 조합)의 변이가 지능과 관계 있는지는 아직까지 분명하게 밝혀내지 못했다. 다만, 지능에 영향을 주는 수천 가지 변이가 합쳐져서 전체적인 지능 수준이 결정되는 것으로 짐작된다.

BGI의 연구가 실패로 끝날 것으로 보기에는 아직 이르다. 인간의 지능을 결정하는 유전자를 찾으려면 현재의 4~5배 정도 되는 표본이 있어야 한다고 전문가들은 보고 있다. 사람의 키와 관련된 유전자를 찾는 연구도 표본이 1만 명이 넘은 뒤에야 의미 있는 결과를 찾을 수 있다고 한다. 현재까지 과학자들이 찾은 사람의 키와 관련된 염기변이의 수는 대략 1,000개로 키 차이에 대해 일부만 설명할 수 있을 뿐이다.

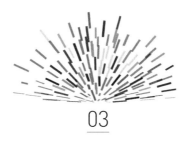

03

비즈니스 노하우를
빅데이터 사업으로

· 히타치글로벌센터 ·

| 미래 사업, 빅데이터 연구에서 찾아라 |

빅데이터에 회사의 미래를 걸고 있는 히타치제작소(Hitachi)는 다양한 빅데이터 사업을 시도하고 있다. 관련 센서나 빅데이터 저장 및 분석 기술의 개발에서부터 빅데이터 분야의 컨설팅 등 다양한 시도를 하고 있는데, 그중 하나로 빅데이터와 관련된 연구개발을 사업화하는 비즈니스 모델을 실험하고 있다.

히타치는 2013년 6월 빅데이터와 관련된 혁신적인 분석기법을 개발하기 위해 히타치글로벌센터(HGC-IA, Hitachi Global Center for Innovative Analytics)를 신설했다.[11] 에보젠과 BGI가 학술적인 연구기관 형태의 비즈니스 모델을 추구한다면 히타치글로벌센터는 일본의 다른 기업 부설 연구소와 마찬가지로 실용적 문제를 해결하는 데 초점을 둔 연구소 형태의 비즈니스 모델을 추구한다. 물론 IBM 등에도 연구소 형태의 비즈니스 모델을 가진 사업부서가 있지만 이들은 학술 연구와 실용 연구의 균형을 추구하는 반면 히타치글로벌센터는 순수 연구가 아닌 빅데이터 솔루션과 관련된 실용적 연구개발 기능에 중점을 두고 수익 사업을 병행하고 있다.

히타치에는 6종류의 연구조직이 있다. 연구 전략을 총괄하는 기술전략사무소(Technology Strategy Office), 신기술 연구에 주력하는 중앙연구소(Central Research Lab), 에너지 및 인프라 연구를 담당하는 히타치연구소(Hitachi Research Lab), IT 부문을 담당하는 요코하마연구소(Yokohama Research Lab), 디자인 관련 연구를 전담하는 디자인연구소(Design Division), 해외 곳곳의 글로벌연구소(Overseas Research Center)가 그것이다. 이들은 모두 직접 사업을 하는 조직이라기보다는 연구개발로 다른 계열사를 지원하는 조직이다. 이에 비해 신설한 히타치글로벌센터는 해외 연구소들과 사업 부문을 연결시켜 혁신을 꾀하면서 직접 수익을 창출하는 사업을 도모하고 있다. 히타치글로벌센터는 미국과 영국, 아시아(중국 및 인도) 등의 거점에서 빅데이터를 활용한 솔루션을 개발하고 이에 필요한 각 거점의 인재, 기술 및 개발 솔루션의 통합과 공유를 도모하여 신속하게 글로벌 솔루션을 제공하고자 한다. 이런 이유로 현지 인재 채용에도 적극적이다. 히타치는 2012년 데이터 분석 서비스 전담 조직으로 빅데이터 활용에 관한 전문가인 데이터 분석 마이스터들을 모아서 정보통신시스템 관련 사업부서(Hitachi Data Systems) 내부에 스마트 비즈니스 혁신연구소를 설립한 바 있다. 이후 히타치글로벌센터로 통합된 빅데이터 연구개발 조직에서 빅데이터로 새로운 비즈니스 가치 창출을 지원하는 데이터 분석 마이스터 서비스를 제공하기 시작했다. 이 사업은 고객·직원의 행동과 성과 및 점포의 효율 향상 방안에 관한 빅데이터 분석 기술을 개발하거나 자동차 회사를 통해 수집한 주행 기록 등을 분석·가공해서 그 정보를 활용해 새로운 서비스를 창출하려는 기업에 전달하는 서비스를 내용으로 한다. 이 밖에 JR동일본의 철도 시설 데이터를 분석해 마케팅에 활용하는 방안도 연구했다.

| 다양한 데이터를 중심으로 한 연구 중심의 조직 개편 |

히타치는 빅데이터의 사업화를 위해 지금까지 빅데이터에 대처해온 그룹의 노하우를 통합해 히타치글로벌센터를 설립하고 보다 신속하게 사업을 전개하고 있다. 2013년에는 데이터 분석 및 마케팅 관련 전문가를 중심으로 대량 데이터 처리 등의 시스템 구축·운영을 전문으로 하는 빅데이터연구소를 미국에 설립했으며, 헬스케어 서비스 관련 개발을 위해 영국에 유럽빅데이터연구소를 설립하는 등 빅데이터 활용 사업을 뒷받침하는 연구개발 체제를 구축했다. 히타치글로벌센터에서는 일본과 기타 지역의 관련 연구 조직을 총괄하고 글로벌 연구 전략을 수립할 뿐만 아니라 최전선 고객과의 실증 실험을 통해 혁신적인 서비스를 개발할 계획이다. 다시 말해, 히타치글로벌센터를 중심으로 히타치, 미국 히타치 컨설팅, 히타치 데이터 시스템스를 연계하여 글로벌 빅데이터 솔루션 개발을 통합하고, 회사의 고객 기반을 활용하여 고객 데이터 분석 중심의 실증 프로젝트를 통해 솔루션 개발에 나설 것이다. 출범 당시 히타치글로벌센터는 300명 규모로 구성되었는데, 2015년까지 500명 규모로 체제를 강화하고, 글로벌 협력을 발전시킬 예정이다. 이러한 노력을 통해 히타치는 빅데이터 활용 사업에서 2015년 1,500억 엔의 매출을 목표로 하고 있다.[12]

히타치글로벌센터는 고객 및 파트너와의 협력을 통해 사물인터넷 시대에 나타나는 기기·설비 등에서 발생하는 데이터는 물론, 사람의 움직임에 따라 만들어지는 데이터, 소셜 데이터 등을 분석해 생산성 향상, 비용 절감, 매출 확대 같은 기업의 본질적인 과제를 해결하고 혁신을 실현하는 것을 목표로 하고 있다.

히타치글로벌센터의 사업 분야는 크게 6가지로 나뉜다. 먼저 헬스케어 분야에서는 고령화 사회를 맞아 의료의 질 향상과 의료비 억제라는 상반되는 목표의 달성이 요구되어왔다. 히타치글로벌센터는 영국 맨체스터 지역에서 국민 보건 서비스 및 기타 조직과 연계하여 대량의 의료 정보를 분석해 새로운 헬스케어 서비스 개발을 수행했다. 통신·미디어 분야에서는 통신 네트워크의 고속화, 사진이나 동영상을 기반으로 한 리치 미디어(rich media)의 보급에 따라 다양한 정보가 네트워크를 통해 기업 내외에 전달되고 축적되는 것에 대한 해결책을 제시하는 데 중점을 두고 있다. 또한 통신 네트워크 상태를 최적으로 유지하고 기업 내외의 사진, 동영상을 중심으로 한 미디어 검색, 활용을 촉진하는 솔루션을 개발하고 있다. 에너지 분야에서는 신재생 에너지 및 전기자동차의 도입, CO_2 감소, 에너지 이용 효율화에 의한 에너지 절약 촉진 등 환경에 대한 배려가 필요한 시대에 빅데이터로 대비하고자 한다. IT 및 제어를 융합하는 동시에 빅데이터를 활용해 송배전의 효율화를 도모하는 솔루션 개발에도 힘을 쏟고 있다. 교통 분야도 히타치글로벌센터의 중요한 사업 영역이다. 많은 국가에서 도시화가 진행되면서 환경 친화적인 교통수단에 대한 요구가 커지고 있다. 이에 빅데이터를 활용함으로써 철도 시설의 효율적인 유지·보수 서비스를 제공하는 한편 안전하고 신뢰할 수 있는 철도 운행에 도움이 되는 솔루션을 제공하려고 한다. 광산업도 빅데이터가 적용될 수 있는 유망 분야다. 호주, 남미 등 광물 자원 생산 지역에서 석탄과 구리 등 자원의 가격 변동에 재빨리 대응하고 효율성이 높은 운영 시스템에 대한 요구가 커지고 있다. 광산 개발 현장에서는 다양한 기기에서 엄청난 양의 데이터가 발생하는데, 이의 분석을 통해 운영 최적화를 지원하는 솔루션을 개발하는 것이 히타치글로벌센터의 목표다. 이외에도 히타치글로벌센터는 석유와 가스, 수자원 같은 환경과 밀접한 분야는 물론, 기존에 일본 기업들이 강점을 보여온 IT, 제조업과 관련된 생산·물류 분야에서 빅데이터와 관련된 연구개발 사업을 실행하고 있다.

| 경영 컨설팅 시장의 혁신, 빅데이터로 가능할까? |

사실 현재 히타치글로벌센터는 혁신적인 분석기법을 개발하기 위한 비즈니스 모델을 완성했다기보다는 빅데이터 연구자형 모델을 구축 중인 기업이라고 할 수 있다. 민간 중소기업에서도 노벨상 수상자를 배출한 나라답게 연구개발과 비즈니스를 연결하는 데 뛰어난 경쟁력을 가진

나라가 일본이다. 그렇기 때문에 연구개발 수준으로 체계화, 전문화된 산업 지식을 축적해놓은 기업들이 빅데이터 연구자형 비즈니스 모델을 도입할 가능성이 높을 것으로 전망된다. 컨설팅 회사들이 경영에 어려움을 겪고 있는 것은 구체적이고 유효한 대안을 제시하지 못하고 있기 때문이다. 이러한 문제를 해결하는 것 역시 빅데이터 연구자형 비즈니스 모델의 성공적인 구현 여부에 달려 있다. 히타치글로벌센터가 빅데이터 연구자형 비즈니스 모델을 완성할 경우 앞으로 이들의 경쟁 상대가 될 가능성이 높다.

빅데이터의 분야별 전문성을 높이고 있는 히타치[13]

휴먼 빅데이터는 체온과 맥박, 행동 기록, 생활 패턴, 타인과의 커뮤니케이션 등을 바탕으로 사람에 대한 데이터를 수집하는 분야다. 히타치는 휴먼 빅데이터를 3가지 사업에 적용 중인데, 먼저 '인간 행동 측정용 센서'는 커뮤니케이션 상황이나 몸의 움직임, 위치를 정밀하게 측정할 수 있는 몸에 부착하는 센서와 관련된 사업이다. '라이프 현미경'은 사람의 운동량과 체온 데이터를 통해 생활 패턴을 검색하는 손목시계형 센서 사업에 주력한다. '광(光)포토그래피 기술'*은 뇌와 사회의 새로운 관계를 만드는 뇌 과학을 통한 인간 지향 솔루션 사업을 말한다.

기계 빅데이터는 센서에 의한 모니터링을 통해 기계나 시스템 등 물건의 작동 정보를 실시간으로 수집하는 분야다. 히타치의 에어센스(AirSense) 솔루션은 건물·시설의 환경이나 사람의 상태를 적시에 감지·발신하는 센서 네트워크 시스템을 구축하는 사업이다. 스마트모듈(smartMODULE)은 광대역 무선에서

---

* 히타치가 개발한 근적외광(近赤外光)을 이용하여 대뇌 피질 부분을 측정, 이미지 화하는 기술이다.

근거리 무선까지 폭 넓은 산업용 무선 솔루션을 제공하는 사업이며, CP트랜스 (CPTrans)는 사람들의 안전을 지원하는 시공간 정보를 제공하는 무선 통신 솔루션 사업이다.

공간 빅데이터는 사람이나 차량의 이동 상황 등 위치 정보, 지도 및 거리 등 공간 데이터 등을 활용하는 분야다. 히타치의 에어로케이션(AirLocation)은 기지국 간 LAN 배선 없이도 실내외에서 사용할 수 있는 무선 LAN 위치 감지 시스템이며, 레이저레이더비전 II(LaserRadarvision II)는 뒤를 쫓아오거나 침입하려는 사람을 정밀하게 감지하는 레이저 감지 시스템이다. GPS 스트림(GPS Stream)은 고정밀, 고감도의 완벽한 위생 측정 기술을 이용한 위치 측정 시스템이다.

마켓 빅데이터는 POS 데이터와 재고 정보, 감시 카메라 영상이나 소셜미디어, 교통계 IC 카드 데이터 등 실제 시장의 상황을 사실적으로 알 수 있는 데이터를 활용하는 분야다. 히타치의 코어익스플로어(CoreExplorer)는 대량 텍스트 정보를 신속하게 분석하고 업무 개선으로 이어질 '인사이트'를 발견하기 위한 텍스트 마이닝 도구로, 콜센터에 접수되는 많은 문의 속에서 주요 트렌드를 발견하는 데 사용된다. SynCAS PSI는 생산, 판매, 재고 계획에서 의사결정을 지원하는 공급망 데이터 시각화 시스템이다. 예를 들어, 제품 카테고리 재고를 나열하고 장수 제품부터 신제품까지 모든 상품의 재고 상황을 시각적으로 표시한다. 과거의 재고 추이에서 과잉 재고 및 품절 가능성이 있는 품목을 재빠르게 살펴 문제 제품은 '종류 → 제품 카테고리 → 개별 제품 및 드릴 다운'하여 검색 가능하다.[14] 히타치는 마켓 빅데이터와 관련하여 교통계 IC 카드 분석 정보 서비스도 제공하고 있다.

스마트 인프라 빅데이터는 가정에서 사용하는 전기와 물의 양, 날씨 데이터 등 일상생활에서 만들어지는 데이터를 활용하는 분야다. 히타치의 지오메이션 (GeoMation)은 데이터를 지도에 표시해 살아 있는 정보로 바꾸는 지리 정보 시스템이다. 정보 제어 통합 환경 사업은 사회 인프라 운영에 관한 대량 데이터를 분석·지식화 처리하고, 제어 시스템의 통합 환경을 제공한다.

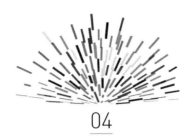

04
슈퍼컴퓨터로
경영컨설팅에 도전하다
· IBM의 왓슨 ·

| '왓슨'에게 물어봐 |

　IBM이 개발한 슈퍼컴퓨터 왓슨(Watson)에 대해 들어본 적이 있는가? 미국에서 인기리에 방영된 TV 게임쇼 〈제퍼디(Jeopardy)〉에서 사람들과 대결해 우승한 이후 주목을 받은 이 괴물 슈퍼컴퓨터는 이후 미국 월스트리트와 의료 산업에까지 진출해 명성을 높였다. 그리고 이제 화려하지는 않지만 좀 더 실용적인 분야에서 자신의 진가를 입증해보이려 하고 있다. 그중 하나가 바로 콜센터 관리 분야다.[15] 미국 기업과 기관들은 매년 인건비와 소프트웨어 관련 비용 등으로 콜센터에 1,120억 달러를 지출하고 있는데, 연간 2,700억 건의 고객 전화 중 절반이 미결로 처리되고 있어 스마트 컴퓨터의 도움이 절실한 상황이다.

IBM에 따르면 콜센터에 왓슨이 도입될 경우 매년 1,350억 건의 미해결 고객 문의 중 3분의 2가 보다 신속하고 적절한 정보 접근으로 해결될 것으로 기대된다. 현재는 고객 문의건당 정보를 찾는 데 6~8분이 소요된다. 왓슨을 사용하려는 기업들은 자사 카탈로그, 훈련 매뉴얼, 상품 설명서, 계약서뿐만 아니라 이메일, 고객 포럼, 콜센터 로그, 외부 평가 사이트의 자사에 대한 평가 의견들 중에서 상품에 관한 데이터를 컴퓨터에 입력해서 고객이 상품에 관해 문의했을 때 정보 검색 시간을 40% 이상 줄일 수 있었다고 한다.

2013년 후반 시작된 IBM의 '왓슨에게 물어봐(Ask Watson)' 서비스는 고객의 문의에 컴퓨터가 스스로 응답하는 방식으로 운영된다. 웹 채팅, 이메일, 스마트폰 앱, SMS(문자) 등 여러 채널을 통해 서비스가 가능한데, 현재 호주의 ANZ 뱅크, TV 시청률 조사기관인 닐슨(Nielsen), 셀콤 (Celcom), IHS, 캐나다의 로열뱅크오브캐나다(Royal Bank of Canada) 등이 이용하고 있다.

'왓슨에게 물어봐'는 시리(Siri) 같은 음성인식 서비스와 연결해서도 사용할 수 있다. 고객이 문의하거나 검색할 경우 왓슨은 고객의 데이터를 분석해 최적의 답을 찾아준다. 스마트폰 앱을 통해 왓슨이 사용자의 문의에 답하는 과정은 다음과 같다.

- (질문) 멜리사 : 딸을 대학에 보내려면 (돈이) 얼마나 들어갈까요?
- (답변) 왓슨 : 2030년 텍사스의 4년제 주립대학 교육비는 13만 5,860달러, 사립대학 교육비는 34만 5,593달러로 예상됩니다.
- (추가 답변) 왓슨 : 당신의 재무 상황을 볼 때 2030년 4년제 대학 교육비가

그림 5-5 | '왓슨에게 물어봐(Ask Watson)'의 스마트폰 버전

자료: "IBM's Watson Now A Customer Service Agent, Coming To Smartphones Soon" (2013.
5. 21). *Forbes*

사립대학의 경우 24만 달러, 공립대학의 경우 15만 5,000달러 정도 되는 대

학이 적당할 것 같습니다.

| 같은 듯 다른 모습 시리와 왓슨 |

왓슨은 답하기 어려운 질문에 대해 다양하고 방대한 자료를 뒤져 적합

한 대답을 찾아내는 과정에서 그 가치가 드러난다. 사람의 질문에 기계

가 답하는 모습을 상상하면 지능이 있는 로봇이 사람과 대화하는 모습

을 떠올리기 쉬운데, 사람의 질문에 답하는 모든 기계가 동일한 원리로

작동되는 것은 아니다. 애플의 음성인식 개인비서 앱 시리와 IBM의 슈퍼컴퓨터 왓슨은 전혀 다른 방식으로 사람의 질문에 답한다. 시리가 질문을 정확히 이해하고 답하는 데 초점을 둔, 애플의 아이폰 4S부터 탑재된 앱이라면, IBM의 왓슨은 방대한 자료를 뒤져서 답을 찾는 데 초점을 둔 대형 컴퓨터를 이용한 프로그램이다.

시리와 왓슨은 모두 사람의 말을 이해하는 자연어 처리가 가능하다는 공통점이 있지만 출발점은 다르다. 시리가 다양하고 간단한 일반적인 질문에 상식적인 답을 하는 것을 목표로 개발되었다면 왓슨은 특정 분야의 전문가로서 정확하고 적절한 답을 제시하는 것이 목표였다. 즉, 문제 해결에 대한 상향식 접근법(시리)과 하향식 접근법(왓슨)의 차이가 있다.[16] 시리의 기술은 사람들의 다양하고 단순한 대화를 이해하고 이들이 처한 상황이나 대화의 맥락을 이해하는 데 중점을 둔 반면, 왓슨의 기술은 복잡한 문제를 이해해서 수많은 자료 중 적절한 답을 신속히 찾는 데 주력한다.

그런데 최근 들어 시리와 왓슨의 발달 과정이 점점 동일한 목적지로 수렴되는 모습을 보이고 있다. 시리는 일반적인 상식으로 답하는 수준에서 출발해 많은 데이터가 더해지고 통합되면서 다양한 분야의 전문성을 배양하고 있다. 반대로 왓슨은 한 분야의 전문성을 토대로 다른 분야들을 섭렵하면서 지식의 폭을 넓히고 있다. 둘 다 만물박사로 향하고 있는 것이다.

| 왓슨, 분석과 통합으로 최적의 답을 찾는다 |

IBM의 왓슨은 다음과 같은 5가지 능력을 이용해 질문에 답한다.

- 일상적인 사람들의 언어 표현을 이해하는 능력(natural language understanding)
- 동시에 여러 개의 답을 찾고 이들의 신뢰성을 평가하는 능력(parallel hypothesis generation and confidence scoring)
- 답의 정확도를 높이기 위해 계속 반복해서 질문하고 답하는 능력(iterative question/answering to refine results)
- 다양한 비정형 데이터를 다루는 능력(broad domain of unstructured data)
- 자기학습능력(machine learning)

왓슨이 질문에 답하는 과정을 살펴보자. 먼저 질문을 받으면 이를 나누어 각각의 하위 질문을 이해한 후 그 결과를 조합해서 전체 질문의 의미를 파악한다. 그다음 질문의 답과 그 근거들을 찾아 잠정적인 답변 후보들을 찾아낸 후, 이를 중심으로 여러 자료를 뒤져서 타당성과 신뢰성을 검증해 최종 답을 제시한다(〈그림 5-6〉). 예를 들어보자.

- (질문) EU에서는 매년 문화수도를 선정한다. 2010년 선정된 이 도시는 터키에 있으며, 동서 문명이 만나는 곳으로 알려져 있다.
- (질문 분석) 문장을 단어 단위로 나누어 이들의 의미와 단어들 간의 관계를 해석한다. 예를 들어, 질문의 답은 지정학적 위치를 찾는 것이며 그 장소는 터키, 문화, 만남과 관련된다. 답은 도시들 중 하나며, 그 도시는 2010년과 관

그림 5-6 | IBM의 왓슨이 질문에 답하는 과정

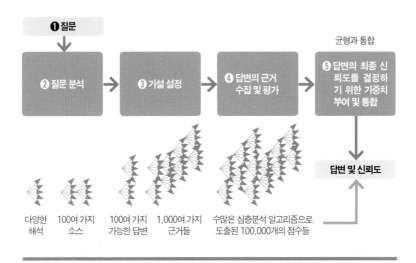

자료: IBM (2012). "IBM 'Watson': Beyond playing 'Jeopardy!'". p.18. http://www.lanl.gov/conferences/salishan/salishan2012/Frase.pdf

련된다.

- (가설 설정) 질문에 대한 분석을 토대로 답에 해당하는 후보들을 선정한다. 예를 들어, 답은 브뤼셀, 오타와, 터키, 사라예보, 이스탄불, 아테네 중 하나라는 가설을 설정한다.

- (답변의 근거 수집 및 평가) 가설 설정에서 후보로 부각된 답들과 관련된 자료들을 찾아서 각각의 후보 답에 대해 심층적인 평가를 하는데 그동안 개발해 축적한 모델(혹은 알고리즘)들을 바탕으로 이러한 평가를 내린다. 예를 들어, 각 도시의 지정학적 위치에 대한 관련 문서들을 수집, 분석해 후보 답의 신뢰성과 정확성을 평가한다.

왓슨은 〈그림 5-7〉과 같이 여러 기준의 평가값을 가중평균해 가능한 답변들의 신뢰도를 도출한다. 최종 답으로 이스탄불, 아테네, 사라예보가 도출되었으며 자료로부터 유추한 근거, (사람들의 관심 정도를 나타내는) 인기도, 논리적 타당성, (자료) 소스의 신뢰성, 사건의 시간적 순서, 문제 유형과 매치되는 정도 등을 평가했을 때 질문의 답으로 이스탄불의 신뢰도가 가장 높게(84%) 나타났다.

'답변의 근거 수집 및 평가'를 위해 왓슨이 사용하는 모델(혹은 알고리즘)로는 다음과 같은 것들이 있다. 첫째, 시간적 순서에 의한 추론(Temporal Reasoning) 알고리즘은 어떤 사건이나 일이 발생하는 시간적 순서가 추론의 주요 근거가 된다. 예를 들어, 야구 경기의 시구는 경기 전에 행해지며, 독감 발병은 먼저 오한이나 극도의 피로감 등의 증상을 보인다.

그림 5-7 | 3가지 잠재적인 답에 대한 평가 기준의 예

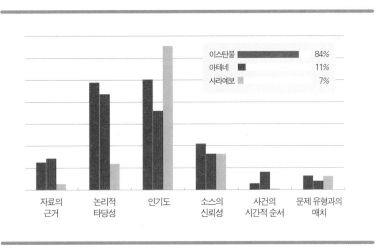

자료: IBM (2012). "IBM Watson at Work". p.10. http://files.meetup.com/1789394/Chris%20Howard%20-%20Watson%20@%20Work%20-%20Big%20Data%20Meetup.pdf

둘째, 지리공간적인 추론(Geospatial Reasoning) 알고리즘이 있다. 예를 들어, '사람 신체의 통증은 오른쪽 손가락 끝에서 시작해 왼쪽 손끝까지 번져간다' 같은 방식이다. 셋째, 통계적인 방법으로 말의 의미를 쉽게 풀이하는 알고리즘(Statistical Paraphrasing New Algorithms)은 전문 용어나 약어를 통계적으로 가장 빈번하게 사용하는 일반적인 용어로 번역해준다. 예를 들어, 의사나 연구자들이 주로 사용하는 전문적인 의학 용어를 우리가 일상적으로 병이 났을 때 쓰는, 가장 쉽게 이해할 수 있는 일반적인 표현으로 바꾸어주는 것을 말한다.

왓슨의 분석 능력을 적용할 수 있는 수많은 분야 중 하나로 의료 분야가 있다. IBM은 의료 분야의 비정형 데이터인 의사의 진료 기록, 학술 연구지의 내용, X-레이 이미지, 무선기기의 바이오 피드백, 온라인 환자 커뮤니티에서의 토론 내용 등을 처리할 수 있도록 왓슨을 발전시키고 있다. IBM은 의사들이 스마트폰 앱으로도 왓슨을 사용할 수 있도록 하기 위해 계획 중이다.[17] IBM은 이미 사설 의료보험회사와 협력해 왓슨을 이용하여 암 전문 의사들의 환자 진료를 돕는 시스템인 '웰포인트(WellPoint)'를 개발한 바 있지만 현재 개발 중인 시스템은 보다 다양한 일반 질병에 대한 진료 조언 시스템이 될 것이라고 한다.

Chapter 6

빅데이터
응용가

Intro

고객의 속까지 알고
서비스하라!

| 고객의 욕구가 충족되지 않는 곳에 새로운 시장이 있다 |

빅데이터 응용가형 기업은 빅데이터를 하나의 산업에 적용해 개인에게 맞춤화한 새로운 응용 서비스를 제공하는 사업자들로, 데이터나 분석 역량을 자사의 신사업에 응용하는 기업들이다. 이들은 고객에 대해 겉으로 드러난 모습(예를 들어, 성별)이나 요구 외에도 고객의 속모습(예를 들어, 성격)이나 뒷모습(예를 들어, 숨겨진 의도나 잠재된 욕구나 니즈)같이 드러나지 않은 부분까지 빅데이터로 파악해 서비스한다. 이들이 고객의 속마음과 특징을 읽은 것을 드러내지 않고 그에 맞추어 서비스하면 고객은 더욱 만족해한다.

다른 유형의 빅데이터 기업들과 비교해 이들은 빅데이터를 이용해 이전에 존재하지 않았던 고객가치를 창출한다는 점에서 다르다. 기존 기업이 하지 못하는 보다 스마트한 서비스를 빅데이터로 제공하는 기업이 바로 빅데이터 응용가형 기업이다.

이들은 데이터를 확보하는 면에서 빅데이터 창출자와 대리인의 중간에 위치한다. 이들은 자신의 업무에서 생성된 데이터뿐만 아니라 추가

290 Chapter 6 | 빅데이터 응용가

적인 데이터를 따로 수집하거나 만들어 이전에 존재하지 않았던 맞춤 서비스를 제공하는 데 활용한다. 이들은 주로 디지털화의 영향을 많이 받는 산업에서 빅데이터를 바탕으로 새로운 틈새시장을 개척한다.

제스트파이낸스(ZestFinance)·웡가(Wonga)·웰포인트(Wellpoint)·클라이미트 코퍼레이션(The Climate Corporation) 등 금융 분야, 판도라(Pandora)·스포티파이(Spotify)·샤잠(Shazam) 등 디지털 콘텐츠 분야, 넷플렉스(Netflex)·훌루(Hulu)·애플TV(Apple TV) 등 디지털 미디어 분야, 웰덕(WellDoc)·아스마폴리스(Asthmapolis) 등 헬스케어 분야 등 다양한 분야에서 이러한 기업들이 등장하고 있으며 그 영역은 날로 확대되고 있다. 이들은 기존 기업들이 간과하고 있는 틈새시장을 노리거나 동일한 내용의 서비스를 전혀 다른 방식으로 스마트하게 제공한다. 즉, 빅데

표 6-1 | 빅데이터 응용가형 비즈니스 모델의 특징

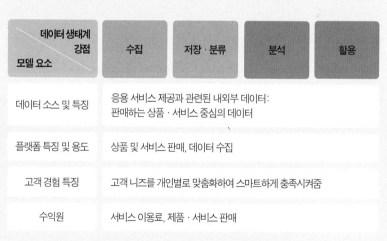

데이터 생태계 강점 / 모델 요소	수집	저장·분류	분석	활용
데이터 소스 및 특징	응용 서비스 제공과 관련된 내외부 데이터: 판매하는 상품·서비스 중심의 데이터			
플랫폼 특징 및 용도	상품 및 서비스 판매, 데이터 수집			
고객 경험 특징	고객 니즈를 개인별로 맞춤화하여 스마트하게 충족시켜줌			
수익원	서비스 이용료, 제품·서비스 판매			

주: 수집, 저장·분류, 분석, 활용에서 농도가 진할수록 상대적 강점이 있음

이터 분석 능력을 더해 기존 기업의 서비스 수준을 넘어선 혁신적인 기업들이다. 예를 들어, 여신전문금융회사인 제스트파이낸스와 윙가는 개인의 SNS 데이터 등에서 수집한 수많은 데이터를 바탕으로 직장인들을 위한 틈새시장을 겨냥해 단기 무담보 대출 서비스를 개발해냈다.

데이터 처리의 거의 모든 단계에 강점이 필요하기 때문에 이런 모델을 구축하고 유지하는 것은 다른 빅데이터 비즈니스 모델에 비해 상대적으로 어렵다. 즉, 데이터 수집이나 분석만 잘해서는 안 되며 기존 기업이 제공하는 서비스 수준을 넘어서는 가치를 제공할 수 있도록 데이터를 활용해야 하기 때문에 종합적인 빅데이터 처리 역량이 필요한 비즈니스 모델이다.

이런 이유에서 빅데이터 응용가형 모델로 시작한 기업들이 시간이 지나면서 데이터 처리의 전 과정에 잘 대처하지 못하는 취약점을 느끼고 데이터 수집이나 분석 등 하나의 과정에만 집중하는 비즈니스 모델로 전환하는 사례들이 발생하기도 한다. 예를 들어, 스마트 내비게이션업체인 웨이즈는 내비게이션 서비스보다 데이터를 제공하는 서비스로 수익을 내고 있다. 영국의 빅데이터 투자기업 더웬트 캐피털 마켓(Derwent Capital Market's)도 마찬가지다. 하지만 한번 제대로 비즈니스 모델이 확립되면 기존 비즈니스 모델 기업들을 파괴시킬(disrupt) 가능성이 높은 것도 빅데이터 응용가형 모델 기업이다. 음악 산업에서 음원 다운로드 비즈니스 모델을 몰아낸 판도라 등 스트리밍 음악업체들이 대표적인 예다.

| 빅데이터 응용가형 사례 기업들 |

빅데이터 응용가형 모델 기업들은 이른바 디지털 시대의 도래로 산업 내 경쟁 방식이 완전히 바뀔(즉, 디지털 파괴) 가능성이 높은 분야의 기업들이다. 특히 조기에 이런 현상이 발생한 산업일수록 빅데이터 응용가가 등장할 가능성은 더욱 높다. 경영컨설팅업체인 딜로이트는 디지털 기술로 인해 단기간에 기존 사업 방식이 15% 이상 영향을 받을 대상으로 IT 및 미디어, 금융, 소매유통, 예술 및 레크리에이션, 부동산, 전문가 서비스(예를 들어, 경영 컨설팅, 법률 서비스) 등을 들었다. 그리고 장기적 관점에서 이런 변화가 발생할 산업으로 교육, 우편 및 교통, 헬스케어, 농업, 구인·구직 서비스, 정보 서비스, 유틸리티 등을 제시했다(〈그

그림 6-1 | 딜로이트의 디지털 파괴(digital disruption) 지도

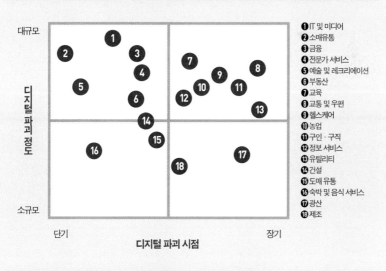

자료: Deloitte (2012). "Digital Disruption Short Fuse, Big Bang?"

림 6-1〉).

여기서 디지털 영향이 크다는 것은 아래와 같은 사항을 의미한다.

- 상품과 서비스의 디지털화
- 디지털 채널 선호
- 비즈니스 운영상 초고속 인터넷 기반이 중요
- 기업의 고객이나 인력들의 높은 모바일화 정도
- 소셜미디어와 클라우드 컴퓨팅의 높은 보급률
- 디지털 혁신이 정부 규제나 다른 요인들에 제약을 덜 받음

디지털 영향이 큰 분야는 서비스 대상에 대해 더 많고 더 다양한 데이터가 발생하고 이를 수집하는 것도 더 수월하기 때문에 더 종합적인 고객 정보(즉, 고객의 속모습과 뒷모습까지)를 바탕으로 고차원의 서비스를 제공할 수 있다.

이러한 경우 데이터 및 데이터의 분석이 비즈니스 운영과 상품·서비스 제공에서 차지하는 비중은 절대적이다. 앞으로 다룰 사례의 기업들은 〈그림 6-1〉의 분류에서 왼쪽 상단에 위치한, 단기적으로 큰 변화가 있을 분야의 기업들이다. 이들 기업은 대개 신규 기업들로, 기존 서비스에 대한 고객들의 불만이 높아지자 디지털화로 이런 불만을 극복하고 편의성을 높이는 한편 고객이 원하는 바를 제공하고 있다.

01
스티브 잡스를 울린
음원 유통 시장의 파괴자

· 스포티파이 ·

| 스티브 잡스가 틀렸다! |

최근 음악 유통 산업의 추세를 보면 단순 음악 서비스업체들이 점차 IT업체들과 경쟁하고 있다. 얼마 전만 해도 야후나 AOL 등 웹캐스팅 서비스업체들이 이 분야의 시장을 지배했다. 그러나 현재 이런 업체들은 더 이상 시장에 존재하지 않는다. 이제는 온라인 음악 서비스도 빅데이터 기반의 혁신 기업들이 주도하고 있다. 특히 스트리밍 서비스를 제공하는 업체의 성장세가 눈부시다.

2007년 4월 스티브 잡스(Steve Jobs)는 "월사용료를 지불하는 음악 서비스는 실패했다. 사람들은 자신이 좋아하는 노래를 소유하기 원한다"라고 했지만 그의 판단과 달리 스트리밍업체들은 많은 데이터를 확보해 맞춤화된 서비스로 다운로드업체들을 몰아냈다. 애플도 결국 2013년 9월 아이튠즈(iTunes) 음악 다운로드 서비스 대신 음악 스트리밍 서비스인 아이라디오(iRadio)를 선보이고 이에 주력하고 있다.[1] 동영상 서비스 업체인 넷플렉스의 고객 데이터는 예전에 DVD 대여업을 할 때보다 웹

표 6-2 | 음악 서비스별 특징(2013년 예상치)

서비스명	유형	가입자 수	수익원
아이튠즈	다운로드	6억 명	음원 판매
아이라디오	스트리밍	–	–
판도라	스트리밍	5,400만 명	광고, 이용료
스포티파이	스트리밍	2,400만 명	광고, 이용료
랩소디	스트리밍, 다운로드	100만 명	이용료

표 6-3 | 디지털 음악 서비스 유형별 매출 성장 추이

(백만 달러)

디지털 음악	2010	2011	2012	2013	2014	2015	연평균 성장률
스트리밍	353	532	809	1,211	1,701	2,219	44.4%
다운로드	3,368	3,630	3,847	3,952	4,003	4,050	3.8%
모바일	2,167	2,173	2,141	1,958	1,723	1,461	-7.6%
총매출	5,888	6,335	6,798	7,121	7,427	7,730	5.6%

주: 2012년 이후는 예상치

자료: 한국콘텐츠진흥원 (2012)

스트리밍 비즈니스 모델을 도입한 후 거의 10배 이상 폭발적으로 증가했다.

| 고객별 맞춤 음악을 제공하다 |

이 같은 변화는 데이터로 고객 경험을 예측하고 충족시키는 것이 중요시되고 있음을 의미한다. 콘텐츠 자체는 물론 시점, 장소, 매체, 상황, 맥락에 따라 서비스하는 스마트 콘텐츠(마이크로 맞춤화) 비즈니스는 발견과 고객 경험 최적화에 빅데이터를 응용하는 사업이다. 일례로, 스포티파이는 청취자가 좋아할 만한 음악을 선별해 제공하는데 단순히 고객의 취향뿐만 아니라 위치, 기분, 시간대에 따라 맞춤화하여 제공한다.

스포티파이는 과거 LP 음반 시장에서 영화를 누린 EMI의 개인 맞춤화 라디오이자 온디멘드(on-demand) 음악 서비스다. EMI는 시대의 변화에 따라 CD 판매 대신 온라인 음악으로 눈을 돌렸지만 성과가 그다지 좋지 않았다. EMI는 음악 산업의 디지털화와 불법 다운로드 때문에 사업상 어려움을 겪었다. 세상은 디지털 음원의 시대가 되었지만 EMI는 디지털화에서 새로운 수익의 흐름을 창출하지 못하고 있었다. 이 같은 시련을 극복하고자 2009년 EMI 인사이트(일종의 고객 마케팅 부서) 담당 수석 부사장으로 부임한 데이비드 보일(David Boyle)은 기존 데이터 중심의 의사결정 문화에 (고객과의) 파트너십을 도입했다. EMI의 음악 스트리밍 서비스인 스포티파이는 돈을 벌기는 했지만 이를 통해 수집되는 고객 데이터에는 무관심했다. 보일은 뮤직 블로그, 페이스북, 트위터의

그림 6-2 | 스포티파이의 유료 가입자 증가 추이

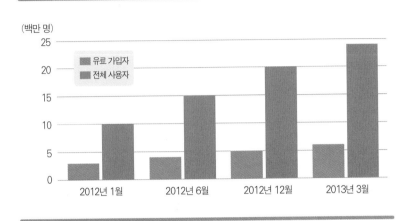

자료: "The future of music, according to Spotify's Daniel Ek" (2013. 4. 9). *CNET*

데이터로 50억 건의 고객 취향을 파악한 외부 전문회사(에코네스트(Echo Nest). 스포티파이가 2014년 3월에 인수했다)와 제휴해 고객에게 음악을 추천하는 서비스를 시작했다. 이를 통해서 EMI는 구글처럼 고객의 취향을 파악할 수 있게 되었다.

스포티파이의 서비스를 위한 데이터 분석은 개인 신상에 관한 상세한 정보 수집 없이 이루어지는데, 현재 2,000만 명의 고객에 대한 데이터를 분석해 고객별로 선호하는 음악을 맞춤화해 추천하고 있다. 일종의 음악 큐레이션(curation)형 중개업체로, 사용자들은 이 서비스를 통해 자신만의 음악 감상실을 만들 수 있다. 이를 위해 스포티파이는 고객 개인의 취향, 태도, 미디어와의 관계, 즉 어떤 것에 친밀감을 느끼고 어떤 노래를 좋아하는지, 기대하는 가격 수준은 어떤지, 어떤 버전의 노래를 좋아하는지 등을 분석한다. 여기서 얻어지는 인사이트는 스트리밍 서비스 사업뿐만 아니라 EMI의 모든 비즈니스에 도움을 주고 있다.

EMI의 음악 스트리밍 서비스인 스포티파이는 무료 서비스와 유료 서비스 2가지 형태로 제공된다. "기본은 무료로, 수익은 빅데이터에서" 방식으로 운영되는 스포티파이는 사용자가 무료로 즐기는(F2P, Free-to-Play) 가운데 생성된 빅데이터가 유료 서비스의 기반이 된다. 즉, 무료 서비스로 고객을 끌어들이고 프리미엄 서비스를 이용하는 고객에게만 요금을 부과하는(freemium-to-premium business model) 방식으로 2012년 2억 4,500만 달러의 수익을 달성했다. 스포티파이의 또 다른 수익원은 광고다. 스포티파이는 구글의 검색광고와 마찬가지로 고객이 찾는 노래에 맞춰 광고를 내보내 수익을 얻고 있다.

| 최적의 서비스를 위해 사용자를 프로파일링하다 |

음악 서비스업체들이 음악에 대한 정보를 쌓는 방법은 각기 다른데(〈표 6-4〉), 스포티파이는 여러 특성을 토대로 음악의 소리를 분석해 정보를 얻는다. 스포티파이가 분석하는 소리의 특성은 다음과 같다.

- 음향적 특성(acousticness) : 노래의 음향적 특성을 점수화
- 음악가 친밀도(artist affinity) : 특정 음악가에게 느끼는 친밀도
- 음악가 인기도(artist hotttnesss) : 음악가의 최근 온라인 활동 정도
- 춤추기 용이성(danceability) : 노래가 얼마나 춤추기에 적합한가의 정도
- 지속도(duration) : 초 단위로 측정한 노래 길이

- 에너지(energy) : 노래의 전반적 에너지

- 라이브 수준(liveness) : 노래가 라이브로 녹음되었는지 여부

- 소리 크기(loudness) : 노래의 전반적인 볼륨

- 노래 인기도(song hotttnesss) : 최근 온라인상에서 노래의 인기도

- 말의 양(speechiness) : 노래 가사의 양

- 템포(tempo) : 노래의 분당 비트(BPM)

소리의 특성을 파악하여 음악을 이해하는 것과 더불어 스포티파이는 음악 청취자의 특성도 파악하려고 시도한다. 스포티파이는 취향 프로파일링 기술을 이용해 사용자가 음악을 즐기는 특징을 포착해 개인의 취

표 6-4 | 음악 서비스업체들이 음악에 대한 정보를 쌓는 방법

서비스명	데이터 소스
판도라	음악학자(musicologist)들의 분석
송자(Songza)	편집자 혹은 음악 팬이 만든 음악 리스트
라스트FM(last.fm)	청취자의 활동 데이터, 음악가 및 노래에 대한 태그(크라우드 소싱), 소리 분석
올뮤직(All Music)	음악 편집자 및 작가
아마존(Amazon)	구매 및 브라우징 이력
아이튠즈 지니어스	구매 데이터, 아이튠즈에서의 활동(청취, 구매, 플레이) 데이터
스포티파이	소리 분석, 텍스트 분석

자료: MIT 미디어랩 연구원인 브라이언 위트먼(Brain Whitman)의 개인 블로그(notes.variogr.am), "How music recommendation works—and doesn't work"(2012. 12. 11)

향 및 선호도를 파악하는데, 다음의 5가지 특성을 반영한다.

- 모험심(adventurousness): 평소 편안하게 듣는 범주 밖의 음악을 얼마나 자주 듣는가
- 다양성(diversity): 청취자의 선호 스타일과 음악 장르가 얼마나 다양한가
- 참신성(freshness): 옛날 음악 대비 새로운 최신 음악에 대한 청취자의 선호도는 어떠한가.
- 지역성(locality): 청취자가 선호하는 음악가의 출신 지역이 전 세계적으로 얼마나 광범위한가
- 주류성(mainstreamness): 무명 음악가 대비 유명 음악가에 대한 청취자의 친밀도는 어떠한가

음악의 특성과 음악 청취자의 특성이 파악되면 여기에 하나의 요소가 더 추가된다. 바로 청취자의 청취 행태에 관한 데이터다. 이를 통해 청취자가 평소에 듣는 음악가, 평소에 듣는 노래, 좋아하는 음악, 싫어하는 음악, 음악에 대한 평가, 듣다가 건너뛰는 음악 등이 모두 파악된다.

소리의 특성, 청취자의 특성, 청취 형태라는 3가지 요소가 결합되어 사용자의 프로파일이 완성되면 고객의 세그먼트와 광고 세그먼트가 분석된다. 사용자의 프로파일링은 단지 음악 서비스를 제공하는 데뿐만 아니라 광고 수입의 극대화를 위해서도 이용된다. 이런 프로파일을 통해 (1) 각 사용자가 스포티파이가 제공하는 서비스에 얼마나 가치를 두는지 평가하고 예측하며, (2) 고가치 청취자(매출이 높은 서비스 이용기관이나 개인) 그룹에 맞춤화된 고객 경험을 제공하는 서비스들의 음악적 특

성을 찾아내고, (3) 타깃 광고를 위한 고가치 청취자 그룹의 수익 창출에 도움이 되는 이들의 심리적 특징을 파악한다.

| 고객이 원하는 것은 단순히 음악만이 아니다 |

스포티파이는 단순히 음악을 제공하는 데 그치지 않고 음악적 정보에 대한 고객의 갈증을 해소하는 데 도움이 되는 다양한 정보도 맞춤화하여 제공한다. 즉, 검색과 웹 피드를 통해 음악가와 관련성이 큰 최신 정보를 실시간으로 제공한다. 예를 들어, 음악가 신상 검색은 음원 라이선스 및 사용 가능한 용도의 조건에 관한 정보를 포함해 음악가 개인의 신상 정보를 제공한다. 음악가의 이미지 및 비디오 검색, 가장 최근의 음악가 사진이나 동영상을 제공하며 관련 깊은 온라인 뉴스 기사, 리뷰, 블로그 포스팅 등도 검색 결과로 제공한다. 이런 검색 결과는 아래와 같은 과정을 통해 추출되어 제공된다(〈그림 6-3〉).

❶ 검증된 수백만 개의 온라인 소스들로부터 음악에 대한 글과 사람들의 음악에 대한 대화를 실시간으로 분석

❷ 검색과 웹 피드는 가장 자세한 음악가 소개 글, 사진, 뉴스 기사, 리뷰, 블로그 포스트 등을 취합해 제공하는데, 고해상도 프리미엄 이미지들은 유료 이미지 제공업체 게티(Getty)의 콘텐츠를 큐레이션(일종의 중개) 형태로 제공

❸ 고도의 분석기법을 적용해 음악가에 대해 설명하는 콘텐츠를 만들어내고 음악가의 URL과 SNS 페이지들을 확인

그림 6-3 | 다양한 유형의 음악 관련 데이터 소스 및 주제들

자료: Echo Nest (2013), "Dynamic Music Data"

❹ 다양한 온라인 채널과 기기들에 대한 유연한 인터페이스를 통해 다이내믹하게 음악에 대해 설명하는 정보(Dynamic Music Data)를 전달

　스포티파이가 음악을 듣는 고객의 경험을 최적화, 극대화하기 위해 제공하는 또 다른 정보는 '서술적인 음악가 정보'다. 단순히 음악가와 그의 음악에 대한 정보만 제공하는 것이 아니라 음악가의 음악 및 문화(일종의 분위기)를 분석해 음악 장르, 인기도, 친숙도, 활동 지역 및 연도에 대한 정보를 제공한다. 인기도는 온라인 활동과 글로벌 청취 활동을 분석

해 음악가에 대한 입소문의 규모를 점수화한 것이고, 친숙도는 평균적인 음악 팬이 해당 음악가에게 보이는 친숙도 점수를 말한다. 음악 장르는 특정 음악가와 가장 관련 깊은 710개 음악 장르(예를 들어, 펑크, 헤비메탈 등) 중 하나 이상을 의미한다. 활동 지역 및 연도는 음악가가 처음으로 노래나 앨범을 발표한 연도, 그리고 음악가의 고향이나 가장 밀접히 관련된 지역 혹은 장소를 말한다.

미디어 산업의 디지털화에 따라 콘텐츠를 창출하고 소비하는 사람 사이를 연결해주거나 재창조해주는 것이 빅데이터에 의해 스마트한 맞춤 서비스로 진화하고 있다. 특히 스트리밍은 미디어 산업 자체를 변화시키고 있다. 모든 TV 방송의 스트리밍화도 그다지 먼 이야기는 아니다. 고객의 취향과 선호도를 발견하는 방법은 콘텐츠에 따라 다르지만, 음악과 동영상 사이의 차이는 점점 좁혀지고 있어 관련 업체들 간의 경쟁이 격화될 것으로 보인다. 음악 콘텐츠업체가 동영상으로 진출하고, 동영상업체가 음악으로 진출하는 경우가 활발해질 전망이다. 구글, 애플, 아마존 등 온라인 응용 서비스에 관심이 큰 기존 IT 서비스업체들의 도전도 예상된다.

어떤 디지털 콘텐츠도 한번 들으면 찾아주는 스마트한 서비스들

이스라엘 벤처 기업인 지니(Jinni)의 독특한 엔터테인먼트 제놈 기술은 사람의 말을 듣고 사용자와 TV 간에 풍부하고 즉각적인 인터액션을 가능하게 한다. 쉽게 말해, 사람이 음성으로 원하는 콘텐츠를 설명하면 찾아서 보여준다. 예를 들어, "멍청한 상사가 나오는 웃기는 장면을 보고 싶다"라고 하면 그런 장면이 나오는 영화나 드라마를 골라주는 것이다. 지니의 기술은 이미 벨기에의 통신사인 벨가컴(Belgacom)과 스위스의 스위스컴(Swisscom)의 온디맨드 인터넷 TV에 도입돼 사용되고 있다.

샤잠의 스마트폰 앱은 가수와 곡명을 모르는 상태에서 음악 소리를 들려주면 그 음악의 가수와 곡명을 알려준다. 이런 서비스는 드라마나 영화, 쇼에 나오는, 마음에 들지만 제목을 모르는 음악이 흘러나올 때 특히 유용하다. 여기서 더 나아가 드라마나 영화, 쇼 등에 등장하는 연예인에 관한 기사 및 글도 찾아준다. 이 결과를 사람들과 공유하고 출연자나 연예인들의 트윗을 받아 보고 자신의 의견을 남길 수도 있다. 샤잠의 작동 원리는 짧은 오디오 정보를 인식해 노이즈를 제거하고 음악 정보를 추출한 후 서버에 저장된 데이터들과 비교해 해당 음악의 정보를 찾아내는 방식이다.

네이버도 유사한 서비스를 제공하고 있는데, 네이버는 공식 음반이나 음원만 인식하며, 허밍(콧소리로 내는 발성)이나 휘파람은 인식하지 못한다. 하지만 150만 곡의 국내 음원 DB를 활용해 국내에 공개된 대부분의 음악을 검색할수 있다. 네이버 애플리케이션은 사운드하운드(Soundhound)나 샤잠과 동일한 원리인 소리 지문 기술을 이용해 구현된다.[2]

7만 개의 변수로
신용을 평가하다
·제스트파이낸스·

| 구글식 알고리즘, 대출상환율을 90% 높이다 |

2006년 구글 CIO이자 엔지니어인 더글러스 머닐(Douglas Merrill)이 설립한 제스트파이낸스(ZetFinance)는 빅데이터를 이용해 무담보로 신용이 낮은 사람들에게 단기대출을 해주는 회사다. 제스트파이낸스는 현재 일반 신용등급 평가 시스템에서 낮은 등급이 부여돼 대출을 받지 못하는 사람들을 대상으로 더 복잡하고 세분화된 데이터 분석 시스템을 적용해 신용등급을 재평가함으로써 월급 대출*이 가능한지를 결정한다. 이 기업의 목표는 빅데이터를 활용해 이자가 높은 은행의 문턱을 넘

---

* '페이 론(Payday Loan)'이라 불리며 월급을 가불하는 개념의 단기 고금리 사채이다.

기 어려운 사람들을 구제하는 것이다.

미국 예금보험공사의 조사 결과에 따르면, 미국의 경우 3,000만 가구가 은행 계좌를 갖고 있지 않거나 은행 계좌가 있어도 다음 급여일까지 전당포나 단기 대출인 페이데이 대출업체, 또는 수수료를 내고 수표를 바꿔주는 '체크 캐셔(Check Cashier)' 등 비은행권 금융업체를 이용하고 있다.[3]

보통 은행들이 40개 미만의 변수로 구성된 모델을 통해 개인의 신용도를 평가하는 데 비해 제스트파이낸스는 7만 개의 변수에 대한 데이터를 수집하고 구글의 기계학습(machine learning) 방식으로 모델(알고리즘)을 구축해 개인의 신용도를 분석한다. 데이터는 회사 내부에서도 수집하지만 외부로부터 구매하거나 대출자들로부터 수집한다. 그런 다음 전문가들이 컴퓨터로 만든 알고리즘을 바탕으로 다른 근거나 판단 기준, 그리고 상황 등을 고려해 재검토한다(〈그림 6-4〉).

그림 6-4 | 알고리즘을 도출하는 기존 수학적 방식과 최근의 기계학습 방식

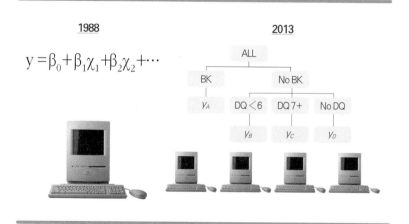

자료: ZestFinance (2013). "Underwriting Meet Big Data"

제스트파이낸스의 예측 모델 개발자들은 물리학이나 컴퓨터 과학이나 수학을 전공한 사람들로, 이들은 기계학습 알고리즘이 만들어내는 수천 개의 변수를 분석해 그 속에서 나타나는 패턴이나 트렌드를 반영한 여러 빅데이터 모델들을 만든다. 예를 들어, 신용평가를 크게 좌우하는 개인 파산에 대해서도 기계학습으로 만든 모델이 파산 후 경과 연수를 산출하고, 전문가가 그동안 가계의 개선 현황을 분석해 반영한다. 그래서 개인의 파산 경력을 기존 평가 알고리즘처럼 단순히 부정적으로만 보지 않고 융통성 있게 해석한다. 이렇게 해서 모든 대출자에 대한 상세하고 정확한 위험도 프로파일이 작성된다. 제스트파이낸스에 따르면 대출 신청 시 대문자로만 서류를 작성하는 사람이 대소문자를 함께 쓰는 사람보다, 그리고 대소문자를 정확히 사용하는 사람보다 연체 가능성이 높다고 한다(키가 큰 사람이 돈을 더 잘 갚는다는 상관관계도 찾았지만 이유를 설명하기 어려워 대출 시 고려 요인에서 제외됐다).[4]

돈을 빌리려는 사람의 신용도를 정확히 평가할수록 금리 등 대출 조건을 더 적합하게 설정할 수 있다. 대부분의 금융기관이 개인의 수입에서 지출을 제외한 금액만으로 신용도를 결정하는데, 이런 방법으로는 대출자가 원리금을 제때 상환할 수 있을지 예측하기 어렵다. 관련 업계의 평가에 따르면, 제스트파이낸스의 방식은 기존 신용평가 방식에 비해 거의 60% 개선된 것으로, 대출상환율(repayment rate)*도 기존 방식에 비해 90% 높았다.[5]

---

* 만기 대출금 중 제때 상환되는 비율을 뜻한다.

| 기계학습의 진화와 응용, 불완전한 데이터를 이해하다 |

구글의 기계학습 방식이란 과거의 단순한 통계학적 다차원 회귀분석에 의한 신용점수 계산이 아니라 의사결정나무(decision tree)나 신경망 네트워크(neural network) 등의 방식을 이용하는 것을 말한다. 이런 방식의 장점은 매우 복잡한 변수들 간의 관계를 구체적으로 표현할 수 있으며, 새로운 데이터가 추가됨에 따라 자동적으로(즉, 기계가) 모델(알고리즘)을 변경한다(즉, 학습한다)는 것이다. 특히 구글 및 제스트파이낸스의 기계학습이 기존 기계학습과 다른 점은 기존 데이터베이스에 정리하기 어려운 소셜미디어, 이미지 데이터 등 빅데이터를 이용해 모델을 구축하며, 여러 대의 일반 컴퓨터를 병렬로 연결해 연산 능력을 크게 높였다는 점이다. 예를 들어, 어떤 사람이 최근 구입한 오토바이 사진을 페이스북에 올리면 제스트파이낸스는 사진 속의 대상을 자동 인식해 사진에 '오토바이'라는 꼬리표를 달아 모델 구축에 반영하는 데이터(예를 들어, 교통사고 위험도가 높은 고객을 나타내는 변수)로 활용한다.

그림 6-5 | 이미지 속의 물체를 기계(컴퓨터)가 이해하는 과정

이미지   시각적 특징들   물체 파악

자료: Andrew Ng (2012). "Machine Learning and AI via Brain simulations". Stanford University & Google

그렇다면 어떻게 기계가 사진 속의 물체가 오토바이라는 것을 알 수 있을까? 〈그림 6-5〉같이 사진의 명암에서 나타나는 선이나 점들로 물체의 특성을 계산해 파악한다. 여러 사진들을 대상으로 계산을 반복하면서 쌓인 결과를 통계학적으로 해석해 '오토바이'라고 학습하는 것이다.

| 시장의 틈새를 파고들어 확대하라 |

기존 금융회사들은 대출 신청자가 장기간 취업 상태가 아니거나 카드 대출 상환 내역 등의 기록이 없는 경우 대출하는 데 매우 인색하다. 그러나 이들이 반드시 수익성 없는 고객이라고 볼 수는 없다. 기존 방법으로는 이들의 신용 상태를 평가하기 어려울 뿐이다. 새로운 방법을 찾아 이들의 신용 상태를 평가한다면 새로운 시장과 고객을 확보할 수도 있다. 이러한 일을 가능하게 해주는 것이 제스트파이낸스처럼 개인 신용 데이터에 특화한 빅데이터 응용가들이다.

유사한 회사로 영국의 윙가가 있는데, 다른 점이 있다면 제스트파이낸스는 주로 가난한 사람들을 대상으로 사업을 한다는 것이다. 제스트파이낸스는 신용도가 낮은 이들에게 무담보 대출을 제공한다. 얼핏 들으면 키바(KIVA) 같은 극빈자 소액 대출 기관과 비슷해 보이지만, 제스트파이낸스는 윙가와 마찬가지로 빅데이터에 근거한 신용평가 모델을 이용해 대출자를 심사하는 금융기관이다. 2014년부터 제스트파이낸스는 기존 신용평가 사업 이외에 추심평가(collections scoring) 사업을 시작했다. 또한 제스트파이낸스는 할부금융, 대학생 학자금 대출, 법적 분쟁 및 의료보험 관련 문제 등 사안별로 특화된 평가 모델을 적용하는 것으로 유명하다.

| 미래의 경쟁 상대는 금융회사가 아니다! |

금융 산업에서는 빅데이터의 활용이 점점 늘어나는 추세다. 마케팅이나 상품 개발은 물론 위험 관리나 수익 관리와 관련해서도 빅데이터의 중요성이 커지고 있다. 유가증권 트레이딩은 이미 빅데이터에 의해 좌지우지되고 있다. 디지털 금융 시대의 도래로 금융 산업 자체가 빅데이터 산업화되는 날도 머지않아 보인다.

제스트파이낸스는 이런 변화에 남들보다 조금 더 앞서 있다. 제스트파이낸스와 기존 금융 회사가 다른 점은 외부 데이터를 얼마나 잘 활용하느냐다. 데이터로 새로운 고객 경험을 창출하는 능력도 다르다. 기존 금융 회사들은 자사가 보유한 데이터만 관리하기도 힘들어한다. 이들 금융회사가 단기간에 제스트파이낸스 같은 비즈니스 모델을 구현하기는 쉽지 않아 보인다. 그리고 이들이 디지털 기업으로의 완전한 변신을 이루는 것도 어려워 보인다. 따라서 제스트파이낸스의 미래 경쟁 상대는 스포티파이의 경우처럼 구글이나 아마존이 될 가능성이 높다. 모바일 금융 분야에서 국내외 비금융 회사들의 약진은 이미 시작되고 있다.

불완전한 데이터를 이해하는 위상수학 데이터 분석

빅데이터에는 불필요한 내용들이 섞여 있고, 정형화되어 있지 않으며, 내용이 동일하기보다는 시간에 따라 계속 변한다. 심지어 오류가 있거나 불완전하기도 하다. 이런 데이터를 분석하기 위해서는 고도화된 정밀한 분석 방법이나, 융통성 있는(즉, 불완전함을 극복한) 보편적인 방법이 필요하다. 빅데이터 분석에 위상수학(topology)이 고려되고 있는 것은 후자 때문이다. 즉, 더욱 정밀한 데이터 분석 방법이라기보다는 아무 종류의 데이터 세트에나 적용해 그 속에서 의미를 찾을 수 있는 융통성 있는 방법으로 위상수학이 주목받고 있다.

위상수학은 사물의 모양이나 상태를 말하는 형상의 본질(즉, 수학적 특성)에 대해 연구하는 수학의 한 분야다. 어떤 형체를 측정하고, 그 형체를 압축된 수학적 결합 공식(combinatorial representations)으로 표현하며, 그 표현의 진실성을 검증하는 것이 위상수학의 주된 주제다.[6] 위상수학에서 형상이란 데이터 포인트들과 이들 관계의 집합을 의미하는 것으로, 이 학문은 최근 빅데이터를 연구하는 데 새로운 돌파구를 열어주고 있다.[7] 즉, 수많은 데이터를 위상수학을 통해 압축하고 단순하게 표현하면서 그 속에서 의미(즉, 본질)를 찾을 수 있게 된 것이다.

위상수학의 역사는 19세기에 시작되었는데, 이를 빅데이터 분석과 이해에 사용한 것은 극히 최근의 일이다. 미국 실리콘밸리에 있는 신생 기업 아야스디(Ayasdi)는 위상수학을 사용한 분석 방법으로 빅데이터에서 의미 있는 통찰력을 도출해낸다. 이 회사는 스탠퍼드대학 교수이자 공동 창립자인 거너 칼슨(Gunnar Carlsson)의 연구 결과에 기초해 위상수학의 난해한 개념들을 이해하여 데이터 속에서 신속하게 의미 있는 패턴을 찾아낸다.[8]

칼슨 교수에 따르면 위상수학의 기본적인 3가지 특성을 결합해 대량의 다양한 데이터 집합을 분석할 수 있다. 첫 번째 특성은 물체를 회전시키거나 그 물체를 관찰하는 관찰자의 좌표계(coordinate system, n차원 공간의 각 지점을 표현하는 방법)를 바꾸어도 변하지 않는 형체(shape)의 특성을 측정하는 위상수학의 동등한 불변성(coordinate invariance)이다. 좀 더 전문적으로 말하면 어떤 특정 좌표계(coordinate system)의 평면도형 성질(geometrical properties)과 상관

그림 6-6 │ 동등한 불변성

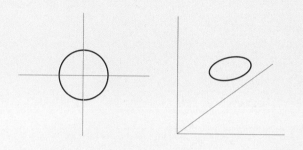

자료: Carlsson (2012) "Topological Methods for Large and Complex Data Sets".
IMA Workshop on Machine Learning, Minneapolis, Gunnar Carlsson,
Stanford University

없이 모든 물리적 법칙은 수학적으로 표현할 수 있다는 특성이다. 예를 들면,
〈그림 6-6〉에서 왼쪽은 원을 2차원 좌표에서 표시한 것이고 오른쪽은 3차원
좌표에서 표시한 것으로 두 원의 모양은 다르게 보이지만 두 그림에서 원을 표
현하는 식은 동일하다.

두 번째 특성은 변형 불변성(deformation invariance)이다. 외형(appearance)
을 바꾸어도(즉, 늘리거나 줄여도) 변하지 않는 형상의 특성을 말한다. 이 부분
은 일반인들도 쉽게 이해할 수 있는 특성으로, 영문자 A를 어떻게 쓰든 영문
자 A로 인식하는 능력을 말한다. 위상수학의 주요 과제 중 하나가 바로 형태를
인식하는 방법을 개발하는 것이다. 태블릿 PC에서 펜으로 문자를 입력하는 것
이 하나의 예로, 알파벳 A와 B를 구별할 때는 글자 모양에서 연결된 원이 A
는 1개, B는 2개라는 식으로 분석한다〈그림 6-7〉.

세 번째 특성은 압축 표현(compressed representation)이다. 이해하기가
쉽지 않지만 둥근 공이 무한한 정보를 표현할 수도 있다(즉, 공 속의 공간에 무
수히 많은 좌표가 존재할 수도 있다). 사람들이 보통 수학적으로 공의 모양을 표
현할 때 지름, 반지름 개념을 사용한다. 그러나 지름, 반지름으로는 공의 표
면이 어떻게 생겼는지 표현하는 게 불가능하다. 공 모양의 본질을 좀 더 구

그림 6-7 | 변형 불변성

자료: Carlsson (2012). "Topological Methods for Large and Complex Data Sets". IMA Workshop on Machine Learning, Minneapolis, Gunnar Carlsson, Stanford University

체적으로 표현하기 위해 위상수학에서는 다음과 같이 설명한다. 정이십면체 (icosahedron)를 이용해 공의 모양을 대략적으로 모방한다면 정보가 유한해지고 측정 가능해진다. 즉, 그 모양은 여전히 공에 가깝지만 12개의 노드(꼭짓점), 30개의 각, 20개의 표면이라는 간단한 목록으로 모양이 표현된다(〈그림 6-8〉). 다시 말해, 기본 아이디어는 수많은 차원(즉, 공의 무한한 정보, 혹은 가격, 생산자 등과 같은 데이터 분석자의 다양한 관심 주제)이 존재하는 대량의 원시 데이터를 가장 뚜렷한 데이터의 특성을 희생하지 않고 훨씬 작은 차원의 데이터 집합으로 줄여 압축적으로 표현하는 것이다. 예를 들면, 서울 시 지하철 노선도는 점과 선을 이용해 실제 지하철이 정차하는 역과 다니는 구간이 압축적으로 표현돼 있다. 지하철이 다니는 것과 관련해서는 운행 시간, 볼거리, 주변 쇼핑몰, 유동인구 등 수많은 주제(즉, 차원)가 존재하나 지하철 노선도에는 가장 핵심적인 차원인 노선과 정차역만 표시돼 있다.

사람의 손을 위상수학으로 표현하면 어떻게 될까? 그 과정은 〈그림 6-9〉와 같

그림 6-8 | 정이십면체

자료: http://en.wikipedia.org/wiki/Icosahedron

다. 먼저 3차원의 손 모양을 점들의 집합(point cloud)으로 표현하고(A), 그다음 각 위치(필터 값)에 따라 점들을 다른 색으로 나타내며(B), 동일한 색의 점들을 구분하여 그룹화하고(C), 각 그룹의 중심점들을 선으로 연결하면(D) 손의 형상이 표현된다.

위상수학에서는 복잡한 데이터 집합을 노드와 선으로 된 네트워크로 표현하여 데이터 포인트의 유사성에 바탕을 둔 직관적인 데이터 지도를 작성한다. 데이터 포인트들이 유사할수록 데이터 지도에서 서로 가까이 위치하며, 다를수록 멀어진다. 위상수학적인 데이터 분석으로 비구조적 데이터로부터 구조적 데이터를 이끌어내 기계학습 알고리즘을 직접 적용할 수 있다. 이런 특성을 이용한 데이터 분석 방법은 저차원의 표현에서 고차원의 형상을 추정하거나 산재된 데이터 포인트들로부터 보편적인 구조를 만들어낼 때 유용하다. 예를 들어, 2차원의 건물 사진을 보고 3차원의 건물 구조를 이해하는 경우에 그 가치가 높다. 데이터들의 보편적인 모양을 이해하면 데이터가 표현하려는 형상의 본질에 관한 정보를 얻을 수 있다.

데이터 분석에 위상수학이 어떻게 적용될 수 있는지 예를 들어보자(《그림 6-10》). 왼쪽 표에는 I, II, III, IV 4가지 판촉 방법별 광고비(X)와 매출액(Y)을

그림 6-9 | 위상수학을 적용해 손의 형상을 표현하는 과정

A. 손을 점들의 집합으로 표현

B. 필터 값(filter value)에 따른 색의 표시

C. 필터 값에 따라 구분하기

D. 그룹(clustering) 및 네트워크 만들기

자료: Lum, P. Y. et al. (2013). "Extracting insights from the shape of complex data using topology". Scientific Reports, 3

실험한 데이터가 있다. 표만 보고 판촉 방법(I, II, III, IV)에 따른 광고비와 매출액 간에 어떤 관계가 있는지 파악할 수 있는가? 그냥 봐서는 광고비와 매출액 사이의 관계를 찾기가 쉽지 않다. 이를 통계학적 방법으로 분석하면 어떻게 될까? 〈그림 6-10〉 왼쪽 표에서 각 그룹의 X, Y 데이터 포인트들의 관계를 통계학적으로 (예를 들어, 회귀분석 등으로) 찾으면 오른쪽 그림 I, II, III, IV에서의 직선(X와 Y의 관계식)이 된다. 이들 직선은 매우 유사해 보이는데, 이것만으로 판단한다면 I, II, III, IV 그림에서(즉, 판촉 방법별로) 광고비와 매출액의 관계는 거의 유사하다(즉, 회귀분석식이 유사하다). 그런데 〈그림 6-10〉의 오른쪽 그래프

그림 6-10 | 데이터 집합의 분석을 위한 데이터 모양의 중요성

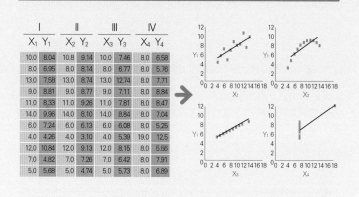

I		II		III		IV	
X_1	Y_1	X_2	Y_2	X_3	Y_3	X_4	Y_4
10.0	8.04	10.8	9.14	10.0	7.46	8.0	6.58
8.0	6.95	8.0	8.14	8.0	6.77	8.0	5.76
13.0	7.58	13.0	8.74	13.0	12.74	8.0	7.71
9.0	8.81	9.0	8.77	9.0	7.11	8.0	8.84
11.0	8.33	11.0	9.26	11.0	7.81	8.0	8.47
14.0	9.96	14.0	8.10	14.0	8.84	8.0	7.04
6.0	7.24	6.0	6.13	6.0	6.08	8.0	5.25
4.0	4.26	4.0	3.10	4.0	5.39	19.0	12.5
12.0	10.84	12.0	9.13	12.0	8.15	8.0	5.56
7.0	4.82	7.0	7.26	7.0	6.42	8.0	7.91
5.0	5.68	5.0	4.74	5.0	5.73	8.0	6.89

자료: Forrester (2012). "Advanced Data Visualization (ADV) Platforms"(Anscombe, F. J. (1973. 2). "Graphs in Statistical Analysis", American Statistician)

를 보자. 시각적으로 I, II, III, IV의 X와 Y 관계를 표현하면 이들이 매우 다르다는 것을 알 수 있다. 예를 들어, II 그룹은 광고비(X)가 증가하면 매출액이 증가하지만 어느 수준이 되면 오히려 매출액이 감소한다. IV 그룹은 대부분의 관찰구간에서 광고비가 매출액과 전혀 상관관계를 보이지 않다가 광고비가 매우 높은 수준에서 갑자기 매출액이 급증한다. 다시 말해, 통계학적 관계식(《그림 6-10》 오른쪽 그림 속의 직선들)만으로 X와 Y의 관계를 파악하는 것은 한계가 있다. 이런 경우, 기존 분석 방법으로는 의미 있는 패턴을 찾기가 쉽지 않다. 그러나 위상수학의 방법론을 적용하면 통계학적인 1차원 관계식(예를 들어, Y = 0.8X + 3.3) 대신 각 점의 모양을 표현하는 방식으로 X와 Y의 관계를 파악할 수 있다(《그림 6-10》 오른쪽 그림에서 점의 분포 패턴들). 이렇게 되면 I, II, III, IV에서 각기 다른 광고비와 매출액의 관계가 보편적인 방법으로 표현될 수 있다. 다시 말해, 의미 있는 패턴을 찾을 수 있다. 위상수학을 이용한 데이터 분석에서는 데이터 포인트의 모양이 중요한 통찰력을 제공한다.

이 같은 이유 때문에 하나의 수학 분야로만 관심을 끌던 위상수학이 빅데이터의 등장으로 상아탑에서 벗어나 기업들의 탐구 대상이 되고 있다. 미국 GE와

씨티그룹(Citi Group) 및 20개 거대 글로벌 제약회사, 정부기관, 두 곳의 정유회사는 이미 아야스디의 빅데이터 분석 도구를 사용하고 있다. 오랫동안 많은 데이터가 축적된 경우, 이런 방법이 효과를 볼 수 있다. 의료 분야나 제약 산업이 대표적이다. 이러한 방법이 주목받는 이유는 다른 방식으로는 이해할 수 없는 데이터 더미를 이해할 수 있을 가능성이 높기 때문이다.

프로 스포츠 경기 분석에도 위상수학을 적용할 수 있다. 아야스디는 2010년 한 해 동안의 미국 프로 농구팀 경기 중 전체 선수들의 1분당 점수, 리바운드, 도움, 가로채기, 블럭샷, 턴오버, 개인 반칙 수를 리그 평균과 비교 분석했다. 또한 각 선수가 이들 7개 차원에서 어떤 습성을 가지고 있는지 분석했다. 그 결과 〈그림 6-11〉의 B 같은 유사한 경기력을 지닌 선수들 간의 관계를 나타내는 지도가 만들어졌다. 기존에는 선수를 센터, 파워 포워드, 스몰 포워드, 슈팅 가드, 포인트 가드 5가지 포지션으로 구분했는데(〈그림 6-11〉의 왼쪽 그림), 분석 결과 실제 경기에서는 이런 포지션 외에 역할 플레이어, 한 분야 전문가, 페인트존 수비자, 점수 올리는 리바운드 전문가, 수비형 볼 관리자, 공격형 볼 관리자, 전문 볼 관리자, 3점슛 리바운드 전문가 등 13가지의 드러나지 않았던 선수의 역

그림 6-11 | 위상수학 데이터 분석으로 찾아낸 숨겨진 농구 선수의 역할

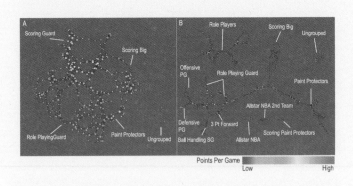

자료: Lum, P. Y. et al. (2013). "Extracting insights from the shape of complex data using topology". Scientific Reports, 3

할이 있음을 찾아냈다(〈그림 6-11〉의 오른쪽 그림). 예를 들어, 페인트존 수비자는 리바운드와 블로킹을 전문으로 하면서 점수보다는 파울이 더 많은 선수를 말한다. 미국 프로 농구팀 시카고 불스의 열혈 팬인 버락 오바마(Barack Obama) 대통령은 이 같은 뉴스를 접하고 이를 직접 분석한 연구자들을 불러 분석 과정과 결과에 대해 얘기를 나누기도 했다.

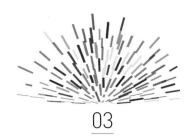

03

날씨 데이터로
보험을 설계하다

· 클라이미트 코퍼레이션 ·

| 날씨로 보험을 맞춤화하다 |

여름 피서철에 갑자기 내리는 폭우는 계곡의 관광객들을 고립시키는 것은 물론 농작물에도 큰 피해를 준다. 비가 내릴 줄 알고 어느 정도 대비했지만 천재지변이 대개 그렇듯 인간의 어떤 노력과 의지도 무력감을 느끼게 할 뿐이다. 농작물 피해는 농민들에게뿐 아니라 소비자들에게도 큰 영향을 미친다. 채소와 과일 가격 폭등은 모두에게 반갑지 않은 소식이다.

클라이미트 코퍼레이션(The Climate Corporation)은 개인이나 기업들이 환경 변화를 관리하고 적응하는 데 도움을 주는 기업이다. 이 회사는 빅데이터를 이용해 날씨 관련 보험 상품을 판매한다. 자체 개발한 글로벌 기후 시뮬레이션 모델링과 지역 날씨 모니터링 시스템을 이용해 고객별로 맞춤화된 날씨 보험을 실시간으로 가격을 책정해 판매한다. 다시 말해, 클라이미트 코퍼레이션은 상세 지역별 기상 예측과 빅데이터 분석기법의 전문가다.

2006년 구글 직원인 데이비드 프레이드버그(David Friedberg)와 스라이 칼크(Siraj Kaliq)가 웨더빌(Weather Bill)이라는 회사를 설립했는데, 2011년 10월 회사명을 클라이미트 코퍼레이션으로 변경했다(본사는 샌프란시스코에 있다). 2012년 이 회사의 보험 판매 약정액은 약 30조 원으로, 1년간 10배나 급성장했다. 2013년 10월 몬산토가 9억 3,000만 달러에 이 회사를 인수했으나[9] 여전히 독립적인 사업부서로 운영하고 있다.

클라이미트 코퍼레이션은 미국 국립기상서비스(NWS, National Weather Service)에서 실시간으로 제공하는 지역별 기온, 습도, 강우량 등 기상 데이터와 농무부가 제공하는 지난 60년간 2평방마일 단위의 수확량과 토양 데이터(모두 무상으로 공급받는다) 등을 활용한다. 또한 200명가량의 과학자가 매일 50테라바이트의 기상 데이터를 분석한다. 이렇게 만들어진 습도와 강우량 지도는 매우 상세해 길로 나뉜 한 논의 양쪽 습도가 다르다는 것을 알 수 있을 정도다. 클라이미트 코퍼레이션은 자체 알고리즘을 이용해 미국 전체 지역을 50만 개의 세부 지역으로 나누어 각 지역에 대한 1만여 개의 일일 날씨 시나리오를 만들어낸다(〈그림 6-12〉). 이런 정보를 이용해 옥수수, 콩, 보리 농사 등의 가뭄, 혹서, 냉해 피해에 대비한 맞춤화된 보험이 만들어진다. 예를 들어, 데이터 분석을 통해 밭의 습도가 너무 높거나 한밤중 열기로 농작물 성장에 어려움이 있다고 판단되면 농민들은 바로 보험금을 지급받는다. 보험금을 청구하거나 서류를 작성할

그림 6-12 | 작물에 대한 날씨의 영향을 농경지의 구체적인 상태로 판별

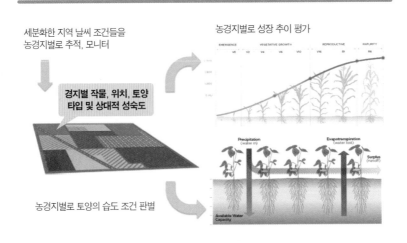

세분화한 지역 날씨 조건들을
농경지별로 추적, 모니터

경지별 작물, 위치, 토양
타입 및 상대적 성숙도

농경지별로 토양의 습도 조건 판별

농경지별로 성장 추이 평가

자료: The Climate Corporation (2014)

필요가 없으며, 조정자나 협상가도 필요 없다. 다시 말해, 상세한 지역 및 작물별로 수확 시 피해 발생 확률을 독자 기술로 예측하고 보험료를 결정하는 농가 및 농작물 전문 인터넷 보험 회사다.

2012년 여름, 가뭄으로 고통을 겪은 미국 오클라호마 주 케이트 카운티 지역의 여름 동안 기온을 보자(〈그림 6-13〉). 낮 최고 기온이 2개월가량 위험 수위를 넘어섰다(다시 말해, 이 마을의 농작물이 더위 피해를 입은 날이 여름철의 반이 넘었다고 클라이미트 코퍼레이션의 알고리즘은 판단했다). 하루 기온이 최고 화씨 98도(섭씨 36도) 이상이면 이 회사의 알고리즘은 농작물 성장과 수분 공급에 피해를 줄 수 있는 '열압박일(heat stress day)'로 파악한다. 그리고 주에 따라 열압박일에는 경지 1에이커당 1달러 혹은 2달러를 보존한다. 열압박일이 3일 이상 계속되면 장기간 혹서(heat

그림 6-13 | 미국 오클라호마 주 케이트 카운티의 2012년 여름 동안 기온 추이와 농작물 피해 예측치

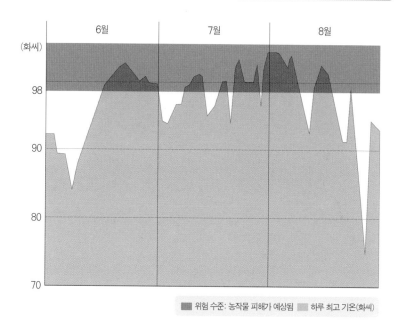

자료: "Big Data Helps Farmers Weather Drought's Damage" (2012. 9. 6). *Wired*(Data: The Climate Corporation)

wave)로 판단해 보존 금액이 2배가 된다.

미국 농민들은 그동안 연방정부의 농업 보험에 의존해왔다. 이 보험은 농사에 들어간 농약, 씨앗 등의 비용에 대한 흉작 시 손해에 대비하는 내용이다. 그런데 보통 이런 보험은 흉작으로 평년의 수익이 나지 않은 것에 대해서는 보상하지 않는다. 비용(예를 들어, 씨앗 구입비나 비료값 등)만을 보상한다. 즉, 수익이 발생하지 않은 것에 대해서는 보험에 포함시키지 않고 비용이 발생한 부분만 보상하는 것이다.

클라이미트 코퍼레이션은 이런 상황에 착안해 빅데이터를 활용해 흉작에 의한 수익 감소에 대비하는 보험을 개발했다. 이 회사는 기온 및 강우량, 그리고 기타 요인들을 측정해 농민들에게 수익이 발생하지 않을 경우에 대한 혁신적인 보험상품을 개발했다. 가뭄에 대비해 자신의 땅에 특정량 이상의 비가 내리지 않을 경우 보상해주는 보험에 가입한 농민은 강우량에 따라 자동적으로(보험청구서를 제출하지 않아도) 수익 감소분에 대해 일정액의 보험금을 지급받는다. 이 회사의 서비스를 적용한 미국 연방정부 농무부의 보험 상품은 2014년 정식 인가를 받았다.[10]

| 빗겨갈 수 없는 개인정보 보호 문제 |

클라이미트 코퍼레이션의 보험 서비스도 개인정보 보호 문제를 빗겨갈 수는 없었다. 모든 개인보험이 마찬가지이지만 농민 개인의 정보가 있어야 거기에 맞추어 보험 상품을 설계할 수 있기 때문이다. 클라이미트 코퍼레이션은 이런 우려에 대응해 자체적인 개인정보 보호 원칙을 수립하고 고객들에게 인지시키고 있는데, 그 원칙은 다음과 같다.[11]

농민들이 창출한 데이터의 소유권은 농민들에게 있다. 농민들이 제공한 데이터에 대해 회사는 사용 목적과 접근을 통제하고 회사 시스템에서 데이터를 제거할 수 있도록 한다. 회사는 농민들이 가입한 서비스의 전달과 개선을 위해서만 이들의 데이터를 사용한다. 회사는 외부로부터 고객의 정보를 보호하는 안전 조치를 취하며, 고객 정보를 제3자에게 판매하지 않는다.

농민들을 위한 기본 서비스는 무료로 제공한다. 농민들은 쉽게 자신의 데이터를 창출하고 저장하며 접근할 수 있다.

농민들은 기술적인 플랫폼들에서 쉽게 정보에 접근하고 공유할 수 있다. 어떤 플랫폼이든 상관없이 농민들이 자신의 정보에 쉽게 접근하고 이를 공유할 수 있어야 한다. 클라이미트 코퍼레이션은 무료로 농민들이 그렇게 할 수 있도록 돕는다. 이를 위해 데이터 수집에 있어서의 일관성과 플랫폼들 간 쉬운 데이터 이동을 위한 산업 표준이 있어야 한다.

개인정보가 고객들만을 위해 이롭게 이용될 수 있도록 내부 원칙과 시스템, 그리고 문화를 확립하는 것이 빅데이터를 다루는 기업들이 개인정보 보호의 논란을 피해갈 수 있는 유일한 길이라는 것을 클라이미트 코퍼레이션의 노력에서 엿볼 수 있다.

| 빅데이터, 어떤 위험까지 예측할 수 있을까? |

사업적으로 보면 클라이미트 코퍼레이션은 금융 산업, 그중에서도 기존 보험사가 다루지 못하는 위험 분야의 틈새시장에서 빅데이터의 활용 가능성을 보여준다. 세상에는 수많은 위험이 존재한다. 이를 예측하고 계량화하는 것이 빅데이터의 몫이 되고 있다. 위험을 예측할 수 있는 변수에 관한 새로운 데이터 소스의 접근과 창출이 가능해지면서 보험 산업의 혁신도 가속화될 것으로 전망된다. 예를 들어, 홍수 피해를 예측하는데 SNS 데이터와의 결합이 유용할 수 있다. 위험을 나타내는 어떤 데이터를 찾아서 결합하느냐에 따라 빅데이터로 인해 더욱 혁신적인 상품과 서비스의 창출이 기대되는 분야가 보험 산업이다. 프로그레시브(Progressive)의 '운전 행태와 습관에 따른' 보험료 책정처럼 비즈니스 모델 측면에서도 보험 대상에 대한 보다 정밀하고 실질적인 위험도에 따른 상품과 서비스를 취급하는 빅데이터 응용가형 기업들이 부상할 것으로 예상된다.

SNS 데이터도 검증해 반영하는 일본의 홍수 경고 시스템

일본은 자연 재해가 유난히 많이 발생하는 나라다. 지진과 태풍은 물론, 쓰나미, 산사태, 폭설, 홍수 등 자연이 야기하는 위험이 매년 곳곳에서 벌어지고 있다. 홍수와 침수로 빚어지는 재산 피해만 연간 4조 4,000억 원에 이른다. 매년 1,100번 이상 산사태가 발생하고, 시간당 100mm 이상 집중 폭우가 내리기도 하는데 강수량은 매년 증가하고 있다. 일본 정부와 지방자치단체의 고민은 이런 재난을 사전에 인지해 해당 지역 사람들에게 조금이라도 빨리 알리고 대피시켜 인명 피해를 최소화하는 것이다. 홍수에 의한 피해를 최소화하기 위해 빅데이터를 어떻게 활용할 수 있을까? 최근 일본의 사례를 보면 여러 소스에서 데이터를 수집해 신속하고 적절히 결합하는 것의 중요성을 알 수 있다.

일본 정부는 'XRAIN' 레이더(국내에도 도입되었다)라는 특수장비를 사용해 강수 상황에 대한 보다 많고 상세한 데이터를 수집하고 있다. 즉, 기존 기상 레이더에 비해 5배(1분 단위로)나 자주, 그리고 16배나 더 정밀한 지역의 데이터를 수집한다. 더욱이 3차원 스캔이 가능해 빗방울 크기에 대한 데이터까지도 수집할 수 있어 기존 방식에 비해 데이터 양이 100배 이상 늘어났다. 최대 4대의 레이더를 통해 각 단위 지역당 1분간 5만 개의 레코드가 생성된다. 이러한 빅데이터를 처리할 시스템을 구축한 후지쓰(Fujitsu)에 따르면 더욱 상세한 실시간 데이터 수집 및 분석이 가능해지면서 새 시스템은 최대 1억 개의 레코드

그림 6-14 | 레이더 데이터와 SNS 데이터를 결합한 일본의 폭우 피해 예측

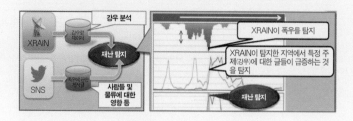

자료: Dr. Joseph Reger (2013). "Big Value Data, Not Just Big Data!". FUJITSU

를 10초 이내 통합하고 1분마다 업데이트한다. 관찰 지역에 첫 번째 빗방울이 떨어지면 이후 모든 빗방울 데이터가 실시간으로 통합된다.

일본 빅데이터 재난 예측 시스템의 특징은 정밀한 강수 레이더 데이터와 사람들의 SNS 데이터를 결합해 재난 발생을 더욱 정확히 예측하는 데 있다. 레이더에 비가 오는 게 포착됐다는 내용과 시점만으로는 재난이 발생할 것으로 단정 짓기 어렵다. 비가 많이 와도 큰 사고가 발생하지 않을 수 있고, 적은 강우량으로 큰 사고가 나기도 한다. 그런데 만약 비가 오는 동네에 살고 있는 주민이 강물이 넘치고 산사태 조짐이 보인다는 내용을 SNS에 올렸다면, 그리고 그 주민이 SNS에서 언급한 지역 및 시점과 레이더상의 지역 및 시점이 일치한다면 재난 지역에 대한 예측이 훨씬 정확해질 것이다(〈그림 6-14〉). 그런데 여기에도 몇 가지 문제가 있다. 우선 재난 조짐에 관한 주민의 SNS에는 해당 지역에 대해 알려주는 내용이 있을 가능성이 매우 낮다. 더욱이 SNS 내용이 자신이 직접 경험한 것인지, 혹은 다른 사람의 얘기를 옮기거나 전한 것인지, 아니면 뉴스에 나오는 내용을 보고 얘기한 것인지 확인해야 SNS 데이터의 적절성을 판단할 수 있다.

문제를 더욱 어렵게 만드는 것은 SNS 포스팅 내용만으로 특정 지역을 구체적으로 파악하기 어렵다는 점이다. 예를 들어, 다음과 같은 문제들이 있다.

• SNS 글의 0.5%만이 GPS 정보를 제공한다.

- 특정 지역을 나타내는 정보(예를 들어, 자신의 동네나 이웃 동네의 이름)를 나타내는 포스팅은 30% 정도에 불과하다.
- SNS 사용자 프로파일에는 대략적인 지역 정보(예를 들어, 시나 군의 이름, 도의 이름)만이 있다.
- 사용자의 주거 지역에 대한 프로파일과 포스팅 내용 사이의 관련성이 적을 수도 있다(즉, SNS 사용자의 실제 경험이 아니라 다른 사람이나 이웃의 이야기를 포스팅하는 경우도 있다).

이런 문제들을 해결하기 위해 후시쓰는 자연어 처리와 기계학습을 적용한 '생활 지역(area of life)' 분석을 실시한다. '생활 지역' 분석은 익명의 사용자가 이전에 한 여러 포스팅 속에 등장하는 특정 지역과 연관된 단어나 표현을 통해 사용자의 일상적인 생활 지역을 대략적으로 파악하는 작업을 말한다. 후지쓰는 '생활 지역' 분석으로 SNS 데이터의 70%에 대해 그 위치를 파악해 특정 동네나 도시에 대한 수많은 포스팅을 통해 특정 지역의 재난 발생 가능성에 대한 예측력을 높일 수 있었다. 이같이 레이더 데이터와 주민들의 SNS 데이터를 결합한 더욱 정밀하고 시기적절한 분석으로 일본에서는 2012년 오사카 지역과 교토 지역의 홍수 피해를 기존 방식에 따를 때보다 3시간 전에 경고할 수 있었다.

04
중고차 가격의
불신을 해소하다
·카센서 넷·

| 정보의 신뢰성이 온라인 중고차 매매를 가능케 하다 |

매년 이베이 자동차 매매 사이트에서 거래되는 자동차 수는 50만 대가 넘는다. 유럽 최대의 온라인 장터인 오토스카우트24(AutoScout24)에서 자동차 판매 정보에 접속하는 사람의 수는 한 달에 3,000만 명 이상이다. 물론 아직도 차량 구입은 오프라인에서 이루어지는 것이 일반적으로, 자동차 거래의 85%가 전통적인 자동차 영업점에서 이루어지고 있다. 그러나 점점 더 많은 사람이 온라인을 찾고 있다. 이제 3명 중 1명이 온라인에서 차량 구입을 고려한다.[12] 하지만 중고차의 경우, 온라인 구매는 신뢰하기가 쉽지 않다. 따라서 중고차들은 보통 온라인에서는 정보의 중개만 이루어지고 실제 매매는 오프라인에서 행해지는 경우가 많다.

일본의 카센서 넷(carsensor.net)은 중소기업이 모기업의 도움으로 온라인에서 중고차 매매가 이루어지도록 정보의 신뢰성을 높인[13] 빅데이터 응용가형 비즈니스 모델을 구현한 사례다. 즉, 카센서 넷은 모기업인 리쿠르트(Recruit)의 지원을 받아 빅데이터를 분석하고 저장하는 데 필요한 기술과 전문지식을 확보하여 '믿을 수 있는 중고차 정보'라는 자신만의 독특한 고객가치를 창출한 중소기업이다.

| '동일한 품질, 동일한 가격'의 신화를 실현하다 |

채용정보업체로 유명한 일본 리쿠르트 그룹의 자회사인 카센서 넷은 온라인 정보 중개 비즈니스 모델에서 벗어나 실제 차량을 오프라인에서 중개하는 사업을 시작했다. 중고차 정보 사이트를 운영해왔으나 판매 대행만으로는 기존 서비스와 차별화할 수 없었던 카센서 넷은 고심 끝에 빅데이터를 활용해 다른 회사가 흉내 낼 수 없는 새로운 비즈니스 모델을 만들어냈다. 차종과 연식, 주행 거리, 수리 내역에 대해 동일한 품질의 중고차는 동일한 가격으로 판매하는 모델이다. 카센서 넷은 중고차 정보 사이트의 등록 정보를 바탕으로 매월 950개 차종의 가격을 분석해 쇼핑 센터에 설치한 카운터에서 중고차를 중개 거래한다. 이 같은 가격 분석 데이터를 바탕으로 카센서 넷은 '동일한 품질, 동일한 가격'을 실현했다.

지금까지 중고차 가격을 설정하는 데는 명확한 기준이 없었다. 중고차 딜러의 매입 담당자는 중고차 경매 시장의 가격을 기준으로 하면서도, 마지막에는 배짱과 경험으로 판매 가격을 결정했다. 사정이 이렇다

보니 거의 동일한 품질의 중고차라도 판매점에 따라 가격이 제각각이었다. 지역에 따라서도 가격이 크게 달랐다. 그런데 카센서 넷은 수백만 대의 차량 가격 정보를 수집하고 가격 결정 요인을 분석해 거의 같은 품질이라면 동일한 가격으로 판매할 수 있게 했다. 카센서 넷은 이렇게 리쿠르트 테크놀로지의 빅데이터 기술을 활용해 고객들의 차량 가격에 대한 불신과 불안을 해소했다.

이 같은 비즈니스 모델을 지원하는 빅데이터는 중고차 정보 서비스 카센서 넷에 올라온 데이터다. 카센서 넷은 중고차의 연식 및 주행거리, 배기량 등 30가지가 넘는 가격 결정 요소들에 대한 데이터, 그리고 월간 340만 건의 시장 가격 데이터를 바탕으로 통일적인 가격 산출 방정식을 만들었다. 아이디어 자체는 예전부터 회사 내에서 제기돼왔지만, 조합해야 할 기초 데이터가 너무 방대했다. 가격 산출 논리를 도출하는 공식과 주행거리 등 중고차의 속성 정보와 시장 가격 데이터 등을 연결해 가격 결정 요소를 파악해야 했다. 그런데 1회 집계 처리하는 데만 며칠이 걸리고, 비즈니스 모델을 확립하는 데는 몇 년이 걸릴 것으로 보여 반쯤 포기한 상태였다.

이 같은 상황을 타개한 것이 분산배치처리 소프트웨어 '하둡'이다. 5대의 서버로 구축한 하둡의 실험·검증을 기반으로 집계 작업을 수행한 결과, 며칠 걸리던 작업을 불과 1시간 반 만에 마칠 수 있었다. 3개월 동안 집계 처리와 검증을 반복해서 최적의 가격 산출 논리를 구축하는 데 성공한 결과, 마침내 사업화가 이루어졌다. 이제는 하드웨어의 강화로 30분 만에 집계가 가능하다. 카센서 넷은 가격 산출 논리를 매월 업데이트해서 '동일한 품질, 동일한 가격'의 정확성을 높이고 있다.

| 어떻게 고객 경험을 풍부하게 할 것인가? |

중고차 판매 같은 영업 분야(혹은 소매 유통업)는 사실 빅데이터의 활용 가능성이 가장 높은 분야 중 하나다. 영업에 빅데이터를 활용할 경우 보통 어떤 고객층을 상대해야 하는지에 초점이 맞추어지지만, 빅데이터가 더욱 효과적인 부분은 비즈니스 모델을 새롭게 구현하는 데, 다시 말해 고객 경험의 제공을 혁신하는 데 있다. 거래가 따르는 영업에서는 유용한 데이터를 획득할 수 있다. 그런 의미에서 카센서 넷은 충분한 데이터의 축적(즉, 데이터의 길이)이 현재의 비즈니스 모델을 유지하는 데 필수적이 될 전망이다. 데이터의 범위 측면에서 소셜미디어 데이터 등 외부 데이터의 활용도 중요하다. 언제 차를 바꾸었으며 얼마나 자주 차를 수리하는지(따라서 불만이 높은지) 등에 대한 데이터는 고객 경험을 풍부하게 하는 데 기여할 수 있기 때문이다. 고객 자신이나 가족을 위한 다음 차량 구입 시기나 상황을 파악하는 것도 고객 경험을 풍부하게 하는 데 중요한 요인이다.

빅데이터 응용가로의 혁신, 대기업은 왜 어려울까?

빅데이터 비즈니스 모델 분류 기준으로 볼 때 대기업 중 빅데이터 응용가 수준의 데이터 처리 능력을 가지고 있는 대표적인 기업으로 아마존이 있다. 아마존은 〈그림 6-15〉처럼 데이터 수집-분석-저장-활용 전 과정에 경쟁력이 있다고 모도 트라블시(Modot-Traboulsi)는 주장한다.[14] 이 밖에 페이스북은 데

그림 6-15 | 대기업들의 데이터 역량

	데이터 수집	데이터 처리	데이터 분석	가치 추출	고객
facebook	✓	✓	✓		
amazon	✓	✓	✓	✓	✓
MasterCard			✓	✓	
CVS CAREMARK			✓	✓	✓
LinkedIn				✓	✓

자료: Modot-Traboulsi, J. (2013). "The Supply Chain of Consumer Data. A framework to understand the big data industry". Center for Digital Strategies, Tuck School of Business at Dartmouth

이터 수집과 분석에 강점이 있고, 마스터 카드와 편의점 체인인 CVS는 데이터 분석에 강점이 있으며, 비즈니스 소셜미디어인 링크드인은 데이터 활용에 경쟁력이 있는 것으로 분석되었다. 이 같은 결과는 대기업이 빅데이터 응용가 비즈니스 모델을 도입하기가 쉽지 않다는 것을 보여준다.

대기업은 큰 규모의 시장을 상대로 비즈니스를 하는 조직이기 때문에 데이터는 많을 수 있다. 그런데 이를 고객을 위한 가치 창출에 활용하기 위해서는 기업의 핵심 비즈니스 프로세스가 데이터 중심으로 디지털화돼야 하는데, 이러한 근본적인 경영 혁신은 기존 경쟁력과 강점을 포기해야 하는 문제가 있다. 예를 들어, 많은 유인 점포를 보유한 은행들이 섣불리 인터넷 전업 은행을 추진하지 못하는 이유가 여기에 있다. 음반 제작 · 판매업체인 EMI가 스포티파이를 성공시킨 배경도 모기업이 도산 직전까지 가는 위기로 급격한 혁신을 조직이 수용할 수밖에 없었기 때문이었다.

구글도 빅데이터 응용가로 성공하기는 쉽지 않다!

2014년 현재 구글의 SNS 서비스들은 구글 플러스(Google+)로 통합되어 있다. 구글은 구글 플러스를 하나의 응용 서비스, 즉 상품으로서 비즈니스하려고 했으나 수익 모델을 찾는 데 실패했다. 그 결과, 구글 플러스를 상품(즉, 응용 서비스)으로 사용자들에게 제공하기보다는 안드로이드 플랫폼의 기능 중 하나로 서비스하는 것으로 전략을 수정했다. 이와 관련, 페이스북이나 트위터 같은 다른 소셜 네트워크와 서비스 경쟁을 끝내려 한다는 소문이 돌고 있다.[15] 물론 이에 대해 구글은 비공식적으로 부인했다.[16]

이런 소문이 사실이라면 이는 디지털 환경이 모바일 중심으로 바뀌고 있는 시점에 구글이 모바일 플랫폼을 구축하는 데 내부 자원과 인력을 보다 집중하려는 전략으로 보인다. 구글 플러스의 어려움은 구글의 핵심 비즈니스 모델이 빅데이터 창출자와 대리인에 있기 때문으로 추측된다. 이는 빅데이터 응용 서비스를 추진하려는 구글 플러스 사업부서의 노력이 내부적으로 마찰을 빚고 있다는 사실에서 유추해볼 수 있다. 실제로 구글 플러스팀은 기능을 강화하기 위해 유튜브나 지메일과 연동하는 서비스를 개발하려고 했으나 내부의 협조를 이끌어내는 데 실패했다. 그러나 구글에서 클라우드 서비스를 제공하는 플랫폼이 되려는 크롬(Chrome) 웹 브라우저, 즉 빅데이터 대리인형 사업은 순항하고 있다는 사실에서 기술 중심의 IT 기업들이 응용에 초점을 둔 비즈니스 모델을 구현하기가 쉽지 않음을 알 수 있다.

05

불확실한 미래에
도전하는 법

· 이토큐에몬 ·

| 빅데이터로 중소기업의 비즈니스 모델을 혁신하다 |

이토큐에몬(伊藤久右衛門)은 빅데이터의 도움으로 새로운 시장을 개척한 중소기업이다. 사실 빅데이터 비즈니스 모델을 구현했다기보다는 빅데이터를 적절히 잘 활용한 예라고 할 수 있기에 이토큐에몬을 '빅데이터 응용가'라고까지 말할 수는 없다. 다만 IT나 데이터와는 무관해 보였던, 역사가 오래된 지역의 작은 기업이 시장의 경쟁에서 살아남기 위해 점차 빅데이터 비즈니스 모델을 수용하는 과정을 보여준다는 점에서 시사하는 바가 크다.

중소기업이 사업을 확장하거나 신사업을 할 경우에 빅데이터를 활용하면 자신의 비즈니스 모델을 혁신하는 데 큰 도움을 받을 수 있다. 중소기업도 충분히 빅데이터 응용가형 비즈니스 모델을 구현할 수 있다는 이야기다. 신생 벤처기업이 빅데이터 비즈니스 모델을 구현하는 경우는 많으나 기존 중소기업이 빅데이터를 활용해 비즈니스 모델 자체를 혁신시키려는 노력을 보이는 경우는 흔치 않다. 경영 전략과 기업 문화의 변화는 물론 중소기업에는 부담스러운, 위험을 감수한 투자가 필요하고, 비즈니스 프로세스에서 '데이터 수집–저장–분석–활용' 등 데이터 처리가 원활히 이루어져야 하기 때문에 결코 쉽지 않은 일이다. 그러나 변화를 시도하는 중소기업들이 나타나고, 비즈니스 프로세스와 관련된 데이터 처리 전 과정을 모두 자체적으로 해결하기 어려운 경우 외부의 빅데이터업체(빅데이터 창출자나 빅데이터 대리인)나 모기업의 적절한 도움을 받아 빅데이터 비즈니스 모델을 추구하는 사례들이 등장하고 있다. 예를 들어, 미국 뉴욕 주 제임스타운의 핫도그를 파는 작은 가게에 불과했던 조니스 런치(Johnny's Lunch)는 빅데이터를 활용해 미국 서부 지역에 1,000여 개 점포를 보유한 대형 프랜차이즈로 성장할 수 있었다. 신규 시장, 즉 새로운 고객을 찾는 데 상권 분석 전문업체의 빅데이터 능력을 활용해 가치 창출 대상이 되는 고객 기반을 확장한 결과였다.

| 180년 전통을 깨고 신사업에 나서다 |

1832년부터 녹차와 말차(抹茶)로 만든 과자를 판매해온 이토큐에몬은 2013년 녹차 술 제조·판매 사업을 본격적으로 시작했다. 차와 관련된 제품을 무려 180년 동안이나 팔아온 조그만 회사가 녹차 술 사업이라는

그림 6-16 | 녹차 술 제조 · 판매에 도전한 이토큐에몬

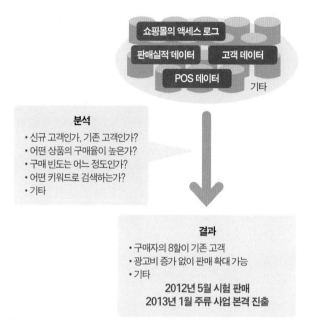

자료: "ビッグデータで勝機をつかむ" (2013. 12. 17). 《ITPro》

새로운 도전을 결심하게 된 이유는 무엇일까? 그것도 지역 양조장과 공동으로 2012년부터 시험적으로 녹차 술을 개발 판매했지만 이 제품이 과연 성공을 거둘지 그 누구도 장담할 수 없는 상황에서 말이다.

미래가 불확실한데도 도전할 수 있었던 것은 빅데이터 덕분이었다.[17] 이토큐에몬은 2개 상점과 카탈로그 통신 판매 외에도 전자상거래 사이트를 운영하는 데 주력해왔다. 거래량이 늘고 인터넷이 도입되자 거래를 처리하는 정보 시스템을 갖추고, 쌓여가는 거래 데이터를 분석하기 위해 상대적으로 저렴한 데이터 분석 도구를 도입했다. 이토큐에몬은

제품별 매출 관리 및 재고 관리, 예산 실적 관리 등을 집계, 분석, 조사할 수 있는 새로운 분석 시스템을 구축하기 위해 이른바 비즈니스 인텔리전스(BI) 도구인 1st 홀딩스 그룹의 'Dr.Sum EA' 솔루션을 도입하고 거래 처리 시스템의 데이터를 비롯해 점포의 판매시점관리(POS, Point Of Sale) 시스템과 구매, 재고 정보, 외부 창고·품질 관리 정보, 고객 설문 조사, 타깃 목록의 데이터를 Dr.Sum EA에 집약해서 웹 브라우저와 엑셀 등으로 정리해 이를 필요로 하는 부서 담당자가 집계, 분석, 조사할 수 있게 했다.

| 데이터 분석, 기업문화로 자리 잡다 |

대기업 유통업체에서는 큰 변화가 아닐지도 모르지만 이토큐에몬 같은 소규모 기업에 이러한 정보시스템을 통해 성수기에 3~4시간이 걸리던 재고 파악이 단 1시간 내 가능해진 것은 엄청난 변화였다. 이러한 변화는 직원들이 데이터를 업무 분석에 활용할 수 있는 환경을 조성하고 동기를 부여했다. 실제로 필요한 데이터에 대한 접근이 가능해지자 담당자들은 매출 추이를 분석하기 위해 대기업에서 일반적으로 활용하는 RFM 분석*까지도 자발적으로 시도하게 되었다.[18]

데이터 분석 경험이 점점 쌓이면서 이토큐에몬은 기존 데이터 외에 비정형 데이터를 분석하는 데도 눈을 돌렸다. 녹차 술이라는 신사업의 사

---

* 고객이 '얼마나 최근에(Recency)' '얼마나 자주(Frequency)' '얼마만큼(Monetary)' 구매했는지 분석하는 방법이다.

업 기회를 분석하면서 시험 판매 중인 쇼핑몰에 고객들이 로그한 기록과 판매 실적, 회원들의 특성 등을 분석해 고객 특성별 판매 동향과 상품 구매 비율, 광고 캠페인의 효과 등을 측정한 것이다. 분석 결과는 회사가 예상한 바와 매우 달랐다. 이토큐에몬은 신제품을 찾는 사람들이 기존 고객과 전혀 다른 고객층일 것으로 예상했지만 의외로 구매자의 80%가 과거에 이 회사의 상품을 구매한 경험이 있는 사람이었다. 한 번 구매한 사람이 여러 번 구매하는 재구매 비율도 높았다. 이에 기존 고객에게 알리거나, 잡지 등에 선전하는 것만으로도 목표로 하는 판매량을 달성할 것으로 전망하고 사업을 본격화하기로 결정했다.[19]

이토큐에몬의 사례에서 단지 판매 제품이 늘어난 것이 비즈니스 모델의 혁신을 의미하는 것은 아니다. 고객에게 가치를 제공하는 방법의 변화가 바로 이토큐에몬이 이룬 혁신이다. 이런 일은 한 번 새로운 방법을 시도해보는 수준으로는 성공할 수 없다는 것을 국내 기업들도 잘 알고 있다. 시행착오를 거쳐 조직 전체가 새로운 방법과 프로세스를 신뢰하고 일관성 있게 밀고 나아가야 가능하다. 이토큐에몬이 분석에 사용한 데이터는 60만 건의 회원 데이터, 200만 건의 판매 데이터, 연간 3,000만 접속 로그 등이다. 우리가 보통 말하는 '빅데이터'와 비교하면 규모는 작지만 지역 중소기업이 이만큼의 데이터를 모아 분석하는 경우는 매우 드물다. 게다가 보수적인 경영으로 정평이 난 일본의 전통 기업이 '신시장 개척'에 도전했다는 것은 빅데이터가 가져온 큰 변화라고 할 수 있다. 인터넷과 디지털 기기를 잘 다루는 기업만이 빅데이터로 새로운 비즈니스 모델을 만들어낼 수 있는 것은 아니다. 기업 규모와 분야에 관계없이 혁신을 두려워하지 않는 기업은 빅데이터 시대의 승리자가 될 수 있다.

| 소유하지 않고 외부로부터 서비스를 받다! |

빅데이터가 아무리 중요하다고 해도 형편상 관련 기술, 인력, 투자 자금이 없는 중소기업에게 빅데이터는 남의 이야기에 불과할 뿐이다. 빅데이터는 수단일 뿐이다. 명확한 목적과 대상이 있으면 적은 데이터도 큰 의미가 있다. 데이터 기술은 빌리면 된다. 중소기업이 빅데이터를 활용하기 위해서는 인력과 기술, 인프라에 대한 투자가 필요한데, 기존 인력을 이용한 단순한 기술에서 출발하고, 하드웨어나 소프트웨어를 구입하는 것에 대한 부담은 클라우드 컴퓨팅 기술로 더는 방법을 고려해볼 수 있다. 국내에서는 기업의 내부 기밀 유출에 대한 부담 때문에 외국에 비해 클라우드 컴퓨팅 기술의 보급이 매우 저조한데(미국은 전체 기업의 50~60%, 중국은 전체 기업의 20~30%가 도입하고 있다), 중소기업의 경우 보다 적극적인 태도로 데이터 저장과 분석 등에서 클라우드 컴퓨팅 기술을 활용한다면 빅데이터를 좀 더 잘 활용할 수 있을 것이다(실제로 해외에서는 중소기업의 클라우드 기술 사용률이 대기업보다 높다). 분석 수단에서도 SAP 등 기존 대형 IT업체들이 대기업 시장의 포화 상태에 대비해 벌써부터 중소기업을 대상으로 하는 빅데이터 솔루션을 선보이고 있어 이들을 활용해볼 만하다.

중소기업이 빅데이터 비즈니스 모델을 활용하기 위해서는 자신이 필요한 데이터를 확보해야 하지만 반드시 보유할 필요는 없다. 정부나 공공기관들이 공개한 공공 데이터도 유용한 소스가 된다. 거래 관계에 있는 대기업이나 공공기관의 도움을 받는 것도 하나의 방법이다. 이 경우, 거래 관계의 대기업에 보다 좋은 서비스나 제품을 제공한다는 목적이 있어야 쉽게 협조를 구할 수 있다. 국내에서는 개인정보 보호 등의 이유로 활발하지 않지만 미국 등에서는 필요한 정보는 외부 기업의 도움을 받는 일이 일반화되어 있다.

이토큐에몬의 사례는 단순하지만 효과가 쉽게 가시화될 수 있는 사업 분야에 빅데이터를 활용하는 것이 대기업은 물론 중소기업에도 필요함을 보여준다. 중소기업들에도 빅데이터는 단순한 경영 기법이 아닌 새로운 사업 방식, 즉 비즈니스 모델을 혁신하는 출발점이 될 수 있다.

국내 빅데이터
비즈니스 모델 기업은
어디쯤 와 있는가?

| 비즈니스 모델 구조와 실제 사업 환경 간의 괴리 |

　국내의 개인정보 보호법은 매우 엄격한 편이다. 카드사의 개인정보 불법 유출 사고 등 사람들의 개인정보 보호에 대한 우려도 높다. 이런 환경에서 미국이나 영국 같은 활발한 빅데이터 비즈니스 모델 기업의 출현과 발전을 기대하기란 쉽지 않다. 다만 공공기관과 대기업의 데이터 공개 움직임에 힘입어 개인정보 보호 및 개인정보 유통 문제에 비교적 자유로운 분야에서 빅데이터 비즈니스 모델 기업들이 그 수는 적지만 서서히 나타나고 있다.

　국내 빅데이터 기업들의 경우, 아직 제3자의 데이터나 분석된 정보를 공유하거나 활용하는 경우는 많지 않고 데이터를 매매하는 것(심지어 기업 내에서 데이터를 공유하는 것도)에 제약이 많기 때문에 외국 같은 빅데이터 창출자나 빅데이터 대리인 대신 빅데이터 응용가 형태의 기업들이 눈에 띈다. 빅데이터 비즈니스맨형 모델은 보통 기존 기업들의 사업 모델에 따라 진행되는데, 국내 대기업들은 역시 데이터 공유와 판매 문제로 이러한 비즈니스 모델을 적극적으로 추진하지 않고 있다. 빅데이터 연구자형은 데이터 처리 전 과정에 대한 역량뿐 아니라 특정 산업에 대한 지식과 노하우가 있어야 하는 비즈니스 모델이기 때문에 국내에서는 아직 나타나지 않고 있다. 빅데이터 대리인형도 데이터 접근의 어려움과 의사결정을 도울 수 있는 알고리즘 개발의 미비로 아직 활성화되고 있지 않다. 학문적 연구 수준과 IT 기술력, 비즈니스 역량이 결합되어야 하는 빅데이터 연구가형은 더욱 어려운 현실이다.

앞으로 소개할 국내 빅데이터 기업들은 사업 내용으로 보면 빅데이터 응용가형 비즈니스 모델 형태로, 한 가지 이상의 응용 서비스를 제공하는 데 빅데이터를 활용하고 있다. 예를 들어, 만남 주선, 길 안내, 배달 음식점 주문 등의 형태로 나타난다. 공개된 외부 데이터에 의존하는 빅데이터 응용가형 모델은 진입 장벽이 낮고, 데이터 처리 전 과정에서 차별화된 역량을 확보하고 유지해야 성공할 수 있기 때문에 국내 빅데이터 기업들의 미래는 좀 더 지켜봐야 할 것으로 보인다.

국내 빅데이터 기업들은 데이터 처리 역량과 차별성에 비춰볼 때 본질적으로는 빅데이터 창출자나 빅데이터 대리인형 모델 기업에 가깝다고 할 수 있다. 다시 말해, 이들의 사업은 빅데이터 응용가형 모델이지만 실제 비즈니스 모델의 구조와 강점은 빅데이터 창출자 혹은 빅데이터 대리인형에 있다. 비즈니스 모델의 구조에 비추어보면 이들이 빅데이터 창출자나 빅데이터 대리인형을 시도하는 것이 적절할 것으로 분석되지만, 데이터를 수집해 판매하거나 중개하는 것이 (법적인 문제 때문에) 현실적으로 어렵고, 알고리즘 개발 수준을 감안할 때 현재의 국내 사업 환경과 경영 환경에서는 이러한 비즈니스 모델을 추구하기에 어려움이 있다. 다시 말해, 현재 잘 알려진 국내 빅데이터 기업들은 본질적으로 데이터를 수집하는 데 강점이 있거나(빅데이터 창출자), 데이터를 중개하는 데 강점이 있는(빅데이터 대리인) 기업들이며, 응용 서비스의 경쟁력을 유지하는 것은 다른 경쟁사들과 큰 차이가 없기 때문에 치열한 경쟁이 벌어질 것으로 예상된다. 즉, 응용 서비스의 경쟁력에 맞추어 데이터가 수집되고 분석되기보다는 수집 가능한 데이터 한도 내에서 최대한 좋은 서비스를 제공하는 방식이기 때문에 서비스의 차별성에 한계가 있게 마련이다. 아무튼 국내에서도 공개된 외부 데이터나 자료들을 수집해 서비스하는 빅데이터 비즈니스 모델 기업들이 최근 들어 등장하고 있다.

표 E-1 | 국내의 대표적인 신생 빅데이터 기업들

회사명	설립연도	주력 사업	데이터 활용	비즈니스 모델
이음소시어스	2010. 5	소셜 데이팅	개인 선호도·취향 파악, 적합한 상대 매칭	빅데이터 응용가
우아한형제들	2011. 3	배달 음식점 찾기 및 주문	배달 음식점에 대한 데이터의 규모, 폭	빅데이터 대리인·응용가
록앤롤	2010. 5	차량 내비게이션	가입자의 이동 경로와 차량 속도를 분석한 교통정보	빅데이터 창출자·응용가

| 이음소시어스, 소셜 데이팅을 이끌다 |

2010년 5월 설립된 이음소시어스는 국내 최초로 소셜 데이팅 서비스를 선보인 업체다. 소셜 데이팅은 스마트폰 사용자가 앱을 내려받아 회원으로 가입하면 업체에서 적합한 데이트 상대를 연결해주는 서비스다(해외에서는 소셜 데이터 서비스가 매우 번창하고 있다). 이음소시어스는 우후죽순 늘어나는 소셜 데이팅 앱들 가운데서 업계 1위를 고수하고 있는 관련 업계의 강자다. 월 매출은 5억 원으로 2014년 4월 기준 애플 앱스토어 소셜 네트워킹 부문 매출 순위에서 카카오톡에 이어 두 번째를 차지했다. 누적 가입자 수는 100만 명을 넘어섰다. 이음소시어스는 회원들의 프로필과 성향을 분석해 서비스를 업데이트할 때 활용하기 때문에 후발업체보다 경쟁력 있는 서비스를 제공할 수 있다고 설명했다. 이를 위해 2012년 말 회원들의 데이터 분석을 담당하는 사내 연구소를 세우고 회원들을 상대로 실시간 설문조사를 벌이고 있다.[1]

이음소시어스는 소개를 원하는 사람들에게 사회적 관계를 만들어주는(매칭) 서비스를 제공하며, 이를 위해 데이터를 적극 활용하는 기업이다. 이음소시어스의 매칭 알고리즘은 넷플렉스 등 개인화된 추천 서비스를 제공하는 기존 기업들의 알고리즘과 비슷하다. 두 여성 회원이 높은 점수를 준 남성 회원이 비슷하면, 서로의 취향이 비슷하다고 간주한다. 여기에 지역, 나이, 관심사 등의 요소를 함께 고려한다. 영화, 책 등과 달리 일방적인 취향이 아니라 쌍방의 취향을 반영해 수정한 알고리즘을 쓴다.[2] 이음소시어스는 하루에 한 번 '이음신'이 1대 1로 짝을 소개해준다. 사전 채팅 같은 것은 없다. 남녀 모두 비용을 내고 서로 승낙해

그림 E-1 | 이음소시어스의 소셜 데이팅 과정

1. 솔로라면 이음 웹사이트에 가입하거나 애플리케이션을 다운로드 받아 프로필을 작성한다.
   주의: 본인 사진이 아니거나 무성의하게 프로필을 입력하면 가입이 보류됨. 기혼자가 가입하면 법적 조치를 받을 수 있음.

2. 매일 낮 12시 30분 데이트할 만한 이성을 소개 받는다. 남녀 모두 같은 사람이 소개된다 (여기까진 무료).

3. 오늘의 이음이 마음에 안 들면 패스하고, 마음에 들면 OK 버튼을 누른다(OK 버튼 한 번에 3,300원 결제).
   주의: 패스나 OK는 24시간 내에 결정해야 하며, 보안을 위해 한 번 배달된 상대방의 신상은 1일 후 자동 삭제됨.

4. 서로 OK 버튼을 눌렀을 경우 연락처가 공개되고 정식 소개팅의 정석을 밟는다. 연애에 골인했다면 이음 서비스는 홀딩한다(다시 솔로가 됐다면 홀딩을 풀고 인연을 부탁한다).

자료: "소개팅은 '구식'… 소셜 데이팅이 뜬다" (2014. 4. 7). 《한경Business》

야 연락처를 보고 만날 수 있다. 신고 기능이 있어서 자기소개를 거짓으로 꾸미거나 만남에서 물의를 일으키면 즉시 탈퇴시킨다.[3]

회원 가입은 무료지만 마음에 드는 이성에게 메시지를 보내기 위해서는 건당 3,300~1만 4,900원짜리 아이템을 구입하는 방식을 도입해 사업 초기 단계부터 안정적인 매출을 올려왔다. 하지만 매출 성장의 한계를 느끼면서 수익 다변화를 위해 2013년부터 광고 마케팅 플랫폼 사업을 시도하고 있다. 즉, 이음소시어스는 기본적으로 수요자와 공급자를 중개해주는 대리인형 비즈니스 모델인데, 기존의 남녀 매칭 중개에 더해 광고 플랫폼 사업도 추진하고 있다. 현재는 웹과 모바일 서비스 외에도 페이스북, 블로그 등 SNS 채널, 월간 잡지 및 웹진, 오프라인 프로모

션 등 전방위 광고 마케팅 채널 구축을 완료한 상태다.[4]

| 우아한형제들, 배달 음식점 데이터에 전문화하다 |

네이버에서 오픈캐스트 업무를 담당했던 우아한형제들의 창업자 김 봉진 대표는 스마트폰 보급이 확산되는 것을 보고 전국 각지의 배달음 식점 연락처를 알려주는 앱이 돈이 될 것이라고 생각했다.[5] 우아한형제 들은 2010년 6월 '배달의민족'이라는 배달음식 정보 제공 앱을 선보였 다. 모바일로도 결제되며 전화 주문도 가능하다. 김봉진 대표는 식당들

그림 E-2 | 국내 배달음식 정보 앱 시장의 양대 강자 '배달의민족'과 '요기요'

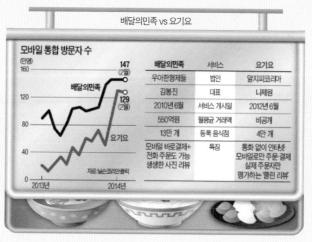

자료: "年10조 음식 배달시장… '철가방 앱 전쟁'" (2014. 4. 9), 《한국경제》

이 뿌리는 전단지가 대부분 바로 쓰레기통으로 직행할 뿐 돈을 들인 만큼 효과를 얻지 못한다는 점에 착안했다. 이 회사는 2013년부터 수익을 내기 시작했으며 연 매출이 100억 원에 달한다. 직원도 2014년 2월 현재 101명으로 늘어났다.

관련 시장의 선두주자인 우아한형제들은 데이터 선점 효과를 톡톡히 누리고 있다. 모바일 앱 통계 서비스인 앱 랭커에 따르면 지난달 배달의민족 시장점유율은 51%로, 배달 앱 업계에서 1위 자리를 놓치지 않고 있다. 김봉진 대표는 "새 광고주들에게 영업하기 전에 인구, 배달업체 수, 주문량 등을 따져 전략을 세운다"며 "꼼꼼하게 데이터를 관리하고 검증해온 덕분에 오랫동안 1위를 지킬 수 있었다"고 말했다.

| 록앤올, 국내 교통 빅데이터의 선두주자 |

2010년 5월 사업을 시작한 록앤올은 이듬해 3월 자체 기술로 개발한 내비게이션 앱 '김기사'를 출시하고, 지금까지도 스마트폰 내비게이션 시장에서 대기업들과 어깨를 나란히 하고 있다. 스마트폰에 최적화된 앱을 선보여 구동 속도를 높인 게 록앤올의 성공 비결이다. 김기사는 경쟁 앱인 T맵에 비해 용량이 훨씬 작으며, 지도 용량도 140메가바이트로 280메가바이트인 T맵의 절반이다. 록앤올은 2011년 말부터 가입자들의 이동 경로, 차량 속도 등 실시간 교통 상황을 반영해 빅데이터를 분석하는 벌집 구조라는 독특한 사용자 환경에서 빠른 길 안내 서비스 등 자체 교통 정보를 제공하고 있다.

자료: "이동사 스마트폰 내비게이션 뜨거운 설 전쟁" (2012. 1. 19). 《전자신문》

    김기사는 실시간으로 빠른 길을 안내해주는 빅데이터 분석 기능, 벌집 구조에 저장된 맛집 공유를 비롯해 주유소, 펜션, 대리운전 등 운전자에게 필요한 콘텐츠를 제공하는 플랫폼으로 거듭났다. 록앤올은 주차장 정보 제공 및 공유 서비스를 제공하는 '모두의주차장'과 전략적 제휴를 체결하고 서비스를 시작하는 등[6] 현재 10여 개 업체와 제휴하고 있다.[7]

    록앤올의 비즈니스 모델은 기본적으로 빅데이터로 응용 서비스를 제공하는 빅데이터 응용가이면서도 국외 사례 중 웨이즈 같은 빅데이터 창출자적인 측면도 있다. 즉, 본질적으로는 내비게이션 서비스를 제공하지만, 데이터 수집에 강점이 있으며 수집한 데이터를 분석해 직접 고객에게 전달하는 사업 방식이다. 빅데이터를 기반으로 하는 사업에서 초기에 가장 많이 나타나는 비즈니스 모델의 형태로, 데이터 수집이나 분석에 관해 고유 알고리즘의 경쟁력이 유지되어야 비즈니스 모델을 지속할 수 있다. 이런 모델의 경우, 사업 범위를 넓히다 보면 인릭스 같은 플랫폼 제공자인 빅데이터 대리인이나 응용 서비스를 제공하는 빅데이터 응용가로 진화해야 할지 선택의 순간을 맞이하게 되는 게 대부분이다.

| 한 유형의 빅데이터 비즈니스 모델은 영원하지 않다 |

기술과 경영 환경의 변화 속도가 빨라지면서 특정 기술에 의존하는 기업들도 하나의 비즈니스 모델로는 경쟁에서 오래 버티기 어려워지고 있다. 그 때문에 생존을 위해서는 4~5개 비즈니스 모델이 동시에 필요하다는 주장이 나오고 있다.[8] 1~2가지 비즈니스 모델에 집중해 성장한 애플이 현재 겪고 있는 어려움도 비즈니스 모델의 다양성 부족에서 그 이유를 찾을 수 있다. 다른 IT 기업인 오라클, 마이크로소프트, HP, IBM, SAP 등도 이미 같은 어려움을 겪었다. 그 결과, SAP는 시장의 성장이 정체되고 있는 ERP 패키지 판매에서 클라우드 서비스 기업으로, HP는 스마트폰의 위협에 따라 소비자 시장을 대상으로 한 프린터, PC 등 IT 기기의 박리다매형 판매 기업에서 고마진의 IT 서비스(일종의 컨설팅)와 데이터 분석기법 소프트웨어 기업으로의 변모를 시도하고 있다. 시장의 상황과 자체 역량의 변화에 따라 비즈니스 모델을 전환하거나 혁신하기도 한다. 빅데이터에 의존하는 신생 기업의 경우, 이런 위험 때문에 여러 비즈니스 모델을 동시에 실험하기도 한다. 국내 기업들에도 이런 자세와 노력이 필요하다.

빅데이터 비즈니스 모델 도입 시 고려할 요인들

외부 환경

시장: 고객이 원하는 새로운 가치가 존재하는가?

빅데이터가 비즈니스 모델에서 필요한 이유는 고객이 원하는 새로운 서비스나 가치를 찾아주거나 만들어주기 때문이다. 따라서 빅데이터로 만들어내는 서비스나 가치를 고객이 평가해주는 시장이 존재해야 진정 그 의미를 찾을 수 있다. "누구를 대상으로 어떤 가치를 창출하느냐?"의 문제에서 빅데이터 비즈니스 모델은 기존 비즈니스 모델이 충족시키지 못했던, 혹은 간과했던 부분을 찾아야 한다.

최첨단 기술력이 집약된, 알아서 에너지를 절약해주는 스마트 냉장고는 중동의 부자들에게 무의미한 물건이다. 무슨 이야기일까? 이들은 굳이 에너지 절약의 필요성을 못 느끼기 때문이다. 이처럼 고객이 차별성을 느낄 정도의 가치를 지닌 시장이 존재하는지 파악하는 것이 빅데이터 비즈니스 모델의 선결 과제다. 보통 이런 것은 그 분야에서 오랜 경험을 쌓는 동안 불만을 가지게 된 사업가들을 통해 파악되는 경우가 많다. 패션 정보를 분석해 제공하는 빅데이터 업체인 에디트의 창업자 중 한 명도 기존 산업의 정보 부족에 불만을 가졌던 패션 산업 종사자였다.

아무튼 빅데이터 비즈니스 모델은 기존 기업들이 알면서도 사업을 할 수 없었던, 혹은 하지 않았던 시장을 노린다는 특징이 있다. 기존 기업들이 하지 못한 이유로는 여러 가지가 있다. 우선 빅데이터로 확실히 차별화된다면 그 분야는 기존 기업들로선 넘볼 수 없는 영역이게 마련이다. 이는 쉽게 이해되는 이유이고, 또 많은 빅데이터 비즈니스 모델 기업들이 새롭게 등장하는 이유다. 이런 이유 외에도 시장 규모나 마진이 적거나, 이미 유사한 분야에서 수익을 내고 있어 그 분야에서 더 나은 방식으로 사업을 하는 데 기존 기업들이 관심이 적은 시장을 빅데이터로 공략하는 기업들이 등장하고 있다. 앞서 소개한 광고 산업이 대표적인 예다. 차별화된 능력으로 신규 시장을 개척하는 빅데이터 기업들도 기존 기업에 큰 위협이 되지만 기존 기업들이 알고 있었지만 무관심하던 시장을 공략하는 빅데이터 기업들은 사업 영역의 중복 가능성으로 기존 기업들에 더욱 큰 위협이 된다. 이들 빅데이터 기업은 다른 방식(빅데이터)으로 사업을 하는 데 있어서 기존 기업이 보기에는 별다른 메리트가 없어 보여도 비용 절감이나 신속성 등 새로운 고객가치로 수익을 낼 수 있다. 무담보로 신청한 날 15분 내 단기 대출을 해주는 영국의 웡가(Wonga)나, 적은 비용으로 인간 유전체 지도 작성 서비스를 제공하는 중국의 BGI 등은 기존 기업들이 알고 있지만 손을 대지 않던 시장을 개척한 대표적인 기업들이다.

기술 : 기술 발전이 얼마나 영향을 미치는가?

현재 해외에서는 넷플렉스, 훌루 등 영화나 드라마 동영상을 주문형 스트리밍으로 제공하는 업체들이 성업 중이다. 시스코 시스템스(Cisco Systems)는 인터넷 트래픽이 2014년 한 달 평균 64엑사바이트(1엑사바이트는 100만 테라바이트)에 이를 것으로 추정했는데, 이마저도 매우 보수적인 예측이며, 이러한 트래픽의 90%는 동영상이 될 것이라고 했다. 그러면 증가하는 인터넷 데이터 트래픽을 감당하기 위해 누가 네트워크에 투자를 하고 또 그 비용을 부담할까? 실제로 2011년 겨울, 미국에서는 인터넷 백본망 구축업체인 레벨3(Level3)가 고객에게 망 구축 비용 부담을 전가한 가정용 케이블 TV 공급업체인 컴케스트(Comcast)를 상대로 소송을 제기하기도 했다. 빅데이터 비즈니스 모델은 기술 발전에 직접적인 영향을 받는다. 그만큼 아직도 다양한 분야에서 빅데이터를 수집, 저장 · 분류, 분석하는 기술들이 개발 중이다. 비정형 데이터를 분석하기 위해서는 사람의 수작업이 동원되는 경우도 많다. 하지만 어느 순간, 이런 비정형 데이터의 수집은 물론 분석하는 새로운 기술이 등장한다면 기존 빅데이터 기업은 큰 타격을 받을 것이다.

협력 대상 : 가치 창출 활동 과정에서 외부와의 협력이 가능한가?

이 문제는 플랫폼 활용 방법과 관련된다. 소셜 네트워킹을 이용한 게임 제공업체인 징가는 빅데이터로 게이머들의 성향을 분석한 결과를 토대로 아이템을 판매해 수익을 내고 있는데, 페이스북과의 긴밀한 제휴가 비즈니스 모델의 핵심이다. 페이스북과의 관계가 얼마나 돈독한가에 따라 기업의 매출이 큰 영향을 받는다. 징가 고객들은 대개 페이스북이라는 플랫폼 사용자들로서, 이들의 게임 아이템 구매가 징가의 수익원이다. 페이스북은 징가의 페이스북 광고에서 수익을 얻는다. 페이스북은 사용자들의 상업 광고에 대한 거부감이 높아지자 2010년 3월 로그인 시 나타나는 통지 메뉴에 징가 등 앱 업체들의 광고 게재를 금지했고, 그 결과 징가의 게임 트래픽은 반으로 줄어들었다. 징가가 사업을 위해 제공받는 외부 빅데이터 플랫폼인 페이스북과의 관계 설정이 징가의 빅데이터 활용에 절대적인 영향을 미친 것이다.

국내 모바일 게임의 상황도 비슷하다. 해외에서는 페이스북이 소셜 게임을 주도하고 있으나 국내에서는 카카오톡이 그 자리를 차지하고 있다. 한국인터넷진흥원에 따르면 2012년 11월 기준으로 스마트폰 1대당 설치된 앱 개수는 평균 46개, 한 주에 내려받는 앱 개수는 평균 13개다. 카카오톡의 인기는 '모두의 마블', '애니팡', '쿠키런' 등 카카오 게임의 인기로 이어지고 있다. 모바일 게임의 경우 카카오톡을 통하지 않으면 성공할 수 없다는 얘기까지 나오고 있는 이유다.[9]

내부 역량

빅데이터 비즈니스 모델의 요소로서 데이터, 플랫폼, 고객 경험을 설명했다. 이제 이들을 갖추기 위한 내부 역량에 대해 생각해보자. 한 연구에 따르면 빅데이터와 분석기법을 일상적인 업무에 적용해 활용 중인 기업들은 동종 산업 내 다른 기업들보다 생산성과 수익률이 5~6% 더 높았다.[10] 그러면 빅데이터 기업은 어떻게 다른 기업보다 더 높은 성과를 낼 수 있는 것일까? 이들 기업이 보유한 내유 역량은 무엇일까?

바튼과 쿠어(Barton & Cour)에 따르면 빅데이터 활용에 강점이 있는 기업들은 3가지 면에서 다르다.[11] 첫째, 다양한 데이터 소스를 이용하고, 둘째, 예측·최적화 모델 개발 및 활용 능력이 있으며, 셋째, 적합한 조직 문화와 비즈니스 프로세스를 갖추고 있다. 여기에 하나 덧붙이자면 제휴 능력도 이런 유형의 비즈니스 모델 기업들에 중요한 역량이다. 빅데이터 비즈니스 모델의 3가지 요소인 데이터, 플랫폼, 고객 경험을 갖추기 위해서는 이들 4가지 역량을 적절히 보유할 필요가 있다. 데이터는 다양한 데이터 소스와 모델 역량(즉, 가치 창출에 필요한 데이터 및 데이터 처리 역량), 플랫폼은 조직 문화와 비즈니스 프로세스 및 제휴 전략가, 그리고 고객 경험은 이 4가지 역량이 모두 합쳐져야 완성될 수 있는 요소다.

데이터 : 다양한 데이터 소스의 활용

빅데이터 기업들은 다양한 데이터 소스를 이용하는 데 능통하다. 다양한 데이터 소스를 이용하는 것이 왜 높은 성과를 내는 데 도움이 되는 것일까? 다양한 데이터 소스는 앞서 소개한 데이터의 깊이, 폭, 길이, 시점을 갖기 위해 필요하다. 빅데이터를 활용해 전염병 발생을 예측하는 방법을 개발한 의료 분야의 사례를 참고하면 쉽게 이해할 수 있다. 다양한 데이터 소스는 통찰력의 다양한 면을 제공한다. 쉽게 말해서 고객을 이해할 때 SNS 데이터 소스를 통해 보면 고객의 친구 등 사회적 관계를 이해할 수 있고, 스마트폰으로 위치 데이터에 접근할 수 있으면 고객의 활동 영역과 생활 패턴을 이해할 수 있듯이 다양한 데이터로 고객이나 상품에 대한 이해는 물론 예측력을 높일 수 있다. 액시엄같이 고객 정보를 판매하는 기업은 다양한 소스로부터 고객 정보를 찾아내 수집하는 데 독보적인 역량을 가지고 있다.

분석 능력 : 예측 · 최적화 모델 개발 및 활용 능력

둘째로 이들 기업은 현재 우리 회사의 어떤 상품이 어느 지역에서 얼마나 팔리고 있는지 같은 단순히 현재 상황을 이해하는 수준의 분석을 하는 것이 아니라 어떤 상품을 누구에게 어떻게 마케팅하면 더 잘 팔릴 수 있는지 같은 미래를 예측하고 대응책을 내는 수준으로 분석기법을 활용한다. 미래를 내다보는 데 데이터를 활용하는 수준이 되어야 기업의 성과에 데이터가 기여할 수 있다는 얘기다. 이런 역량을 갖기 위해서는 데이터 모델링에 대한 전문성이 필요하다. 빅데이터 비즈니스 모델의 또 다른 특징은 데이터를 다루는 것의 전문성이 고객가치와 직결된다는 것이다. 데이터를 다루는 전문성을 중심으로 한 빅데이터 비즈니스 모델은 아무나 구축할 수 없다. 고도의 수학 능력이나 분석 역량을 갖춘 리더나 인재, 시스템이 있어야 가능하다. 팩추얼, 로켓퓨얼, 넘버파이어, 클라우데라(Cloudera) 등 주목받는 빅데이터 기업의 창업자는 대개 데이터 과학자의 배경이나 뛰어난 수학적 능력을 가지고 있다. 과거 이런 이들은 첨단 IT 기업이나 월스트리트의 투자전문회사로 가는 것이 일반적이었으나 최근에는 직접 사업에 뛰어들어 성공을 일궈냄으로써 자신들의 역량을 증명해보이고 있다. 즉, 빅데이터를 다루는 역량을 갖춘 리더가 사업의 성공을 이끄는 것이 빅데이터 비즈니스 모델의 하나의 특징이 되고 있다.

조직 문화와 비즈니스 프로세스

셋째, 빅데이터로 성과를 내는 기업은 빅데이터 활용에 적합하도록 조직 전체의 업무 구조와 문화를 변경시킨다. 기업에 데이터가 아무리 많아도 이를 활용하는 것은 조직 내 분위기와 시스템을 갖추고 있을 때에만 가능하다. 빅데이터에 접근하고 활용할 수 있는 환경은 물론 비즈니스 프로세스가 빅데이터에 맞춰져야 빅데이터의 유용함이 나타난다. 예를 들어, 에디트의 창업자처럼 패션 산업을 분석하고 예측하는 데 있어서 데이터가 부족함을 깨닫고 그 중요성을 절감한 사람들이 만든 빅데이터 기업은 데이터로 세상을 탐구하는 것이 일상 생활화된 조직 문화를 가진 기업이라고 할 수 있다.

제휴 능력 : 빅데이터 생태계 구축 능력

마지막으로 외부 기관과의 제휴 능력 및 외부 환경을 스캐닝하는 능력이 중요하다. 빅데이터 비즈니스 모델 기업들은 그 중심에 데이터 보유나 데이터 분석 등 데이터와 관련된 역량이 있기 때문에 그 자체가 고객가치를 충족시키기도 하지만 이를 다른 기업에 적용할 때 더 많은 고객가치가 창출되는 경우가 많다. 이러한 경우에는 수익을 내고 있는 기업들과의 긴밀한 제휴나 연계가 이루어진다. 즉, 무에서 유를 창출하는 것이 아니라 유에 유를 더하는 방식으로 수익을 내는 것이다.

신생 빅데이터 기업들은 이미 튼튼한 시장을 가지고 있고 성장세를 보이는 기업들과 연계된 사업을 하는 것이 특징이다. 과거의 인터넷 기업들은 보통 이전에 없던 새로운 시장을 독자적으로 창출하는 방식으로 성공을 도모했으나 빅데이터 기업들은 현실적인 수요를 바탕으로 기존 기업들과 손잡고 새로운 시장을 만들어낸다. 따라서 실체가 없는 시장이 아닌 구체적이며 현실적인 시장을 위한 서비스를 제공하는 것이 특징이다. 예를 들어, 일본의 아이웨어랩은 신발 제조사와, 미국의 루미나는 히스패닉계 고객층을 상대하는 기업들과, 그리고 레코디드 퓨처(Recorded Future)는 정보기관과 제휴하고 있다.

빅데이터 시대에는 기업에 필요한 데이터의 70% 이상이 기업 외부에 존재한다. 이제 데이터는 기업 내부보다 기업 외부에 훨씬 더 많이 존재한다. 특정 데이터를 보유하고 있더라도 그것만으로 고객에게 필요한 가치를 만들어내기에 부족한 경우가 많다. 즉, 어떤 가치에 대해 시장의 수요가 있더라도 우리가 누구보다 잘할 수 있는 분야에서 다른 누구도 할 수 없는 고객가치를 창출할 수 있어야 비즈니스 모델이 구축된다. 물론 자신이 축적해 보유한 남다른 데이터로 신사업을 하는 빅데이터 비즈니스 모델 기업들도 있다. 하지만 이들도 자체 데이터만으로는 고객의 주목을 받을 수 없고, 이들이 원하는 가치를 만들어내기에도 부족하다. 자체 데이터를 외부 데이터와 결합시켜야 더 높은 가치를 만들어낼 수 있다. 사람들의 SNS 데이터, 공공 데이터, 협력업체 데이터 등 기업에 필요한 많은 데이터의 소스와 주인은 외부에 존재하는 것이 보통이다.

비즈니스 모델 유지 역량

빅데이터 비즈니스 모델을 구축하는 것보다 이를 유지하는 것이 훨씬 어려운 일이다. 빅데이터 비즈니스 모델을 유지하기 위한 내부 경영 관리 요소들을 살펴보자. 빅데이터 비즈니스 모델을 유지하기 위해서는 데이터 활용 프로세스가 시장에서 원하는 고객가치를 창출하는 것과 일관성을 가져야 하고, 데이터의 품질 관리가 이루어져야 하며, T자형 인재와 조직 등 적절한 인사·조직 관리가 있어야 한다.

데이터 활용의 선순환 사이클

첫째, 빅데이터 비즈니스 모델이 유지되기 위해서는 데이터 활용 사이클이 고객가치 창출과 적절히 연결되어야 한다. 데이터보다 더 중요한 것이 데이터로 만들어내는 가치다. 빅데이터 비즈니스 모델의 특징은 바로 데이터에 기반을 둔 차별화된 고객가치 창출이다. 최종적으로 데이터의 수집·보유나 확보 여부보다는 데이터로 어떤 가치를 어떻게 제공하느냐가 더 중요하다. 이를 위해서는 데이터의 수집·보유 → 저장·분류 → 분석 → 응용이라는 데이터 활용 사이클이 원활히 돌아가고 효과적으로 운영되어야 한다. 데이터 수집·보유의 경우, 남들이 원하는 데이터를 나만 수집하거나 보유한 경우라면 그것만으로도 가치를 창출할 수 있지만, 고객의 니즈가 변할 경우 기업들은 내외부에서 끊임없이 추가적인 데이터를 찾아 신속히 대응해야 한다.

대부분의 경우, 데이터가 있다고 해서 고객이 원하는 가치를 자동적으로 창출할 수 있는 것은 아니다. 데이터를 쌀이라고 하면 빅데이터 비즈니스 모델을 통해 고객에게 제공되는 것은 쌀 그 자체보다 식품, 술 등 쌀 가공품이나 건강에 좋은 영양분 또는 쌀을 주재료로 하는 조리법이다. 이런 가공품이나 활용품을 만들어내는 프로세스와 시스템을 어떻게 갖추느냐가 빅데이터 비즈니스 모델의 핵심이다. 정부나 개인으로부터 많은 데이터가 공개되어 누구나 접근 가능하지만 빅데이터 비즈니스 모델 기업들은 이런 데이터를 바탕으로 무엇을 어떻게 해야 고객이 돈을 지불할 수 있는 서비스나 상품을 만들어낼 수 있는지 아는 것은 물론 그렇게 만들어내는 고유의 비밀을 가지고 있다. 예를 들어, 스트리밍으로 음원을 중개하는 것은 누구나 할 수 있는 사업이지만 사용자에게 적합한 추천곡을 제공하는 것은 판도라와 스포티파이 같은 최적의 맞춤 음원 추천 알고리즘을 갖춘 빅데이터 비즈니스 모델 기업들이나 가능한 일이다.

데이터의 품질 관리

둘째로 사업 목표에 따라 확보한 적절한 데이터의 높은 품질을 유지하는 것이 필요하다. 여기서 적절한 데이터란 제공하려는 가치와 직접 관련된 데이터의 규모, 주제, 소스(및 관련된 데이터 소유권), 유형(및 구조화 정도), 배제성 (excludability)* 등을 말한다. 우리가 필요로 하는 데이터가 어디에 있는지 파

---

* 사람들이 데이터를 이용하는 것을 막을 수 있는 가능성을 말한다. 즉, 나만이 어떤 데이터(예를 들어, 음원)를 가지고 있을 때 나만이 그 데이터의 효용을 경험할 수 있는 경우를 말한다.

악하고 조직 내 흩어져 있는 데이터들을 한 곳으로 통합해야 한다. 기업 내 데이터의 본체는 거래(transaction) 데이터로, 보통 기업이 고객과 접촉하는 수단인 점포나 온라인, 모바일, 콜센터 등과 관련된 시스템에 분산되어 존재할 가능성이 높기 때문에 이들을 한 곳으로 모아 정리하는 작업이 필수적이다. 빅데이터 비즈니스 모델에서 데이터는 빠질 수 없는 것이지만, 그렇다고 해서 데이터만 있으면 누구든지 경쟁력을 갖출 수 있는 것은 아니다. 그보다는 기업 전략을 완성하고, 차별화된 가치를 창출하는 데 직접적으로 관련된 데이터를 확보하고 유지해야 비즈니스 모델이 완성된다. 이런 데이터는 내부 데이터일 수도 있지만 외부 데이터일 수도 있다. 분석 서비스를 위해 데이터를 보유하지 않고 단지 외부 데이터만 이용할 수도 있다.

T자형 인재와 조직 구현

셋째로 빅데이터 비즈니스 모델 기업은 T자형 인재와 T자형 조직이 필요하다. T자형 인재는 해리스(Harris) 등이 데이터 과학자가 어떤 사람이어야 하는지 표현한 용어인데,[12] 쉽게 말해 데이터 분석에 관한 지식의 폭과 깊이(즉, T자 모양)를 동시에 갖춘 인재를 말한다. 한 가지 전문 분야에 특화된 사람을 보통 전문가라고 하는데, 이런 사람은 지식이나 기술의 깊이를 갖추고 있다. 이들은 대개 기술적인 지식·역량과 경영적인 지식·역량을 모두 갖추거나 관련 분야의 전반적인 지식을 갖추고 있다.

참고문헌

Chapter 1 | 미래기업의 열쇠, 빅데이터

1. The Nimbus Ninety Market Trends Report (2013).

2. Boston Consulting Group (2012). "The Internet Economy in the G−20".

3. eMarketer (2012). "Digital Advertising Trends for 2013".

4. eMarketer (2013). "RTB Ad Spend Continues Robust Growth".

5. Mark R. Madsen (president of Third Nature, a technology research and consulting firm) 〈http://ThirdNature.net〉.

6. AT Kearney (2013). "Big Data and the Creative Destruction of Today's Business Models".

7. "New York Times to cut 100 newsroom jobs in layoffs and buyouts" (2014. 10. 1). *The Guardian.*

8. Oremus, W. (2014. 3. 17). "The First News Report on the L.A. Earthquake Was Written by a Robot." Slate.

9. "Inside Narrative Science, The Artificial Intelligence Company That Could Put Journalists Out Of Work" (2014. 7. 8). *Businessinsider.*

10. "Can an Algorithm Write a Better News Story Than a Human Reporter?" (2012. 4. 24). *Wired.*

11. "Big Data: The Only Business Model That Tech Has Left" (2012. 3. 12).

Forbes.

12. Ferguson, R. B. (2013. 3. 26). "Competitive Advantage with Data? Maybe ⋯ Maybe Not". MIT Sloan Management Review Blog.

13. Weill, P. and Woerner, S. (2013). "Optimizing Your Digital Business Model". MIT Sloan Management Review, Vol. 54, No. 3, pp. 71~78.

14. "E-Books Outsell Print Books at Amazon" (2011. 5. 19). *The New York Times.*

15. 〈http://www.reedelsevier.com/investorcentre/Documents/presentations/investor-seminar-LP.pdf〉.

16. "Ray" Wang, R. (2012). Principal analyst and CEO at Constellation Research, "What a Big-Data Business Model Looks Like".

17. "초·중·고교생 100명 중 6~7명 스마트폰 중독" (2013. 5. 6). 《매일경제신문》.

18. Harris, H., Murphy, S. and Vaisman, M. (2013). *Analyzing the Analyzers: An Introspective Survey of Data Scientists and Their Work.* Publisher: O'Reilly.

19. Brynjolfsson, E., Hu, Y. J. and Rahman, M. S. (2013). "Competing in the Age of Omnichannel Retailing". *MIT Sloan Management Review*, Vol. 54, No. 4.

20. Kruguman, P. (2013. 8. 18). "The Dynamo and Big Data". *The New York Times.*

Chapter 2 | 빅데이터 비즈니스맨

1. "Stop Hyping Big Data and Start Paying Attention to 'Long Data'" (2013. 1. 29). *Wired.*

2. Nielson (2012). "State of the Hispanic Consumer: The Hispanic Market Imperative".

3. Rios, F. (2013, April). "How Analytics Can Transform Business Models". *MIT Sloan Management Review.*

4. Ferguson, R. B. (2014, February). "Luminar Insights: A Strategic Use of Analytics". *MIT Sloan Management Review*.

5. Entravision (2014). WedBush Securities 2014 Transformational Technologies Management Access Conference.

6. "美 백인 소수시대 조바심… '멜팅 포트 사회' 흔들" (2014. 5. 11).《세계일보》.

7. Parmar, R., Mackenzie, I., Cohn, D. and Gann, D. (2014, Jan.-Feb.). "The New Patterns of Innovation—How to use data to drive growth". *Harvard Business Review*, pp. 86-95.

8. "民間の個人情報売買解禁へ　政府,新事業創出を後押し" (2012. 11. 29).《日本經濟新聞》.

9. "Suicaの履歴データ販売、ネット上で物議を呼ぶ" (2013. 7. 12).《ITPro》.

10. "Suica利用履歴販売、JR東は「個人情報に当たらない」との見解" (2013. 7. 19).《Business Media》.

11. "Suica 履歴,削除申請8823件 JR東の販売問題" (2013. 8. 1).《朝日新聞》.

12. "JR東日本,Suicaデータの社外提供を当面見合わせ、除外措置の受付は継続" (2013. 9. 24).《Internet Watch》.

13. "大阪駅ビル、カメラ顔認識調査を延期…反発受け" (2014. 3. 12).《讀賣新聞》.

14. "「Suica 履歴販売」は何を誤ったのか" (2013. 10. 16).《ITPro》.

15. "ビッグデータは「あなたに興味はない」――(1)匿名提供を考える" (2014. 6. 25).《CNET Japan》.

16. "네티즌 72% 'SNS가 사생활 침해'… 개인정보 유출 우려도" (2014. 4. 16).《스포츠조선》.

17. FTC (2014). "Protecting Consumer Privacy and Welfare in the Era of "E-Scores," Real-time Big-Data "Lead Generation" Practices and Other Scoring/Profiling Applications".

18. "ソニーがFeliCaでビッグデータ事業参入" (2013. 9. 3).《ITPro》.

19. "モバイル空間統計とは" (2014. 9. 26).《ITPro》.

20. "「モバイル空間統計」で可視化された、東日本大震災時の帰宅困難者" (2011. 5.

25). 《WirelessWire News》.

21. "ドコモがインフラ運用データを使った「モバイル空間統計」を10月から実用化、数百万円から" (2013. 9. 6). 《ITPro》.

22. "Telefonica hopes 'big data' arm will revive fortunes" (2012. 10. 9). BBC.

Chapter 3 | 빅데이터 창출자

1. "구글 슈미트 회장 '인터넷 사라질 것' 대체 왜?" (2015. 1. 24), 《매일경제신문》.

2. ""주인님 심장이 이상해요' '반창고'가 의사를 부른다" (2013. 6. 21). 《중앙일보》.

3. ⟨http://www.shiki.jp/tickets/guide/system/guide/reserve/qr_1.html⟩.

4. "(地域発·企業発)ＱＲコード進化中　暗号で情報守り用途拡大" (2013. 6. 25). 《朝日新聞》.

5. ⟨http://www.yac.mx/ja/mobile-security/android/invisible-qr-codes-just-can-provide-weak-security.html⟩.

6. "홍보·마케팅 넘어 재고관리까지" (2014. 3. 25), 《매경이코노미》.

7. "慶大など産学官、ビッグデータ特許活用へ新組織−受発注システム構築,世界標準確立へ" (2014. 2. 4). 《日刊工業新聞》.

8. Privacy Rights Clearinghouse (2014). "Online Data Vendors: How Consumers Can Opt Out of Directory Services and Other Information Brokers".

9. "Here's What Acxiom Knows About Me" (2013. 9. 4). *Arkansas Business*.

10. "[함영준의 사람과 세상] 뉴욕서 전경환과 친분, DJ 충신으로 정치 역정" (2014. 3. 16). 《중앙일보》.

11. Electronic Frontier Foundation (2013. 9. 12). "Data Broker Acxiom Launches Transparency Tool, But Consumers Lack Control".

12. "Acxiom Lets Consumers See Data It Collects" (2013. 9. 4). *The New York Times*.

13. Acxiom (2013). "PersonicX® Cluster Perspectives".

14. "Food Genius Helps Food Industry Understand Trends with Big Data Tools" (2012. 9. 24). *Forbes*.

15. "Food Genius Releases Q4 2013 Study on Pizza Stats & Trends" (2014. 1. 17). *PRWeb*.

16. "A New Kind of Food Science: How IBM Is Using Big Data to Invent Creative Recipes" (2013. 11. 12). *Wired*.

17. "패션업계도 빅데이터 바람… 1년 후 트렌드 미리 예측" (2013. 3. 12). 《조선일보》.

18. "Fashion data tool Editd helps Asos push revenues up 37%" (2014. 1. 30). *The Guardian*.

19. "What's on trend this season for the fashion industry? Big data" (2104. 9. 22). *Fortune*.

20. 〈http://kernelmag.dailydot.com/features/report/9169/the-digital-runway-how-fashion-brands-are-using-the-internet-to-stay-ahead/#〉.

21. "How to Tell the Fashion Future?" (2013. 8. 26). *The New York Times*.

22. David, K., Pamela, P., Ferguson, K., and Boucher, R. (Winter 2014). "Raising the Bar With Analytics". *MIT Sloan Management Review*. Vol. 55. No. 2, pp. 29–33.

23. "'Pandora For E-Commerce' StyleSeek Raises $750K More In Seed Funding" (2013. 8. 13). *Techcrunch*.

24. "Just the Facts. Yes, All of Them" (2012. 3. 24). The New York Times.

25. Socialtech (2013. 4. 18). "Factual Teams With Qualcomm Labs".

26. "TripAdvisor Partnership Puts 1 Million Restaurants on the Menu" (2013. 3. 18). *Socialtimes*.

27. "Google AdSense Creator Gil Elbaz Sells Facts to Businesses" (2012. 5. 14). *The Wall Street Journal*.

28. 〈http://www.factual.com/pricing〉.

29. Capgemini Consulting (2013). "The Open Data Economy Unlocking Economic Value by Opening Government and Public Data".

30. "Zillow Rent Zestimates: Big Data Technology Top Innovator" (2012).

Dataweek.

31. 〈http://www.iwl.jp/ja/main/mark_dimension.html〉.

32. Digital Human Research Center (2013). "低価格・可搬型足部形状スキャナ INFOOT".

33. 한국정보화진흥원 (2013). "더 나은 미래를 위한 데이터 분석: Big Data 글로벌 선진사례 II".

34. "Four Reasons Google Bought Waze" (2013. 6. 11). *Forbes.*

35. Digiday (2014. 1. 29). "Google's newest secret weapon for local ads".

36. "WTF Is Waze And Why Did Google Just Pay A Billion+ For It?" (2013. 6. 11). *Techcrunch.*

37. "Google's Waze Acquisition Could Run Into Delays Ahead" (2013. 6. 24). *Forbes.*

38. EMC (2012. 11). "Big Data Business Model Maturity Chart".

39. Technology Guide (2013. 3. 30). "MapMyRun Review: An Inexpensive Fitness Watch Alternative".

Chapter 4 | 빅데이터 대리인

1. 〈http://www.itbusiness.ca/wp-content/uploads/2013/08/bigdata.blackgooglex.pdf〉.

2. "Google's 'Infringenovation' Secrets" (2011. 10. 3). *Forbes.*

3. "모바일도 독식하는 황소개구리" (2013. 7. 8).《매일경제신문》.

4. "똑같이 돈 받고 광고하지만… 구글은 다르다" (2013. 7. 10).《매일경제신문》.

5. "Ford's Big Data chief sees massive possibilities, but the tools need work" (2012. 7. 5). *ZDNet.*

6. "광고비 많이 낸 업체가 맨 위에… 네이버 검색해 사면 바가지 쓰기 십상" (2013. 7. 12).《조선일보》.

7. "New details on Google's anti-aging startup" (2013. 10. 9). *Fortune.*

8. "IME Talks to Google CEO Larry Page About Its New Venture to Extend

Human Life" (2013. 9. 18). *Time*.

9. "「検索の会社」から変身,老化の解明に挑むGoogle" (2013. 10. 29). 《ITPro》.

10. SALON (2013. 1. 26). "A genetic 'Minority Report': How corporate DNA testing could put us at risk".

11. Thaler, R. and Tucker, W. (2013. Jan.–Feb.). "Smart Information, Smart Customers". *Harvard Business Review*. pp. 44–54.

12. eMarketer (2013. 12). "Marketing Automation Roundup".

13. "Rocket Fuel Unveils Next Generation Mobile Advertising Suite to Help Advertisers Deliver Real Results From Mobile" (2014. 2. 20). *MarketWatch*.

14. "Adventures in big data: How AddThis' Hydra works" (2012. 5. 10). *Gigaom*.

15. "Ad Tech Startup Rocket Fuel's Revenues Take Off" (2013. 1. 17). *Forbes*.

16. 〈http://rocketfuel.com/resources/case–study/Buick〉.

17. Nichols, W. (2013. March). "Advertising Analytics 2.0". *Harvard Business Review*. pp. 60–68.

18. 〈http://www.baselinemag.com/c/a/IT-Management/8–Ways–Technology–has–Changed–Sports–389979/〉.

19. "Why Fantasy Football Is Embracing Big Data," (2014. 1 3). *Sportstechi*.

20. "The $70 Billion Fantasy Football Market" (2013. 8. 20). *Forbes*.

21. "Fantasy sports debate: Gambling or not gambling?" (2015. 1. 17). *USA Today*.

22. "How Big Data Analytics Is Driving Fantasy Football Participation," (2014. 9. 01). *eWeek*.

23. "NumberFire Is The Tool That Will Help You Dominate Your Fantasy League This Year" (2011. 9. 8). *Business Insiders*.

24. "Finally win at fantasy football with numberFire's new analytics app" (2014. 9. 2). *Digital Trends*.

25. "The Growing Global Craze Over Fantasy Sports" (2014. 7. 12). *Businessweek.*

26. "Germany will win World Cup 2014, Baidu predicts" (2014. 10. 7). *Marketing Interactive.*

27. "Germany's 12th Man at the World Cup: Big Data" (2014. 7. 16). *The Wall Street Journal.*

28. "SAP helps Germany lift the World Cup" (2014. 7. 14). *ComputerWeekly.*

29. "World Cup: Assist Goes To Big Data" (2014. 6. 24). *InformationWeek.*

30. "서울시민 10명 중 7명 SNS 사용… 카카오스토리 가장 많아" (2014. 5. 19).《머니투데이》.

31. Big Data Insight Group (2013. 10. 19). "Our Top 6 UK Start-up Big Data Companies".

32. Splunk (2012). "Big Data at Schwab".

33. "Big Data Has 'Big Impact' in Beating Traffic" (2013. 3. 27). *The Wall Street Journal.*

34. 〈http://www.gukjenews.com/news/articleView.html?idxno=73437〉.

35. 〈http://news.thomasnet.com/fullstory/Broadcast-Traffic-News-App-uses-Big-Data-mobile-technology-20006245〉.

36. "Big Data Has 'Big Impact' in Beating Traffic" (2013. 3. 27). *The Wall Street Journal.*

37. 〈http://www.knewton.com/blog/education-infographics/the-state-of-digital-education-infographic/#post-content〉.

38. IBM (2013. 12. 17). "IBM Reveals Five Innovations That Will Change Our Lives within Five Years".

39. edSurge (2013. 7. 23). "Knewton CEO Breaks Down Big Data".

40. "Questions Surround Software that Adapts to Students" (2012. 11). *MIT Technology Review.*

41. Deloitte (2013). "Exploring Strategic Risk".

42. ⟨http://finance.yahoo.com/news/listenlogic-uncovers-disconnect-between-men-110000179.html⟩.

43. "Chobani Gets a Lesson in the Power of Social Media" (2013. 9. 17). *The Wall Street Journal*.

44. "Five Reasons Corporations Need Advanced Social Intelligence" (2013. 5. 4). *Business 2 Community*.

45. "スキャンもしてくれるクラウド名刺管理アプリ「Eight」" (2014. 7. 30). 《Diamond》.

46. "クラウド名刺管理サービス「Sansan」米国で展開" (2013. 10. 28). 《日本經濟新聞》.

47. "名刺管理アプリ「Eight」のSansanがデータ分析にRedshiftを採用,FlyDataでデータを投入" (2014. 7. 9). *IT Leaders*. ⟨http://it.impressbm.co.jp/articles/-/11537⟩.

48. "名刺管理サービスのSansanがセールスフォースと資本提携,米国でも事業展開へ" (2013. 10. 30). 《ITPro》.

49. ⟨http://www.sansan.com/news/2013/131024_3905.html⟩.

50. ⟨http://cloud.watch.impress.co.jp/docs/news/20130925_616828.html⟩.

Chapter 5 | 빅데이터 연구자

1. "7개 벤처기업의 경쟁력 그것을 알려주마!" (2011. 5. 16). 《주간동아》.

2. "삼성 '다윗'에게 길을 묻다" (2013. 4. 25). 《조선일보》.

3. "50 Disruptive Companies 2013" (2013. 2. 20). *MIT Technology Review*.

4. ⟨http://www.genomics.cn/en/news/show_news?nid=104067⟩.

5. "美-中 기싸움… 이번엔 'DNA 전쟁'" (2013. 10. 19). 《한국경제신문》.

6. "개인 게놈시장 폭발적 성장, 아시아게놈센터 한국에 세우자" (2014. 4. 22). 《주간조선》.

7. "How big data will save your life" (2013. 4. 25). *Computerworld*.

8. 이에 대한 논란은 "중국, 과학 인해전술 … 논문도 새치기" (2014. 3. 4). 《중앙일보》에 소개되었다.

9. "BGI's Young Chinese Scientists Will Map Any Genome" (2013. 2. 7). Businessweek.

10. "천재 유전자 프로젝트" (2013. 5. 17). 《국민일보》; "Chinese project probes the genetics of genius" (2013. 5. 14). Nature; "A Genetic Code for Genius?" (2013. 2. 15). *The Wall Street Journal*.

11. "日立イノベイティブ アナリティクス グローバルセンタ新設、ビッグデータ事業強化" (2013. 6. 6). 《ビジネス+IT》.

12. 히타치 보도자료 (2013. 6. 6). 〈http://www.hitachi.co.jp/New/cnews/month/2013/06/0606.html〉.

13. 〈http://www.hitachi.co.jp/products/it/bigdata/field/〉.

14. 〈http://www.hitachi−solutions−east.co.jp/products/syncas_psi/visualizer/index.html?〉.

15. "IBM's Watson Now A Customer Service Agent, Coming To Smartphones Soon" (2013. 5. 21). *Forbes*.

16. "Apple's Siri Versus IBM's Watson: Which Will Win?" (2012. 9. 2). *Forbes*.

17. "IBM: Watson will eventually fit on a smartphone, diagnose illness" (2013. 3. 5). *Computerworld*.

Chapter 6 | 빅데이터 응용가

1. "Apple planning drastic iTunes revamp to fight off competition from Pandora and Spotify" (2014. 4. 10). *Digital Trends*.

2. 한국콘텐츠진흥원 (2012). "음악 정보 검색기술". 문화예술 (CT) 심층리포트.

3. "Big Data for the Poor" (2012. 7. 5). *The New York Times*.

4. "Big Data Uncovers Some Weird Correlations" (2014. 3. 23). *The Wall Street Journal*.

5. "How To Solve The PayDay Loan Problem: Competition Of Course" (2013. 1. 2). *Forbes*.

6. 〈http://www.ayasdi.com/blog/topology/why−topological−data−

analysis〉.

7. "Scientific Data Has Become So Complex, We Have to Invent New Math to Deal With It" (2013. 10. 9). *Wired*.

8. "Shape Of Big Data" (2013. 7. 29). *Information Week*.

9. "Monsanto's Billion-Dollar Bet Brings Big Data to the Farm" (2013. 10. 2). *Businessweek*.

10. "The Climate Corporation Approved to Provide Federal Crop Insurance for the 2014 Crop Year" (2013. 6. 28). *The Wall Street Journal*.

11. "The Climate Corporation Makes Landmark Data Access and Privacy Commitments to Farmers" (2014. 10. 31). *Business Wire*.

12. McKinsey (2014). "Innovating automotive retail".

13. "ビッグデータで挑め～イノベーションを起こす三つの鉄則～" (2013. 1. 22). 《日経コンピュータ》.

14. Modot-Traboulsi, J. (2013). "The Supply Chain of Consumer Data. A framework to understand the big data industry". Center for Digital Strategies, Tuck School of Business at Dartmouth.

15. "Google+ Is Walking Dead" (2014. 4. 24). *TechCrunch*.

16. "Google+ Is Very Much Alive—Here's Why" (2014. 5. 14). *Huffingtonpost*.

17. "未知の市場の「勝算」を解明" (2013. 11). 《月刊事業構想》.

18. "老舗茶屋「伊藤久右衛門」がBI導入、その選定理由は？" (2012. 12. 17). 《TechTargetJapan》.

19. "ビッグデータで勝機をつかむ" (2013. 4. 8). 《ITPro》.

Epilogue | 국내 빅데이터 비즈니스 모델 기업은 어디쯤 와 있는가?

1. "고객 데이터 활용이 스타트업 롱~런 비결" (2014. 4. 10). 《동아일보》.

2. "온라인 데이팅 서비스 '이음' 만든 이음소시어스, 소셜에 소개팅 접목…회원 100만 명 돌파" (2014. 1. 19). 《한국경제신문》.

3. "이음소시어스 박희은 대표 '사업보다 재미가 우선'" (2011. 12. 4). 《파이낸셜뉴스》.

4. "이음, 수익 다변화 위해 광고플랫폼 사업 진출" (2014. 4. 9). 《아이뉴스24》.

5. "[풀뿌리 창조경제]① 쓰레기통 속 전단지에서 대박 건진 '우아한형제들'" (2014. 5. 12). 《조선일보》.

6. "[IT브리프] 록앤올, '모두의주차장'과 전략적 제휴 등" (2013. 10. 16). 《이투데이》.

7. "박종환 록앤올 대표 '레드오션 뛰어든 이유? 자신감과 기술력'" (2013. 10. 30). 《아주경제》.

8. "HP Must Provide A Clear Long-term Business Model: Barclays" (2012. 9. 28). *Value Walk*.

9. "한국인이 즐겨 쓰는 '국민앱'···'Go런처' 꾸미고 '모두의 마블' 즐기고" (2013. 7. 3). 《매경이코노미》.

10. McAfee, A. and Brynjolfsson, E. (2012, October). "Big Data: The Management Revolution". *Harvard Business Review*. pp.61-68.

11. Barton, D. and Court, D. (2012, October). "Making Advanced Analytics Work for You". *Harvard Business Review*. pp.79-83.

12. Harris, H., Murphy, S. and Vaisman, M. (2013). *Analyzing the Analyzers: An Introspective Survey of Data Scientists and Their Work*. O'Reilly.